# TOSKANA

LANDSCHAFT GESCHICHTE KUNST

W0322153

Text

Franco Cardini

Mit Darstellungen von einunddreißig Städten

SCALA

ET BIBATIS SVPER MENSAM

# Inhalt

STATO
DI
LVCCA
LVCCA
PISA
LIVORNO
FIORENZA
SIENA
GORGONA
CAPRAIA
ETRVRIA
CAELI TEMPERIE
AGRORVM CVLTV
VRBIVM ET OPPIDORVM
CELEBRITATE
VILLAR· ET SVBSTRVCTIONVM
FREQVENTIA
FLVMINVM AC FONTIVM
COMMODITATE
PISCOSIS LACVBVS
SALVBRIB· AQVAR· REMEDIIS
MERCATVRAE VSV
MILITVM ROBORE
LIBERAL· ARTIVM STVDIIS
INGENIORVM PRAESTANTIA
INCOLARVM DENIQVE
IN PONTIFICES ROMANOS
OBSERVANTIA
ET PIETATE ERGA D·O·M·
INSIGNIS
MARE
TYRRHENV
FIORENZA

# VORWORT

VMBRIAE PARS
AREZZO
CORTONA
PERVSIA
SPOLETVM
TIBERIS F.
Lago di Bolsena
ORBETELLO
Borgo S. Sepolcro
Nar F.
Narnia
Interamna

# Name und Territorium

Wenn von der Toskana die Rede ist, muss man vor allem klären, um was es eigentlich geht: um eine historische Region (deren Grenzen zum Teil auch mit denen der heutigen Verwaltungseinheit übereinstimmen), ein Territorium oder eine Abrenzung. Sicherlich hat die Toskana eine gewisse Einheitlichkeit, aber dennoch würde man der Landschaft, den Bewohnern, den Dialekten und den traditionellen Bräuchen großes Unrecht antun, wenn die Anerkennung einer regionalen Einheitlichkeit nicht auch mit einem Hinweis auf die profunden Unterschiede einhergehen würde. Oftmals sagt man Toskana und meint Florenz; in diese Falle geraten vor allem diejenigen, die nicht aus der Toskana kommen, was den Missmut der Toskaner (und der Florentiner) auslöst, denn die historische, linguistische und kulturelle Struktur der Region ist – trotz der außergewöhnlichen Bedeutung ihrer Hauptstadt, die über die regionalen Grenzen hinausreicht – in erster Linie von vielen Zentren geprägt. Man hat versucht, die Toskana als eine „tausendjährige Stadtkultur" zu definieren, aber dieses Land voller Städte verbirgt auch heute noch – in der Epoche der Großstädte – zwischen seinen Bergen, Hügeln und wenigen Ebenen große Gebiete, die fast ausschließlich ländlichen Charakter ha-

ben oder sogar unbewohnt sind. Immer wird wiederholt, daß die Toskaner unter den Italienern eine unverwechselbare Eigenheit bewahren, aber damit unterschätzt man den Umstand, dass diese Region viele Übergangszonen besitzt, in denen der Toskaner Eigenheiten aus Ligurien, Emilia, Romagna, Umbrien und Latium annimmt.

Mehr oder weniger eindeutige Trennlinien zerteilen das Gebiet in viele Abschnitte. Grundlegend ist die Unterscheidung nach Klima, Höhenlage und Wirtschaft, denn in der Tat, es gibt wenigstens drei Arten von Toskana: die Toskana des Apennins, die Toskana der Hügel und die Toskana der Küsten und Flusstäler, abgesehen von der toskanischen Inselwelt, die nur bis zu einem gewissen Grade mit der Küstenregion vergleichbar ist. Nördlich vom Arno, wo die Toskana längs der Kurve des Apennin an Ligurien und Emilia angrenzt, ist der regionale Charakter weniger eindeutig. Vom südlichen Arnoufer bis zu den Toren Sienas erstreckt sich das eigentliche Kernland, allerdings kann auch dieser Teil ohne die anderen nicht als *die* Toskana gelten. Von Siena an in Richtung Süden betreten wir den „toskanischen Mezzo-

**Gentile da Fabriano, Detail aus der Predella der *Anbetung der Könige*. Florenz, Uffizien; unten, das antike Dorf Monteriggioni (Siena)**

**S. 4-5, Ignazio Danti, *Etruria*. Vatikan, Galleria delle Carte Geografiche**

giorno" mit seinen kargen Landstrichen und der Maremma, die weniger dicht besiedelt ist.
Unsere Toskana ist keineswegs ein magisches Dreieck, das sich eindeutig, zwischen Gebirge und tyrrhenischem Meer, vom Rest Italiens abhebt. Im Gegenteil, die Toskana ist eng mit den benachbarten Regionen verbunden und enthält in ihrem Inneren so viele Abstufungen und Unterschiede, dass eine einheitliche Definition unmöglich ist.
Sollen wir deshalb für die Toskana den Plural gebrauchen, wie das im Italienischen für die „Marche" und die „Abruzzi" üblich ist? Man kann diese Frage ohne Rhetorik verneinen, und zwar aus geographischen, historischen und linguistisch-kulturellen Gründen: Die Begrenzungen des tyrrhenischen Meeres, des Appenins und des Tibers umschreiben ein genau erkennbares, wenn auch nicht geschlossenes Territorium; vom historischen Gesichtspunkt aus entstand zunächst das römische *Regio Etruria-Tuscia*, dann, im frühen Mittelalter, das langobardische (später die fränkische Mark) Tuszien, bis Florenz sich vom mittelalterlichen Stadtstaat zum Regionalstaat entwickelte (14. bis 15. Jh.) und das Großherzogtum der Medici und Lothringer der Region ihre unauslöschliche Eigenheit aufprägte; und einen weiteren Grund stellt die toskanische Mundart in ihren vielen Abwandlungen dar, die sich seit dem 13. Jh. (und erst recht im 19. Jh.) als die Hochsprache des geeinigten Italiens durchsetzte. Dieser letzte Aspekt macht es so schwer, mit den nichttoskanischen Italienern über die Toskana zu reden, denn gerade wegen der Frage der linguistischen und literarischen Einheitlichkeit, die während des *Risorgimento* (die nationale „Wiedererstehung" Italiens) auch eine politische Bedeutung hatte, ist es für jeden heutigen Italiener fast unmöglich, die Toskana nicht auch als ein Stück von sich selbst zu empfinden. Das Gefühl, dass die Toskana nicht eine fremde Region ist, kann zuweilen unangenehme Missverständnisse erzeugen, denn unter der klaren, einfachen, rationalen, heiteren und glatten Haut verbergen hier Land und Leute so manchesmal widerborstige, harte, verschlossene und geheimnisvolle Charakterzüge. Es ist kein Zufall, dass die Region am stärksten von zwei heute verschwundenen Völkern geprägt worden ist, die immer noch von Geheimnissen umgeben sind, nämlich den Etruskern und den Langobarden, auch wenn

**Die Apuanischen Alpen mit der Stadt Carrara im Hintergrund**

Die toskanische Landschaft in der Gegend von Siena, im Orcia-Tal und im florentinischen Chiantigebiet

die Anzeichen dafür teilweise wenig erkennbar sind. Die Parallelität zwischen Etruskern und Langobarden erscheint vom historischen Gesichtspunkt aus wenig plausibel, sie drängt sich aber jedesmal auf, wenn man bedenkt, dass sie von zwei überregionalen Kulturvölkern besiegt wurden, die beide zu Reichsgründern wurden, nämlich von den Römern und den Franken. Gegen deren hierarchisches, „vertikales" Ordnungssystem setzten die Etrusker und die Langobarden eine andere Mentalität, die der Unabhängigkeit der einzelnen Orte und dem föderativen System mit „horizontalen" Beziehungen entsprang, aber letzten Endes unterliegen mußte. Auch die Toskaner entwickelten später, vom 14. Jh. an, eine starke Antipathie gegen die Vorherrschaft von Florenz, die sich vielleicht nicht nur mit dem typischen städtischen Hader

den anderen „kleinen Vaterländern" der Nachbarschaft. Im Innern eines jeden städtischen oder regionalen Bundes gab es jedoch eine Vielzahl von Eigenheiten und Traditionen, die auch Dünkel, Rivalität und Halsstarrigkeit nicht ausschlossen.

Die Toskana besteht folglich aus untereinander seit alter Zeit im Wettstreit liegenden Städten, aus einem abwechslungsreichen Territorium mit Bergrücken und Tälern, in denen die Berge überwiegen und dessen meist enge Talsenken erst seit nicht allzu langer Zeit den Sümpfen abgetrotzt wurden. Aus dieser unausgeglichenen Formation des Territoriums kann man vielleicht teilweise den verschlossenen und polemischen Charakter vieler Toskaner erklären oder zumindest jene sympathische rauhe Schale, die ihnen allen gemeinsam ist. Eine genaue Interpretation der geologischen und historischen Struktur führt zur Identifikation verschiedener Bezirke, die sich stark voneinander unterscheiden.

Diese Bezirke überschneiden sich – abgesehen von einigen Ausnahmen – mit den Tälern der wichtigsten Flüsse. Im Nordwesten liegt das Becken des Magra-Flusses, das mit der Provinz Massa und Carrara zusammenfällt und vor 1871 zu Ligurien gehörte. Das Gebiet nennt sich Lunigiana, nach der antiken Stadt und späteren Diözese Luni. Weiter im Südosten schließt sich die Garfagnana an,

und Parteienzank des Mittelalters erklären lässt, sondern auch mit dem alten Hang nach einem föderativen Gleichgewicht ohne Hegemonie. Sowohl in der etruskischen *Polis* als auch in der mittelalterlichen Kommune zeigte sich die Vorliebe für das „kleine Vaterland" und dessen Unabhängigkeit, was fast nie etwas mit Chauvinismus oder Exklusivität zu tun hatte (abgesehen von momentanen, zum Teil harten Auseinandersetzungen), sondern mit der Neigung zu Bündnissen und Austausch mit

das Becken des Serchio zwischen den Apuanischen Alpen und der apenninischen Wasserscheide. Südwestlich davon erstreckt sich die flache Sandküste der Versilia mit ihren Pinienwäldern und heute noch berühmten Strandbädern. Im Rücken der Versilia mit ihrer Hauptstadt Viareggio liegt Lucca, das eine der drei „Hauptstädte" der Toskana ist. Ebenfalls auf den Brennpunkt Lucca sind das untere Serchio-Tal, die sogenannte Lucchesia und die Valdinievole mit Pescia und Collodi orientiert. Zwischen Lucca und Pistoia gibt es fast keine Berge mehr, bis man am mittleren Unterlauf des Arno auf den Monte Albano stößt. Dieses große Gebiet war bis ins 18. Jh. hinein sumpfig, erst damals legte es der Großherzog Peter Leopold trocken. Als „Inseln" ragten aus ihm Hügel wie der von Montecatini Alto empor. Weiter nördlich wird die Landschaft mit den Bergen oberhalb von Pistoia wieder rauher; sie reichen bis hinauf nach Bologna. In Richtung Osten gelangt man nach dem engen Bisenzio-Tal in das Becken der Sieve mit ihren Nebenflüssen, das dem Mugello-Gebiet entspricht. Von dort fährt man über den Futapass (903 m ü.d.M.) hinüber in die „toskanische Romagna" mit den Talsenken des Santerno, des Senio und des Lamone und den Orten Firenzuola, Palazzuolo sul Senio und Marradi. Im Süden endet der Mugello mit dem Unterlauf der Sieve, die sich bei Pontassieve in den Arno ergießt.

Pontassieve ist ein regelrechter Angelpunkt. Dort, wo der Arno die Gewässer des Mugellos aufnimmt, endet auch die weite Kurve dieses Tales. Von Pontassieve verläuft der Arno wieder in ost-westlicher Richtung bis nach Empoli und Pisa (Unterlauf des Arno). Vorher fließt er von Süden kommend auf Pontassieve zu, obwohl er im Norden entspringt, denn ihm versperrt das Gebirgsmassiv des Prato-

**Pferde auf der Weide in der Maremma, Grosseto**

**Das Ximenes-Haus im Sumpf Diaccia-Botrona in Castiglione della Pescaia (Grosseto)**

magno den Weg. Von Pontassieve kann man über den Passo della Consuma eben diesen waldigen Pratomagno überwinden und bis in den Casentino vordringen. Das ist das Tal mit dem Oberlauf des Arno, das im Norden von den Bergen Falterona und Fumaiolo begrenzt wird, wo Arno und Tiber entspringen. Gleich östlich vom Casentino öffnet sich das Tiber-Tal, das ebenso wie die Valdichiana (Chiana-Tal) nach Umbrien hinunterführt. Das heute trockengelegte Chiana-Tal war früher ein Zankapfel zwischen den Diözesen und Kommunen Siena und Arezzo. Der Arno teilt also die toskanische Region in zwei unterschiedlich große, keineswegs homogene Abschnitte. Wir haben bereits die Bestandteile der nördlichen Hälfte und den Teil östlich vom Oberlauf des Arno vorgestellt. Jetzt wollen wir einmal sehen, wie sich die Gebiete südlich vom Arno zusammensetzen.

Zwischen Pisa und dem Cecina-Fluss überragt eine hohe Steilküste das Meer. Südlich von der Mündung dieses Flusses, der in den Colline Metallifere (metallhaltige Hügel) entspringt, wird die Küste wieder flach und sandig. Hier beginnt die Maremma, die antike *Maritima*, die inzwischen fast vollständig trockengelegt worden ist, aber ihren ursprünglichen Reiz noch nicht ganz verloren hat. Immer noch gibt es große Pinienwälder, Weideflächen und Sümpfe. Man unterscheidet zwischen der pisanischen (zwischen Cecina und Cornia-Mündung), der grossetanischen (Küste zwischen Cornia, Unterlauf des Ombrone und des Albegna) und der sienesischen Maremma (Oberlauf des Ombrone). Diese Ebene reicht bis zum Monte Amiata, zur Val d'Orcia, zu den Colline Metallifere und den „Crete" (erodierte Abstürze aus Tonerde und Kalk) von Siena.

Im mittleren Arno-Tal öffnet sich dagegen zwischen Empoli und San Miniato das weiteste und interessanteste Tal der zentralen Toskana, nämlich die Val d'Elsa. In ihr verläuft die mittelalterliche Frankenstraße (Via Francigena), die nach Südosten führt. Nach den Hügeln von Volterra erreicht man im Westen das Cecina-Tal und damit die Küste, und in östlicher Richtung gelangt man, nach der Kette der Chiantiberge, in das obere Arno-Tal mit San Giovanni und Terranuova.

Berge, Hügel, Täler und Sümpfe; an der Küste Pinienwälder, auf dem Apennin Forste aus Buchen, Eichen, Esskastanien und Tannen; in der gesamten Region Spuren und Überreste der einstigen Vulkantätigkeit, vom Monte Morello bis zum Monte Amiata – und im Süden der Toskana gibt es heute noch vulkanische Phänomene; erzhaltige Abbaugebiete von ziemlicher Ausdehnung, vor allem im Dreieck Massa Marittima – Monte Amiata – Insel Elba; andere Gebiete wie das mittlere und untere Arno-Tal, in denen die Bevölkerungszunahme und eine planlose industrielle Entwicklung das Ambiente und die Landschaft fast unwiederbringlich zerrüttet haben. Daneben liegen andere Zonen, die sich immer noch anscheinend unberührt darbieten. Diesen Widersprüchen und Kontrasten verdankt die Toskana ihre überraschende Schönheit, aber auch eine explosive Mischung von Problemen.

**Benozzo Gozzoli, *Anbetende Engel*, Detail mit einer Stadt. Florenz, Palazzo Medici Riccardi**

**Das mittelalterliche Aussehen von San Gimignano**

# „Die erschütterndste Landschaft der Welt"

Entlang der Autostrada del Sole oder der Via Aurelia kann es leicht geschehen, dass man, trotz suggestiver Ausblicke, nicht so recht merkt, wie draußen die „erschütterndste Landschaft der Welt" vorüberfliegt; so bezeichnete sie jedenfalls Fernand Braudel. Gewiss, man sollte die Maremma im Hochsommer besuchen und den Chianti, wenn die Weinranken anfangen rot zu werden; der Wald von Camaldoli entwickelt bei Frühnebel seine größte Suggestionskraft und die „Balze" (Abstürze) von Volterra bei Sonnenuntergang. Leider hat man jedoch nicht immer die Möglichkeit, jeden Ort in der für ihn schönsten Jahreszeit zu bereisen. Auf jeden Fall darf der berechtigte Ruf der Toskana, eine „moderne" und „dynamische" Region zu sein, nicht vergessen las-

**Benozzo Gozzoli, *Zug der Könige*, Detail der Landschaft.**
**Florenz, Palazzo Medici Riccardi**

sen, dass sie auch eine der waldreichsten Regionen Italiens ist und über 300 Kilometer Küste aufzuweisen hat. Diese Wälder und Strände leiden heute stark unter ökologischen Belastungen. In der Umgebung der Ballungszentren, die sich zwischen Florenz, Prato und Pistoia und zwischen Pisa und Livorno erstrecken, und in den öden Gegenden des Apennin und der Garfagnana mit ihren zahlreichen verlassenen Dörfern kann man nicht mehr ohne weiteres die Landschaften erkennen, die einst Maler wie Benozzo Gozzoli und Leonardo da Vinci und später Giovanni Fattori inspirierten. Auch der Tourismus trägt zum Verfall des Ambientes bei, aber dennoch – und das scheint nur auf den ersten Blick paradox – ist er einer der Gründe, warum dieser Verfall teilweise aufgehalten wird. Oder anders ausgedrückt, der Tourismus hat bisher nicht den Ruf der Toskana zerstören können, dass sie neben Kunst und Kultur auch unvergleichliche „natürliche" Schönheiten bietet.

„Natürlich" ist ein magisches Adjektiv, warum den Leser mit diesen Anführungszeichen provozieren? Die Antwort liegt vielleicht in der Geschichte: In Wirklichkeit gibt es überhaupt keine natürliche Landschaft. Wenn die toskanische Landschaft wirklich „erschütternd" ist, so entsteht diese Erschütterung keinesfalls spontan und ohne Reflexion. Gemütsbewegung und Landschaft gehen aus jahrhundertelanger Entwicklung hervor, sind das Ergebnis des Nebeneinanderbestehens von Mensch und Umwelt. Die Planierraupen, die Zementierung, die Unratwüsten und die rauchenden Fabrikschornsteine verwandeln Stadt und Land und trüben deren Farben. Aber dennoch überlebt die Erinnerung der Geschichte, die Namensgeographie, die uns zurückführt in die Landschaften früherer Zeiten. Man denke an Namen (oder Wortteile) wie – *bosco* (Wald) – *macchia* – *prato* (Wiese) – *forteto* (dichtes Gestrüpp) – *pelago* (Meer oder tiefes Wasser) – *pantano*

**Oben, Landschaft der sienesischen Crete; links, Blick auf das Land von Volterra**

**Gegenüberliegende Seite, oben, Giovanni di Paolo, *Madonna dell'umiltà*, Detail. Siena, Pinacoteca Nazionale; unten, Ambrogio Lorenzetti, *Auswirkungen der Guten Regierung auf das Land*, Detail. Siena, Palazzo Pubblico**

(Sumpf) – *lama* (sumpfiger Landstrich) usw. Jedwedes Territorium liest sich wie eine alte Handschrift, nichts ist in Wirklichkeit „natürlich" (wenn man nicht eine arkadische und im Grunde verfälschte Naturvorstellung hat) und nichts ist wirklich autochthon.

Zerlegen wir sie also in ihre Bestandteile, diese ewige toskanische Landschaft, die uns so vertraut erscheint – wie auf den Fresken von Lorenzetti und den Tafelgemälden Botticellis – und die wir alle, Toskaner und Touristen, mit leichter Enttäuschung und oft vergebens suchen. Vielleicht finden wir sie dann tatsächlich, wenn auch *in vitro,* in der Form von besonderen, privilegierten Winkeln. Zerlegen wir sie, indem wir die Geschichte betrachten. Wir werden hinter der wunderbaren toskanischen Natur, trotz aller Umgestaltung, immer wieder das Genie und die Weisheit des toskanischen Menschen entdecken; vielleicht eine Figur, die es gar nicht mehr gibt.

Schon seit dem ersten Jahrtausend vor Christi hatte die Region mehr oder weniger das heutige Aussehen, wenigstens vom makromorphologischen Standpunkt aus betrachtet. Seen und Sümpfe der Ebenen waren schon zurückgetreten (außer den großen Becken des unteren Arno-Tals, der Maremma und der Valdichiana) und die Vulkane des südlichen Teiles, einschließlich Monte Amiata,

waren schon erloschen. Nur die Küstenlinie hatte eine andere Gestalt, weil sich an den Flussmündungen noch nicht so viel Schwemmland abgelagert hatte. Seit dem 7. bis 6. Jh. v.Chr. verbanden bereits sandige Nehrungen den Monte Argentario mit dem Festland an der heutigen Lagune von Orbetello. Und in jenen Jahrhunderten führten die Griechen den Wein- und Olivenanbau ein. Diese beiden „ewigen" Kulturpflanzen der magischen toskanischen Landschaft existieren keinesfalls seit eh und je. In der Tat gab es eine Zeit, *incredibile dictu,* in der Wein und Öl noch nicht auf allen Tischen unserer Vorfahren standen (es sei denn, sie waren importiert). Die Zypresse, die nur in Italien nicht ausschließlich als *memento mori* dient, wurde erst in etruskisch-römischer Zeit angepflanzt, als man das Straßennetz neu organisierte, das Territorium vermaß und aufteilte und der gesamten Region durch die Aufteilung in Zenturien ein neues Aussehen verlieh. Aber erst am Ende des Mittelalters und zu Beginn der Neuzeit nahm die toskanische Landschaft jene typische Form an, die auf die Ausgewogenheit zwischen Mensch und Natur schließen lässt, ein *Habitat* mit Bauernhöfen, die die Landschaft wie ein nicht allzu dichtes Netz überziehen. Man könnte sagen, ein idealer Übergang zwischen Städten im Grünen und eng besiedeltem Ackerland. Das gilt vor allem für das obere Arno-Tal, den Chianti und das Elsa-Tal, die oftmals als die einzigen echten „toskanischen Landschaften" betrachtet werden.

Die Harmonie ist meist ein Mythos der Vergangenheit, so wie leider heute die Zerstörung fast ein allgemeines Phänomen ist; beide hängen von den dynamischen Prozessen der Geschichte ab.

**Oben, Leonardo da Vinci, *Verkündigung*, Detail. Florenz, Uffizien; links, Fra Angelico, *Kreuzabnahme*, Detail. Florenz, Museo di S. Marco**

**Gegenüberliegende Seite, Zypressenallee in der Umgebung Sienas**

# Wein und Öl

Wer von toskanischem Wein spricht, landet sofort beim *Chianti*. Die Wertschätzung, die er seit antiken Zeiten genießt, hat zur Ausbreitung des Namens auch auf Randzonen geführt, die nicht im ursprünglichen Chiantigebiet zwischen Siena, Florenz und dem Valdarno liegen. Aber keine Angst, den echten guten Chianti, den gibt es immer noch und man erkennt die *Origine controlée* an dem schwarzen Hahn auf Goldgrund, der die

Flaschen mit dem Wein von den richtigen Hügeln auszeichnet. Aber vor allem hilft auch hier – wie bei den Pilzen – die Kennerschaft weiter.

Ganz oben, Bartolomeo Bimbi, *Trauben*. Villa di Poggio a Caiano; oben, Duccio di Buoninsegna, *Maestà*, Detail mit dem *Einzug in Jerusalem*. Siena, Museo dell'Opera

Guido Reni, *Bacchusknabe*. Florenz, Galleria Palatina

Der toskanische Wein war schon seit dem Mittelalter beliebt, der Chianti ist dagegen ein relativ „neues" Produkt. Der *Chianti Classico* wird in den Gemeinden Greve, Radda, Gaiole, Castellina und zum Teil auch in den Gemeinden San Casciano Valdipesa, Castelnuovo Berardenga, Tavernelle Valdipesa, Barberino Val d'Elsa und Poggibonsi produziert. Der Baron Bettino Ricasoli, ein strenger Großgrundbesitzer, jansenitisch angehauchter Christ und konservativer Staatsmann, gab dem Chianti im vergangenen Jahrhundert diese Mischung: 7/10 Sangiovese-Trauben (für die „Masse" und die „Farbe"), 2/10 Canaiolo-Trauben (für das „Bouquet" und die „Weichheit"), 1/10 Trebbiano- und Malvasier-Trauben (für die „Feinheit" im Geschmack, mit einem leicht säuerlichen Beiton).
Heute wird der Chianti vor allem „jung" getrunken, auch wenn man nach wie vor darauf hinweist, dass man ihn altern lassen kann, zwecks besserer Abrundung. Aber der Geschmack ändert sich, auch durch den Einfluss eines Teils des amerikanischen Marktes, der frische und leichte Weine bevorzugt. Aber es gibt auch andere große Weine, die – im Vergleich zum Chianti – eine jüngere Geschichte haben.
Es gibt jedoch Weine, die eine lange Geschichte haben, wie der *Brunello* von Montalcino, der *Vino Nobile* von Montepulciano, die Weine von Bolgheri und Val di Cornia. Weitere qualitätsvolle Rotweine sind, außer dem Chianti Classico, die Chianti-Weine der sienesischen und aretinischen Hügel, des Sieve-Tales (Rufina, Pomino, Nipozzano) und aus dem unteren Arno-Tal (Montalbano, Carmignano). Doch sollten wir nicht die „Supertuscans" vergessen, die großen, zur Alterung vorgesehenen Rotweine, die seit den 80er-Jahren auf vielen Höfen nicht nur mit den alteingesessenen Reben produziert werden. Etwas weniger

Bernardino Poccetti, *Die Hochzeit zu Kana*, Detail. Florenz, Badia di Ripoli

Sano di Pietro, *Beschneiden des Weinstocks*, *Keltern* und *Olivenernte* aus dem *Codice delle Monache.* Siena, Museo dell'Opera

bekannt sind die Weißweine, unter denen vor allem die „jungfräulichen" Weine der Valdichiana, die goldfarbene *Vernaccia* aus San Gimignano und der *Galestro* glänzen, der sich durch seinen leichten, prickelnden Geschmack auszeichnet. Als Dessertweine bieten sich der *Passito*, der *Moscato* und der *Vinsanto* an. Seit ein paar Jahren haben berühmte Weinproduzenten wie die Antinori und die Frescobaldi damit begonnen, trockene Schaumweine nach der *Méthode champenoise* herzustellen, die sofort Erfolg hatten.
Schwieriger steht es mit der Ölproduktion. Die Toskaner halten das ligurische Olivenöl für etwas kraftlos, aber das Öl aus Apulien ist ihnen zu stark und zu fett. Bis vor kurzem schätzten sie sehr das geschmackvolle, leichte, goldene Öl aus Lucca, das keine Fettspuren auf den Lippen zurückläßt. Heute, wo der unverfälschte Naturgeschmack Mode ist, bevorzugen sie vielleicht das füllige Öl des Chianti oder das noch stärkere Öl aus Siena, das leicht auf der Zunge brennt. Aber der starke Frost vom Januar 1985 hat alles in Frage gestellt: unvermeidbar stiegen die Preise und öffneten, für den weniger anspruchsvollen Verbraucher, den Markt für Öl mediterraner Herkunft (Spanien, Griechenland, Türkei) oder aus Apulien.

Giovanni Colacicchi, *Olivenhain.* Florenz, Galleria d'Arte Moderna

Rechts, Caravaggio, *Bacchus*, Detail. Florenz, Uffizien

Außerdem spielt noch das Klima eine bedeutende Rolle. Es verändert sich im Lauf der Jahre und verschlimmert sich durch Abholzung und die entsprechenden hydrographischen Veränderungen und durch die Umweltverschmutzung. Im allgemeinen herrscht heute gemäßigtes Mittelmeerklima vor, mit den höchsten Durchschnittstemperaturen in der Maremma (16 Grad) und den niedrigsten in den Apennin-Tälern (12 Grad). Im Winter scheint ziemlich häufig die Sonne, aber oft kommt es auch zu sehr kalten Tagen, insbesondere wenn die *tramontana* (kalter Fallwind) von den Bergen weht. Schnee liegt sehr selten und die Jahreszeiten Frühling und Herbst sind meist milde, auch wenn der Frühling oft verregnet ist. Da die Apuanischen Alpen so dicht am Meer liegen und deshalb die warme Meeresluft sofort auf ein Hindernis stößt, ist die Versilia ein ziemlich regenreiches Gebiet. An den Küsten bläst oft ein starker Südwestwind und die Augustgewitter sind längs der ganzen Küste gefährlich, gerade zur Zeit der Badeferien.

Vom geologischen Gesichtspunkt aus kann das toskanische Gebiet nicht als sehr alt gelten, denn es reicht zum größten Teil nicht weiter zurück als bis zum Tertiär. Ein metamorphes Phänomen des Tertiär ist der kristalline, weiße Marmor der Apuanischen Alpen; eine weitere wertvolle Marmorsorte ist z.B. der gelbe Marmor von Siena, der an der Montagnola gewonnen

Der Wald von Camaldoli und der Canale del Lupo im Apennin in der Nähe von Lucca

Der Westabhang des Monte Corchia in den Apuanischen Alpen

wird. Der typischste toskanische Stein ist der *Macigno,* ein quarzhaltiger Sandstein. Karstformationen führten in den Apuanischen Alpen und in der Garfagnana zu Höhlenbildungen mit reichen paläontologischen und prähistorischen Überresten. Viele geothermische Phänomene bewirkten das Entstehen von Thermalbädern, von der Lucchesia bis in die Maremma. Im Gebiet zwischen den Flüssen Cecina und Cornia gibt es die geysirartigen *Soffioni*, aus denen heiße Luft ausströmt, und „Quellen" von trockenem Gas (Kohlendioxyd und schwefelhaltiger Wasserstoff) und Heißwasserquellen (36-50 Grad) sowohl in der Lucchesia als auch bei Siena (Bagni di Lucca, San Giuliano, Monsummano, Cascina, Rapolano).

Was an der geographischen Form der Toskana sofort anziehend wirkt, ist ihr Abwechslungsreichtum. Es gibt eine große Menge auf den ersten Blick bunt durcheinander gewürfelter Bergmassive, Hügel und Bergesspitzen, die manchmal 2000 Meter erreichen, aber im allgemeinen nicht übermäßig hoch sind. Nur ein Zehntel der Toskana besteht aus Ebenen längs der Flüsse und in der Nähe der Küste. In der Garfagnana haben der Apennin und die Apuanischen Alpen Dolomitcharakter, sind so etwas wie die „toskanischen Alpen". Weiter südlich beginnt der mittelitalienische Apennin aus Kalk, ohne Bewuchs und mit abgerundeten Formen. Zwischen diesem Apenninteil und der Küste liegt eine Reihe von unregelmäßigen Höhenzügen, zwischen 600 und 1000 Metern hoch, die sich von Nord-Westen nach Süd-Osten erstreckt mit den Polen Montecatini und Monte Amiata. Es handelt sich um den sogenannten Antiapennin, in dessen Mitte sich die Colline Metallifere erheben. Die Ebenen entsprechen, von der Küste abgesehen, den Becken des Arno, der Chiana und des Tibers.

Bedenkt man das normale Verhältnis zwischen Ebenen und Flussbecken, so nimmt es nicht wunder, daß eine Region mit so wenigen Ebenen auch nur Flüsse bescheidenen Ausmaßes besitzt. Die wichtigsten Wasserläufe führen nur eine relativ geringe Wassermenge, die eher an Sturzbäche erinnert; die Ursache hierfür sind die wenigen Regenfälle und die oftmals nur geringfügig wasser-

**Der Strand von Fetovaia auf der Insel Elba**

**Der Sumpf von Fucecchio (Pistoia)**

durchlässigen Böden. Eine Ausnahme ist der Serchio, der in den höchsten Apenninbergen, südlich vom Cisapass, entspringt, in einer an Regenfällen reichen Gegend, in der durchlässiges Kalkgestein vorherrscht. Der Arno kennt extreme Trockenperioden und verheerende Hochwasser (wie die Überschwemmung von 1966) und ist der mächtigste Fluss mit einer Länge von 241 Kilometern und mit mehreren einmündenden Flüssen: links Chiana, Pesa, Elsa und Era, rechts Sieve und Bisenzio. An zweiter Stelle folgt der Ombrone (161 km lang), dessen bedeutendster Nebenfluss der Orcia ist, dann der Serchio (103 km) und weiter, von Norden nach Süden, Magra (65 km), Cecina (76 km), Cornia (50 km), Albegna (67 km) und Fiora (71 km). Die Sümpfe und Seen der Toskana müssen einst sehr faszinierend gewesen sein: Zwischen Florenz, Pistoia und Lucca erstreckte sich das Reich des Wasserwildes mit seinem Röhricht und den Lastkähnen und die Valdichiana war ein großer, nicht sehr tiefer See. Die Fischloggia im Zentrum von Cortona, die zwar schön, aber heute etwas deplaziert wirkt, erinnert daran, dass es hier früher ein reiches Angebot an Süßwasserfischen gab; inzwischen verlandet der Trasimenische See mehr und mehr. Die Sümpfe lieferten das Essen während der Fastenzeit und das Wild füllte die Festtafeln. Von all dem hat sich herzlich wenig erhalten: der See von Massaciuccoli bei Viareggio mit etwa sieben Quadratkilometern, die kleinen Sümpfe von Bientina und Fucecchio, die Seen von Montepulciano und Chiusi und südlich von Orbetello der Küstensee von Burano. Die kleinen Seen des Apennin sind eher malerische Pfützen, aber es gibt immerhin einige Stauseen.

Die toskanischen Inseln liegen fast alle zwischen den Vorgebirgen von Piombino und Monte Argentario (nur die Insel Gorgona befindet sich weiter nördlich) und können vielleicht als eine Fortsetzung des Antiapennin gelten oder als die Überreste eines vor Urzeiten versunkenen Landstriches, der „Tyrrhenis", zu dem auch der Argentario gehörte. Mit bis zu 1000 Meter hohen Bergen und Eisenerzminen ist Elba die größte Insel. Ihre Felsenküsten eignen sich, wie die der Isola del Giglio, zur Unterwasserjagd. Außerdem sei auf die unwirtliche Insel Montecristo hingewiesen,

**Der Naturpark am Burano-See in der Maremma (Grosseto)**

eine Felseninsel aus Granit, die heute ein Naturreservat ist. Auf der kleinen Insel Giannutri stehen die Ruinen von römischen Villen. Die Flora der toskanischen Inseln ist reich an sogenannten „lebenden Fossilien" der subtropischen Zone, und die starken, süßen Weine der Insel Elba reifen bei dem wunderbaren Klima vorzüglich.

In der Toskana lohnen „Safaris", jedenfalls für die Paläontologen. Vor allem im oberen Arno-Tal gab es einst Elefanten, Flusspferde, Antilopen, verschiedene Hirscharten und große Raubkatzen. Das heutige Wild ist weniger exotisch, aber auch nicht uninteressant. Es gibt Rehe, Hirsche, Damwild und, vor allem in der Maremma, Wildschweine; im Wald von Campigna findet man sogar Muffelwild. Die wichtigsten Wildparks nennen sich San Rossore, Migliarino und Alberese; Dachse, Füchse, Steinmarder, Fischotter und Iltisse leben fast überall. Der Bär ist leider schon seit wenigstens zweihundert Jahren ausgestorben. Im Winter kann man manchmal auf dem Pratomagno oder an der Grenze nach Umbrien einen verschreckten Apenninwolf sehen. Unter dem Federwild – einmal abgesehen vom Adler, der in der Schlucht Orrido di Botri in der Garfagnana nistet – sind Rebhühner am häufigsten in der

**Zwei Ansichten des Uccellina-Naturparks (Grosseto)**

Macchia anzutreffen, während Fasane nur noch in Jagdreservaten vorkommen. Wildgänse, Wildenten, Schnepfen und Wasserhühner bevorzugen den See von Massaciuccoli und die wenigen Sümpfe der Maremma. Außer vielen Schlangenarten interessieren unter den Reptilien vor allem besondere Arten von Eidechsen, die es nur auf dem Monte Argentario und auf den Inseln gibt und nicht auf dem Festland. Ihretwegen wird vermutet, dass in grauer Vorzeit ein heute versunkenes Land namens Tyrrhenis existierte.

Die Flora der Toskana setzt sich hauptsächlich aus der *macchia mediterranea* (undurchdringlicher Buschwald des Mittelmeergebietes) und den Bergwäldern des Apennin zusammen. Die Macchia an der Küste enthält zuweilen auch Pflanzen wie Meereskirsche, Steineiche, Myrthe, Ginster und Brombeeren. Durch Eingriff des Menschen hat oftmals die Meerespinie die Macchia verdrängt, aber die häufigen Brände in den Sommermonaten haben in den lezten Jahrzehnten von neuem das Aussehen unserer Küsten verändert. Etwas weiter im Landesinneren stoßen wir auf Eichen, Erika, Ginster und angepflanzte Pinien. Von 300 bis 600 Metern Höhe beginnt das Reich der Esskastanie, von 800 bis 1000 Metern folgen Buchenwälder und noch weiter oben gibt es größere Staatsforste mit Weißtannen wie in Abetone, Vallombrosa und Camaldoli. Da der Apennin im allgemeinen nicht besonders große Höhen erreicht, mangelt es an ausgedehnten Weideflächen oberhalb der Baumgrenze. Die Rinderzucht spielt daher in der Toskana keine große Rolle. Anders sieht es mit der Schafzucht aus, die inzwischen vielfach den rückläufigen Ackerbau ersetzt. In der Maremma breiten sich außer den Pferden auch wieder die Büffel aus. Bisher gibt es wenige, und ihre Aufzucht verschlingt viele Geldmittel, aber mit Hilfe von Ökologie, Agrotourismus und einer allgemeinen Leidenschaft für große, seltene Tiere, die vom Aussterben bedroht sind, bleibt zu hoffen, dass sie sich vermehren werden. Um Punta Ala scharen sich in der Sommersaison jene *butteri* (Büffel- und Pferdehüter), die den Tourismus zu beleben verstehen. Vom anthropologischen Standpunkt aus mag man gegen sie berechigte Vorbehalte anmelden, aber sie nutzen einem qualifizierten Tourismus, der wiederum dem Naturschutz von Vorteil sein kann. Einst kamen nur die Köhler aus der Gegend von Pistoia hierher und anderes armes Volk, wie es Renato Fucini beschreibt. Aber alles verändert sich, auch die Toskana.

**Giovanni Fattori, *Herde in der Maremma*, Detail. Livorno, Museo Civico Giovanni Fattori**

**Unten, „moderne Hirten" (Butteri) in Alberese (Grosseto)**

# Die Bevölkerung

Die Toskana war von jeher ein Territorium mit volkreichen Städten und intensiv vom Menschen geprägten Landschaften. Daher kann sie in historischer Zeit als relativ dicht besiedelt gelten, auch wenn es vor dem 14. bis 15 Jh. keine sicheren Schätzungen gibt, denn vor dieser Zeit gab es keine Register oder Kataster für die Steuererhebung. Ebenso bleibt es eine schwierige Aufgabe, den Bevölkerungsrückgang nach der Schwarzen Pest zu schätzen, die in der ersten Hälfte des 14. Jhs. die gesamte Region heimsuchte. Danach nahm die Bevölkerung wieder erheblich zu, bis 1630 eine weniger starke Pestepedemie ausbrach. Im 16. Jh. gab es etwa eine Million Toskaner und am Ende des 18. Jhs. 1.200.000.

Von damals bis heute befand sich die Bevölkerung in ständiger Zunahme: zwei Millionen während der Einigung Italiens, 3.540.785 anlässlich der Volkszählung von 2000.

In allerjüngster Zeit herrscht ein starker Geburtenrückgang; dies und die Abnahme von Eheschließungen haben die Wachstumsrate der Bevölkerung fast auf den Nullpunkt gedrückt, trotz

**Oben rechts, Domenico Ghirlandaio, *Christi Geburt*, Detail. Florenz, S. Trinita**

**Gegenüberliegende Seite, das verlassene Dorf Campocatino in der Garfagnana**

des starken Zuzugs von Personen zum großen Teil aus außereuropäischen Ländern, der die Toskana an die fünfte Stelle in der Liste der Ausländerpräsenzen bringt.
Nur wenige Toskaner wandern aus, sie ziehen höchstens innerhalb ihrer Region um und das ist schon seit alten Zeiten so. Die Bewohner der Berge und anderer einsamer Gegenden wandern in die stärker entwickelten Gebiete wie das untere Arno-Tal und die größeren Städte ab. Erst am Ende des vorigen Jahrhunderts und in den Jahren vor dem ersten Weltkrieg emigrierten viele Toskaner aus der Lucchesia, der Lunigiana und der Garfagnana in die Vereinigten Staaten.
Die höchste Bevölkerungsdichte finden wir vor allem im unteren Arno-Tal und um Pisa und Livorno (in den Provinzen Florenz, Livorno und Prato und dem südlichen Teil der Provinz Pistoia) mit 250 bis 300 Einwohnern pro Quadratkilometer.
Weniger dicht besiedelt sind die Provinzen Arezzo und Siena und vor allem die von Grosseto. In letzterer wohnen etwas mehr als 200.000 Personen auf einem Gebiet von 4.500 Quadratkilometern, weniger als 50 Einwohner pro Quadratkilometer. Der regionale Durchschnitt von 150 Einwohnern pro Quadratkilometer ist um etwa zwanzig Prozent niedriger als der nationale Durchschnitt. Diese wenigen statistischen Angaben sollen nur eine ungefähre Vorstellung von gewissen quantitativen Phänomenen geben.
Gerade wegen der tiefgreifenden Unterschiede zwischen den einzelnen Zonen der Toskana hat der regionale Durchschnitt wenig Bedeutung. Wichtiger und vielleicht schwerwiegender ist die Tendenz zur Bevölkerungsballung in bestimmten Gebieten. Dadurch sind in den letzten Jahren kulturell wichtige Orte, vor allem im Gebirge, zugrunde gegangen und bienenwabenartige Siedlungen gewachsen, die nur zum Schlafen dienen und in denen nur schwer Kontakt zwischen den Bewohnern entstehen kann. All das gilt jedoch nicht in Gegenden wie der Lunigiana, der Garfagnana und der Montagna Pistoiese, in denen Weiler und kleine Dörfer vorherrschen. Auch im Chiantigebiet oder der Val d'Elsa wohnt die Bevölkerung weit verstreut in einer stark vom Menschen geprägten Landschaft. In vielen Fällen handelt es sich allerdings um

neue Einwohner, die aus den großen Städten oder aus Deutschland, Großbritannien und den Vereinigten Staaten hierher gezogen sind. Und damit wären wir beim Thema der Zweitwohnung, der Landwirtschaft als Freizeitgestaltung oder der Wein- und Ölproduktion für den Eigenbedarf oder für den begrenzten Verkauf an Kenner. Das was wir bisher synthetisch aufgezeigt haben, sind nur die quantifizierbaren Eigenheiten der Toskaner, die wir hier keineswegs außer Acht lassen können. Aber sie dienen im Grunde lediglich als Hintergrund für eine wichtigere und weniger messbare Frage: Wer sind eigentlich die Toskaner? Gibt es sie wirklich und wenn ja, in welchem Verhältnis stehen sie zu ihren Vorfahren? Oder besser ausgedrückt, was haben sie mit denjenigen zu tun, die in dieser Region ein so überreiches kulturelles und historisches Erbe hinterlassen haben, dessen wir uns ziemlich unverdienterweise bemächtigen, nicht ohne heimliche Minderwertigkeitsgefühle zu hegen?

Von dem „Originalcharakter" der Toskaner ist viel zu viel geredet worden. Beispielsweise besteht seit dem 13. Jh. so etwas wie eine „toskanische Dichterschule", die aber aus Dichtern von Arezzo, Pisa, Lucca und Florenz zusammengesetzt ist und sich nicht im Geringsten um linguistische, thematische oder kulturelle Einheitlichkeit scherte. Oder wenn es so etwas wie Einheitlichkeit gegeben hat, so spielte nicht der gemeinsame toskanische Nenner, der erst in der Moderne erfunden wurde, die ausschlaggebende Rolle. Gewiss, dem in Prato geborenen Schriftsteller Curzio Malaparte ist es in seinem berühmten Buch *Maledetti Toscani* (1956) gelungen, den Idealtypus des "verfluchten Toskaners" herauszuarbeiten; doch hat dieser eben genau den Nachteil, ein Idealtypus zu sein, was nun wirklich keinem konkreten Fall entspricht.
Wer sagt, dass die Toskaner eine kulturelle oder geschichtliche Identität als Volk besitzen, die sie von den

Domenico Ghirlandaio, *Frauenkopf.*
Florenz, Uffizien, Gabinetto
dei Disegni e delle Stampe

Schule von Leonardo, *Frauenkopf.*
Florenz, Uffizien, Gabinetto
dei Disegni e delle Stampe

benachbarten Volksstämmen unterscheidet, der macht sich nicht klar, wie falsch in Wirklichkeit Unterschiede und Grenzen eingeschätzt werden, und dass man die vielfältige Realität nicht in kompakte Farbfelder wie auf geopolitischen Karten pressen kann. Man nehme z.B. den „Dialekt" dieser Region, der in Wirklichkeit gar kein Dialekt ist, sondern eine Gruppe von „Sprechweisen", eine Art „toskanisches Idiom".

Bekanntlich gab es in Italien seit dem 13. Jh. das Problem der Sprache. In langsamer Evolution (sechs Jahrhunderte!) wurde das „Toskanische" oder besser das „Florentinische der Gebildeten" zur nationalen Literatur- und Kultursprache, was nicht ohne erhebliche Widerstände vor sich ging. Eine Elite traf diese Wahl parallel zur Risorgimento-Bewegung.

Das „Florentinische der Gebildeten" als Landessprache zu wählen, war weder notwendig noch unumgänglich: in Wirklichkeit handelte es sich um eine wohl überlegte und – über die Schulbildung – zum Teil sogar aufgezwungene Entscheidung. Und das ist wichtig für die Beziehung zwischen Toskanern und Nicht-Toskanern. Innerhalb der Toskana war auch die allmähliche Herausbildung der Hegemonie von Florenz (seit dem 13. Jh.) keineswegs schmerzlos vonstatten gegangen; im Gegenteil, es gab eine starke Opposition und auch auf linguistischer und literarischer Ebene entstanden bis zum Ende des 19. Jhs. immer wieder Alternativvorschläge; man denke nur an den Philologen Pietro Fanfani aus Collesalvetti und sein *Vocabolario* (Wörterbuch) von 1875 mit einer ganzen Reihe von nicht-florentinischen Varianten.

Das toskanische „Idiom" mit seinen zahllosen Abarten unterscheidet sich im Norden und Osten deutlich von den benachbarten Dialekten und stimmt weitgehend mit den entsprechenden geographischen Grenzen überein. Weniger eindeutig ist im Süden der Unterschied zu den Dialekten Mittelitaliens.

**Leonardo, *Profilstudie eines Alten*. Florenz, Uffizien, Gabinetto dei Disegni e delle Stampe**

**Leonardo, *Studie eines Männerkopfes*. Venedig, Accademia**

# Die bäuerliche Zivilisation

Unter den zahlreichen Museen der „Bauern-Zivilisation" befinden sich große und kleine, öffentliche und private, aber ihre Qualität ist nicht einheitlich. Hier begnügen wir uns damit, auf das Museum von San Pellegrino und das von Villafranca im Magra-Tal hinzuweisen. Inzwischen gibt es auch viele Untersuchungen zum toskanischen Bauern- und Herrenhaus. Nach Überwindung einer zwiespältigen Nostalgie-Haltung gegenüber der bäurischen Welt gilt es nunmehr, die Materialkultur und die alten Arbeits- und Produktionstechniken zu erforschen. Mugello, oberes Arno-Tal, Val d'Elsa, Val d'Orcia und das Hinterland der Maremma sind die Gebiete, in denen sich die alten Gebäudeformen am längsten erhalten haben. Unter den nicht mehr benutzten Gebrauchsgegenständen haben nicht so sehr die Arbeitsgeräte Bedeutung – sie hatten in dem „präindustriellen" Ambiente große Überlebenschancen, auch weil sie manchmal für weniger wichtige Funktionen wieder eingesetzt wurden – als vielmehr die Gewichte und Maße, sei es für festes Material, sei es für Flüssigkeiten; der Verzicht auf sie hat eine regelrechte mentale Umwälzung herbeigeführt, von der vor allem die Generationen zur Zeit der italienischen Einigung betroffen waren.
Wenn es schwierig ist, die Funktion von Arbeitsgeräten zu interpretieren, die seit langer Zeit nicht mehr benutzt werden, und alte Arbeitsprozesse zu rekonstruieren, so ist es um so komplizierter, eine Geisteshaltung heraufzubeschwören, die mit völlig anderen Lebensbedingungen in Zusammenhang stand. Man stelle sich eine Welt ohne fließendes Wasser und ohne Elektrizität vor und die daraus folgende Schwierigkeit von Handlungen, die wir heute ohne Nachzudenken ausführen; das Problem der plötzlich hereinbrechenden Nacht, die unsichere Beleuchtung durch Kamine, Kerzen und Öllampen. In solcher Situation „ging man Wachehalten" und erzählte sich Geschichten, die traditionsgemäß vor allem furchterregend oder wunderlich zu sein hatten. Einen Großteil dieser alltäglichen Welt versucht man heute mit Hilfe der mündlichen Überlieferung wiederzugewinnen. Mittels der Lieder, die von Liebe, Sehnsucht und politischer Leidenschaft singen; mittels antiker

Cristiano Banti, *Versammlung der Bäuerinnen.*
Florenz, Galleria d'Arte Moderna

Eine alte Ölmühle in der Nähe von Massa Marittima; rechts, Auspressen der Trauben

**Heilrezepte; mittels Volksliedern, die sich *stornelli, strambotti, befanate, bruscelli* und *rispetti* nennen; mittels magischer Beschwörungen und Bannsprüche. Dies sind Formen einer sinnträchtigen Kultur, die aus Sprichwörtern und scheinbar statischen *Topoi* besteht. Aus den folkloristischen Traditionen taucht hier und da ein anzestraler Urgrund auf, vielleicht sogar vorchristlicher Natur, wie im Chianti und im Gebiet um Arezzo die verschiedenen Wasserkulte und die Steine, die die Milchproduktion der Wöchnerinnen stimulieren sollten oder die traditionelle jährliche Schlachtung eines Rindes zu Ehren der hl. Jungfrau von Madonna del Sasso in Val di Sieci. Angeblich steht das Heiligtum auf dem Platz einer heidnischen Kultstätte.**

**Dieses folkloristische Erbe, das in der Vergangenheit bereits gesammelt, aber auch neu interpretiert und verfälscht wurde (von Autoren wie Renato Fucini, Vittorio Imbriani und Emma Perodi) findet heute die leidenschaftliche Aufmerksamkeit von Anthropologen wie Vittorio Dini, Pietro Clemente und Alessandro Falassi; und oftmals wird es auch von kritischen Folklore-Sängern neu vorgestellt, die sich Caterina Bueno, Alfredo Bianchini und Riccardo Marasco nennen.**

Heuernte

In vielen Gebieten der südöstlichen Toskana, an der Grenze nach Umbrien und Latium, gibt es uralte Gemeinsamkeiten, die sich also nicht aus der heutigen Vermischung erklären lassen. Im Gegenteil, die alten gleichlautenden Worte waren früher sogar noch zahlreicher.

Auf keinen Fall darf man verallgemeinern; die nicht-florentinischen Toskaner reagieren beispielsweise empfindlich, wenn man ihnen sprachliche Eigenheiten der toskanischen Hauptstadt andichtet. Andererseits besitzt das Toskanische in seiner Vielfalt dennoch einen gewissen Zusammenhang und regionale Ausdehnung.

Wenn es schon schwierig ist, ohne Verallgemeinerungen und ohne Rhetorik über das toskanische Idiom zu sprechen, so wird es noch schwieriger, die „Tradition" anzugehen, besonders nachdem heutzutage dieser Begriff etwas Verschlissenes und Verbrauchtes an sich hat, wegen der angeblich „authentischen" Volks- und Bauerntraditionen, die überall wie Pilze aus dem Boden schießen (Feste und Kirchweihn, die oftmals zwar sehr anziehend sind, sich aber meist auf einen mehr als fragwürdigen historischen Anlass berufen).

Beginnen wir damit, der Versuchung zu widerstehen, scheinbar rationalisierende Klassifizierungen zu verwenden, die in Wirklichkeit gar nichts erklären. Vermeiden wir vorzuspiegeln, dass alles eindeutig und in Ordnung sei, indem wir von „subalterner Kultur" und „verborgener Kultur" sprechen oder mit ostentativer Ungeniertheit mit Adjektiven wie „imaginär" oder „alltäglich" um uns werfen.

Die Frage lautet: Was wissen wir eigentlich von unseren Vorfahren? Welches Vermächtnis haben sie uns hinterlassen? Sind wir heute in der Lage, eine authentische, von einer ununterbrochenen Kette von Generationen überlieferte Tradition von einem später aufgesetzten *Revival* zu unterscheiden?

Einige Erforscher Süditaliens haben die Kultur des Mezzogiorno als „bäuerlich" eingestuft; eine platte Verallgemeinerung, die andere nicht akzeptieren. Die toskanische Kultur ist zum Glück dermaßen vielfältig, dass Interpretationsversuche dieser Art sofort misslingen würden. Die Qualifizierung „städtisch" erscheint in jedem Fall unumgänglich, was allerdings nicht heißen soll, dass die Toskana lediglich ein städtisches Territorium ist. Vielmehr ist damit gemeint, dass seit den Etruskern das bestellte Land, die Weiden und sogar die Sümpfe und Gebirge auf ein städtisches Zentrum ausgerichtet waren, auf eine herrschende Schicht von Besitzern, die als Produzenten und Verbraucher in einer Stadt wohnten oder in heiligen Bezirken (zunächst Tempel, dann Kathedralen) im städtischen Zusammenhang. Die Lebenskunst und der Reichtum der urbanisierten Etrusker sind an den Gräberfunden ablesbar. Diese menschbezogene Kultur war derartig dominierend, dass sich ihr sogar die Langobarden anpassten, trotz der tiefverwurzelten andersartigen Gebräuche dieses Volkes von Nomaden und Kriegern. Ohne das Wissen von dieser urbanen Welt – einmal abgesehen von besonders vereinsamt gelegenen Gebieten und den Höhen des Apennin – versteht man auch einen Großteil der toskanischen Landschaft nicht.

Dialekte, archäologische Funde, Form des Territoriums, traditionelle Arbeitsinstrumente von Bauern und Handwerkern, Feste und Kulthandlungen für Schutzpatrone, all dies trägt dazu bei, die Toskana in die bereits angedeuteten Zonen aufzuteilen: ein westlicher Teil (Lucca, Pisa, Livorno) mit ligurischen emilianischen Einflüssen im Norden und Nordosten; ein Zentralgebiet mit dem Dreieck Florenz – Siena – Volterra; ein östlicher Teil zwischen Arno und Tiber, zwischen Arezzo und Chiusi; ein südliches Gebiet mit dem Süden der Provinz Siena, dem Monte Amiata und der Maremma. Die „Materialkultur" dieser Zonen wird schon seit vielen Jahren in entsprechenden Bauern- oder Volkskundemuseen gesammelt. Die Diözesen und die Wallfahrtsorte bewahren, katalogisieren und untersuchen Reliquien, Votivgaben und lithurgische Erinnerungsstücke, auch wenn das Interesse für die Zeugnisse der Frömmigkeit, besonders unmittelbar nach dem Zweiten Vatikanischen Konzil, zuweilen auf Gleichgültigkeit oder kaum verhüllte Abwehr stieß.

Viel ist auch für die Sammlung und Einordnung der mündlichen Überlieferung getan worden. Dabei interessierte man sich für Märchen, Sprichwörter, Volkslieder, theatralische Formen, Balladen, parodistisch-rituelle Darstellungen, aus der Commedia dell'Arte und dem Maskenspiel hervorgegangenes städtisches Volkstheater, Riten und Gebräuche magischen Ursprungs; sie alle sind schon seit vielen Jahren Gegenstand aufmerksamer anthropologischer Untersuchungen.

Dadurch kommt eine Realität ans Tageslicht, die endlich mit dem Gemeinplatz aufräumt, dass die an hochstehender Kultur so reiche Toskana arm an populärer Kultur sei und wenig Sensibilität für deren Bewahrung besitze. Diese Legende wurde früher fleißig von denjenigen genährt, die darin einen heilsamen Aufbruch in den Fortschritt sahen.

All das war und bleibt nur ein Vorwand, ganz egal mit welcher Absicht. Tatsache ist, dass die populäre Kultur eng mit den Orten und Rhythmen des Lebens verbunden war, mit dem Alltäglichen, mit dem Produktionssystem und der Arbeitsteilung. Eine Kultur, die aus Handgriffen und dem angemessenen Gebrauch der Arbeitsgeräte bestand, aus dem Respekt gegenüber den Jahreszeiten bei der Arbeit auf dem Felde und gegenüber den lithurgischen Feierlichkeiten, aus den Gebräuchen der landwirtschaftlichen und handwerklichen Produktion, aus Legenden und Gesängen, die während der geselligen Abende überliefert wurden.

Mit der Urbanisierung, der Industrialisierung und der Massenkommunikation erlitten nicht nur soziale Lebens-

**Kastanienernte im Apennin von Pistoia**

formen und Gewohnheiten umwälzende Veränderungen, sondern auch das familiäre und persönliche Leben. Unter diesen Bedingungen ähnelt die Wiederbelebung bestimmter Traditionen (besonders die mit Festlichkeiten verbundenen) einem archäologischen Experiment und einer demagogischen Mystifizierung. Viele Anthropologen behaupten, dass eine Tradition abstirbt, wenn die materiellen Voraussetzungen fehlen, die sie am Leben erhielt. Daher könne man nichts anderes tun, als sie ihrem Tode zu überlassen, und ihr im Höchstfall einen Platz im Museum einräumen oder ein paar Seiten in einem gelehrten Buch.

Aber da ist immer noch das Volk, die Leute, die in den letzten Jahren versucht haben, wenn auch konfus und sehr von ungefähr, die Verbindung mit der Vergangenheit herzustellen. Jahrmärkte, dörfliche und städtische Kirchweihn, Feste des Schutzpatrons erhielten neue Vitalität oder wurden sogar wieder zum Leben erweckt, wo sie nicht mehr zum Brauchtum gehörten; die Festtage werden wirklich wieder gefeiert und nicht nur als „Freizeit" behandelt; auch die spielerischen Veranstaltungen des sogenannten „Ephimären", umstrittene Organisationsformen, die so mancher öffentlicher Verwalter einsetzt, weil er weiß, was *chic* ist, sorgen dennoch dafür, dass die Leute wieder zusammenkommen und sogar die Geschichte und lokale Traditionen neu erleben. Die „Gesundheitsindustrie" hat die „natürlichen" und „echten" Nahrungsmittel wieder entdeckt, modische Chansonniers und geschickte Kabarettisten überarbeiten die alten *Stornelli* (dreizeilige Liebeslieder) und stellen am Klavier in den Bars jene Volkslieder vor, die von Mühe, Arbeit und Armut, aber auch von Liebe und Heiterkeit erzählen. Gewiss, ein Phänomen nicht ohne Ambiguität und Konsumfreude, ähnlich wie die Modernisierung der „rustikalen" Bauernhäuser durch die Nachkömmlinge des gutsituierten städtischen Bürgertums. Aber gleichzeitig wird auf diese Weise auch ein Erbe erhalten, das sonst nur verschwinden oder als Museumsstück überdauern könnte. So erhält sich trotz allem Erinnerung und man hat das Gefühl von der Fortdauer des Lebens, ohne die Geschichte keinen Sinn hat und ein Bewusstsein von gemeinschaftlicher Identität unmöglich ist.

**Alabasterbearbeitung in Volterra**

**Bildhauerwerkstatt in Carrara**

# Leistung, Arbeit und Produktion

Wie lebt man in der Toskana? Ziemlich gut, behauptet die Statistik, die die Region an die zweite Stelle, nach der Emilia Romagna, setzt. Es gibt eine große Wohnungsnot, aber dafür besitzen viele Leute ein „zweites Haus". Unsere industrialisierten Vororte sind frei von *Bidonvilles*. Alle Wohnungen haben schon lange Sanitäre Anlagen und Zentralheizung. Die Toskaner liegen über dem nationalen Durchschnitt und auf dem gleichen Niveau wie die am stärksten entwickelten Regionen des Nordens. Seltsamerweise geben die Toskaner jedoch nicht viel Geld für kulturelle Veranstaltungen aus, vielleicht wegen ihrer sprichwörtlichen Sparsamkeit (davon muss man jedoch die als verschwenderisch bekannten Sienesen ausnehmen), oder weil sie schon genug Kultur in ihrer Umwelt besitzen und überzeugt sind, die Kultur erfunden zu haben. Hinter den Statistiken verbirgt sich die eigentliche „Lebensqualität", denn die Statistiken bieten nur quantitative Werte, die nicht viel über die Qualität aussagen.

Bezüglich des Nettosozialproduktes und des Pro-Kopf-Einkommens liegt die Toskana in Italien an sechster und achter Stelle, gleich nach den nördlichen Regionen. Von etwa

1.400.000 Werktätigen arbeiten ca. eine halbe Million in der Industrie, nur 56.000 (weniger als 5%) in der Landwirtschaft und der Rest geht den verschiedensten Beschäftigungen nach, vor allem im Dienstleistungsbereich (abgesehen von der relativ geringen Arbeitslosenquote und einer gewissen Anzahl von Unterbeschäftigten oder in Haushalten, meist als Schwarzarbeiter, tätigen Personen). Das gesamte Beschäftigungsbild, jenseits aller Zahlen, wirkt dynamisch, ist aber auch nicht frei von beunruhigenden Elementen. Bis zu Beginn der fünfziger Jahre war die Toskana eine Region mit überwiegender Agrarproduktion. Mit dem Wirtschaftswunder der frühen sechziger Jahre kam es zu einer industriellen Entwicklung, die in bestimmten Gegenden (in und um Prato, im mittleren und unteren Arno-Tal) bald bemerkenswerte Ergebnisse erzielte, aber eine für die Region typische Eigenheit bewahrte: die Tendenz zu kleinen, dynamischen Unternehmen. Dies bedeutet eine gewisse Schwäche in der industriellen Entwicklung, verleiht unserer Region aber auch eine beachtliche Elastizität, deren Leistung sich gerade in Krisenzeiten zeigt.

Der Toskaner scheint eine starke Tendenz zu kleinen Einheiten und zur Unabhängigkeit zu besitzen. Diese Mentalität stand zwar in Harmonie mit der alten *Mezzadria* (Halbpacht), entspricht jedoch nicht mehr den Erfordernissen der modernen Landwirtschaft. Auch die Hügel und Berge sind ein großes Hindernis für die ländliche Rationalisierung, in der Tat dient ein Großteil des genutzten Landes als Weidefläche und Wald. Auf dem übrigen Gebiet herrscht „Mischanbau" vor, d.h. auf demselben Feld findet man Weizen, Wein und Oliven. Heute ist der Weizenanbau jedoch rückläufig und auf den Hügeln überwiegt die Produktion von Qualitätsweinen (D.O.C.) und feinstem Olivenöl; beides wird auch exportiert. Leider vernichtete der außergewöhnliche Frost des Jahres 1985 den größten Teil der toskanischen Olivenhaine, so daß die Bäume gefällt oder stark zurückgeschnitten werden mussten. Andererseits warfen die in traditioneller Form angelegten Olivenfelder

**Ein Marmorbruch in den Apuanischen Alpen**

CATERPILLAR

sowieso wenig ab, so dass vorgeschlagen wurde, diesen Neubeginn zum Anlass für eine Rationalisierung der Produktionstechniken zu nehmen. Der Wein gedeiht natürlich vor allem im berühmten Chianti. Weitere hervorragende Weinbaugebiete befinden sich im Hügelland um Siena, im Gebiet der Sieve, zwischen Florenz und Pistoia (die Weine von Carmignano), in Bolgheri und im Cornia-Tal. Der Gemüse- und Obstanbau übersteigt nicht den Eigenbedarf der Region, es gibt jedoch Produzenten, die Spitzenqualität erreichen.

Die Wälder sind gleichzeitig Glanz und Kreuz der Toskana. Die Bewohner der Region glauben oftmals nicht, dass sie in der waldreichsten Gegend Italiens leben. Niederwald, Macchia und Hochwald nehmen insgesamt 1.086.000 ha, oder 47% der Oberfläche, ein. Wirtschaftlich gesehen sind sie sicherlich interessant, denn die Staatsforsten von Vallombrosa, Campigna und Camaldoli liefern Bauholz, in den Pinienwäldern der Küste und des Arno-Tals werden Pinienkerne und Harz gewonnen, die Kastanienwälder werfen Esskastanien ab, die, nach einer langen Phase der Stagnation, endlich wieder auf lebhafte Nachfrage stoßen (noch früher war die Esskastanie eines der Hauptnahrungsmittel); außerdem dient die Rinde für die Gerberei. Südlich vom Cecina-Fluss wachsen Korkeichen. Ausgedehnte Gebiete hat man in den letzten Jahren wieder aufgeforstet und hin und wieder wird auch versucht, Wild auszusetzen. In keinem Fall wird die Toskana wieder ein Jägerparadies werden. Zwar gibt es überall etwas Wild und in den Pinienwäldern an der Maremmaküste leben sogar Wildschweine, aber die Jagd – und auch der Fischfang – wurden traditionsgemäß in den Sumpfgebieten ausgeübt, die jedoch fast alle verschwunden sind.

Auch die Viehzucht ist im Rückgang begriffen. Die Schafherden, die früher von den Apuanischen Alpen und dem Apennin jedes Jahr zum Überwintern in die Maremma zogen, werden immer weniger. Am 18. Oktober jeden Jahres trafen sich die Hirten auf dem Weg in die Ebene in Impruneta bei Florenz, heute ist der aus diesem Anlass entstandene Jahrmarkt nur noch ein folkloristisches Überbleibsel, wenn auch authentisch in seiner Tradition. In den Provinzen von Siena und Grosseto sind sardinische Hirten aufgetaucht, nachdem die einheimischen Bauern viele Höfe verlassen hatten. Das begehrteste Produkt dieser Weidewirtschaft ist der starke Schafskäse, der auf keiner südtoskanischen Tafel fehlt. Unbedeutend blieb die Rinderzucht, auch wenn es auf dem Sektor der Qualitätsproduktion nicht an Privatinitiative fehlte. Aus der wertvollen Rinderrasse des Chiana-Tals gewinnt man die besten Beefsteaks. Weitere toskanische Rassen sind die Rinder der Maremma und des Pisaner Landes (letztere liefern besonders gute Milch).

Heute wird auch das braune Alpenrind gezüchtet. Das Schwein gehört seit jeher zum toskanischen Bauernhof und früher war es die einzige Quelle für Frischfleisch und Fleischkonserven. Vor allem in den Provinzen von Siena und Arezzo gibt es eine etwas größere Schweinezucht und Produktion von Wurstwaren.

Nur allzu leicht spricht man unter Intellektuellen mit Spott von der „Rückkehr auf das Land" als einer modischen Mystifizierung und vom Elite-Tourismus, der mit Gesundheitsmanien und Cowboy-Spielen verbrämt sei. Die Büffeltreiber (*butteri*), die einst Buffalo Bill Cody eins auswischten, sind heute sicherlich eine Seltenheit. Dafür gibt es jetzt Sonntagscowboys oder *butteri* des Agrotourismus. All dies mag sehr störend sein, aber nur so konnte die traditionsreiche Viehzucht der Maremma gerettet werden, und die neuromantische Suche nach unberührter Natur oder nach für teures Geld wiederhergestellter „Unberührtheit" brachte auch die Erhaltung der Büffel mit sich. Ein konsumfreudiger Garten Eden? Selbst wenn, heutzutage sind weitaus schlimmere Verbrechen begangen worden. Schade, dass kein Ferien-auf-dem-Land-Tourismus die armen Esel und Maultiere retten wird. Nachdem die armen Verwandten des Pferdes jahrhundertelange zum Transport von Mensch und Lasten aller Art gedient haben, verschwinden sie heute mehr und mehr; nur wenige tausend Stück haben sich in der Toskana erhalten. Wer *Pinocchio* gelesen hat, wird so manche Träne vergießen, wenn er bedenkt, dass das toskanische Eselchen mit seinen ausdrucksstarken, klugen Augen (dass der

**Gegenüberliegende Seite, oben, *Meleagros erlegt den Eber*, Basrelief. Campiglia Marittima (Livorno), Pfarrkirche S. Giovanni; unten links, Ambrogio Lorenzetti, *Auswirkungen der Guten Regierung auf das Land*, Detail. Siena, Palazzo Pubblico; rechts, Adolfo Tommasi, *Auf den Feldern*, Detail. Livorno, Museo Civico Giovanni Fattori**

**Weidende Herde im Apennin**

# Die Jagd früherer Zeiten

Als Land voller Wälder und Sümpfe war die Toskana früher ein Paradies für Jäger, denn es fehlte nicht an Hochwild wie Hirsch, Bär und Wildschwein. Die toskanischen Feudalherren waren für ihre Jagdabenteuer bekannt und die Erinnerung daran (in Form von Waffen, Trophäen und ikonographischen Zeugnissen) sind ein bedeutender Teil des Erbes der Medici. Die Gemälde und Gobelins und die Literatur sind reich an Jagdszenen. Auch in der toskanischen Literatur spielt die Jagd eine bedeutende Rolle, man denke an Fucini, Bonsanti und Sanminiatelli bis hin zu den *Giornate di Caccia* (Jagdtage) von Eugenio Niccolini.

Das heutige *Habitat* ist völlig verändert worden und es gibt nur noch ein paar Überreste wie z.B. die Maremma von Grosseto, in der Schwarzwild lebt. Aber die großen Veränderungen begannen schon, als die Lothringer in der ersten Hälfte des 19. Jhs. die Sümpfe trockenlegten (das gesamte Gebiet zwischen Grosseto und Castiglione della Pescaia, von dem sich nur die Sümpfe von Castiglione und der Ombrone-Mündung und die Seen von Burano und Orbetello erhalten haben). Seit dem Jahre 1865 verband eine Eisenbahn dieses Gebiet mit Livorno, aber damals war die Maremma noch ein wilder Landstrich, in dem zwar die Großgrundbesitzer den Ton angaben, aber auch die Banditen und Wilderer mitzureden hatten.

Alle waren sie große Jäger und man jagte nicht nur Schwarzwild, sondern auch Dam- und Rehwild. Auch dem Niederwild stellte man nach, aber die adligen Jäger verstanden die Jagd immer noch als ein Privileg. Wenn die Jagd der Adligen Sport und Privileg

Mosaik mit *Wildschweinjagd*. Chiusi, Museo Archeologico

Benozzo Gozzoli, *Zug der Könige*, Detail. Florenz, Palazzo Medici Riccardi

Ganz oben, Paolo Uccello, *Die Schlacht von San Romano*, Detail. Florenz, Uffizien

Oben, Sano di Pietro, *Jagd mit dem Falken* aus dem *Codice delle Monache*. Siena, Museo dell'Opera

Florentinische Truhe mit Jagdszene. Florenz, Museo degli Argenti

**bedeutete, so nahm die ungesetzliche Jagd unzählige Formen an: von der Beschaffung von Lebensmitteln (unter den Wilderern gab es arme Bauern) bis hin zu einem regelrechten Beruf, der jedoch stets mit dem Abenteuer verknüpft war. Gewisse Wilderer des 19. Jhs. wurden ebenso berühmt wie die Banditen. Sicher ist es kein Zufall, dass am Ende des 19. Jhs., als die Trockenlegungen weitergetrieben wurden, die adlige Jagd und das Banditentum gleichzeitig in Krise gerieten.**

**In Wirklichkeit gehörten beide zu demselben System, zu demselben leicht störbaren sozio-ökonomischen Gleichgewicht.**

Esel dumm sei, ist eine Verleumdung, die die Schüler aus Angst vor Konkurrenz in Umlauf gebracht haben) dabei ist auszusterben. Man verwendet das Fleisch des Esels nicht einmal mehr für die in der Toskana ohnehin nicht allzu beliebte emilianische Mortadella.

Da wir schon von Jagd und Viehzucht gesprochen haben, müssen wir auch kurz den Fischfang beleuchten. Auch ein trauriges Thema, denn selbst wenn Fisch und Meeresfrüchte auf keiner Strandparty und auf keinem Markt im Argentario fehlen, so sind doch die Fischgründe des tyrrhenischen Meeres inzwischen fast völlig ausgeplündert. Schon lange gibt es auf Elba keine Anlagen mehr für den Thunfischfang. Das toskanische Meer liefert noch immer einiges, aber es ist doch recht karg damit bestellt. Als Fischfanghäfen fungieren immer noch Viareggio, Livorno, die Häfen vom Monte Argentario und Portoferraio. Auf den Inseln Montecristo und Giglio kann man manchmal noch einen Hummer erwischen, aber die gesamte Fischproduktion erreicht nur wenige tausend Zentner. In Livorno gibt es eine Fischfangflotte, die jedoch nach Afrika oder sogar bis nach Amerika fahren muss, um fündig zu werden.

Wenn die Wälder nicht mehr so wildreich und Jagd und Fischfang nicht mehr so lohnend sind – einmal abgesehen von Sport und Tourismus – so kennt man allerdings auch die Gründe hierfür sehr wohl: man denke nur an Industrialisierung, sommerlichen Menschenandrang und Umweltverschmutzung. Diese Gründe sind nicht neutral oder unvermeidlich, sie entsprechen vielmehr einem ganz bestimmten, beabsichtigten Trend, sind höchstens aus der Kontrolle geraten. In der Tat hat die Industrialisierung und insbesondere die handwerkliche Kleinindustrie in den letzten Jahren einen bedeutenden Umfang erreicht, ohne in jedem Fall auf Qualität verzichtet zu haben. Im Gegenteil, Privatinitiative und gut gearbeitetes Endprodukt schlossen sich nicht gegenseitig aus, so dass man insgesamt von einem hohen Produktionsniveau sprechen kann.

Kleinindustrie, in kleine Einheiten zerteilte Betriebe, verschwendetes Kapital – für lange Zeit sah man diese Eigen-

**Fischerboote im Hafen von Livorno**

heiten als zwangsläufige Engpässe des toskanischen Unternehmertums (vor allem als man noch an die Unumgänglichkeit der einseitigen Entwicklung glaubte). Und der toskanische Fabrikant ist so manches Mal als kleinlich, egoistisch, ängstlich oder rückwärtsgewandt verteufelt worden. Auf lange Sicht hat man jedoch erkennen müssen, dass diese Eigenheiten, neben ihrer hemmenden Wirkung, auch die Stärke – und zwar nicht nur aus ökonomischen Gründen – dieser Art von Produktion ausmachten, die nicht so ohne weiteres die handwerkliche Dimension aufgeben wollte.

Eine andere typisch toskanische Eigenheit, die wir schon in Hinblick auf Politik und Kultur beleuchtet haben, ist die Vorliebe für viele Zentren. In Bezug auf Arbeit und Produktion lässt sich dies auf das System der sogenannten „produktiven Inseln" übertragen, wo ganz bestimmte Rohmaterialien vorhanden sind und wo alteingesessene Handwerkstradition ihre Fabrikationsgeheimnisse verteidigt und Handwerkerstolz im besten Sinne bewahrt. Die typischste dieser Inseln, die sich auf berühmte historische Ursprünge berufen kann, ist die Textilindustrie von Prato. Dort haben sich die alten Lumpenfabrikanten seit längerer Zeit in aktive, moderne Unternehmer verwandelt. Gleich danach kommen die Gerbereien und Schuhfabriken der „Lederzone" im unteren Arno-Tal und in der Valdinievole. Die „Möbelinsel" erstreckt sich zwischen Cascina, Pontedera und Ponsacco, es gibt aber auch seit Jahren ein Konkurrenzgebiet zwischen Prato und Pistoia. Dort entstehen Möbel in Serienproduktion, aber auch handwerklich gefertigte Stücke.

**Maistrocknung in Monterchi (Arezzo), und Wolletrocknung in Reggello (Florenz)**

**Traditionelle Bearbeitung der Terrakotta in Impruneta**

Weitere qualifizierte Industriebezirke sind die Glasproduktion zwischen Empoli und Montelupo und in Colle di Val d'Elsa, die Keramikfertigung von Sesto Fiorentino und zwischen Montelupo und Signa, die Papierherstellung mit zum Teil auch alten Werkstätten bei Barga, im Serchio-Tal, in der Gegend von Pescia und in Colle di Val d'Elsa; die Bekleidungsindustrie mit ihrer Serienproduktion um Empoli. In Impruneta wird die berühmte Terrakotta gebrannt, die z.B. auch für das Dach von Brunelleschis Domkuppel diente. Das Kunstschmiedehandwerk von Stia erfreut sich großer Beliebtheit und in Scarperia entstehen qualitätsvolle Stahlklingen. Gold wird vor allem im Gebiet von Arezzo weiterverarbeitet und neben der Massenproduktion achtet man dort auch sehr auf das gediegene Handwerk. Außer der handwerklichen Bearbeitung verschiedener Steinsorten (Alabaster in Volterra, Marmor um Carrara, *pietra serena* – eine Art grauer Sandstein – bei Fiesole, bei Empoli und im Mugello) erfolgt auch deren Abbau an diesen Orten. Florenz ist sozusagen das Schaufenster für all diese Handwerksarten, die in vielen Fällen als regelrechte Kunst gelten können. Beispielsweise werden im „Opificio delle pietre dure" (Werkstatt für Halbedelsteine) wertvolle Mineralien bearbeitet; in der „Lederschule" von S. Croce entstehen gediegene Lederartikel und um den Ponte Vecchio scharen sich die Goldschmiedewerkstätten. Vor allem in der Mode erreicht Florenz internationalen Glanz mit Modenschauen und Ausstellungen und seinen *Boutiques*. Gegenüber den toskanischen Handwerksbetrieben spielt die Industrie eine untergeordnete Rolle, was wohl an den vielen kleinen Unternehmen und der Kapitalzersplitterung liegen mag. Aber ich weiß nicht, ob diese geringere industrielle Entwicklung wirklich ein Nachteil ist, denn unsere Region erfreut sich nun einmal in der ganzen Welt wegen ihrer Landschaft, ihrer besonderen Landwirtschaftsform und im allgemeinen wegen ihrer Lebensqualität großer Beliebtheit. Ein intensives Industrieprogramm könnte damit nicht in Einklang stehen. Immerhin gibt es in Piombino Hochöfen für Eisenverhüttung, Hammerwerke und Gießereien in Florenz und um Livorno, eine Industrie für optische Präzisionsgeräte in Florenz, Fahrzeugproduktion in Pontedera, Werften in Livorno und Viareggio sowie Zementfabriken in der Provinz von Florenz. Auch diese Industrien sind für die Umwelt belastend und bewirken unaufhörliche Auseinandersetzungen. Auf der einen Seite stehen diejenigen, die, wie damals in den dreißiger Jahren, davon überzeugt sind, dass die Industrialisierung ohne Rücksicht vorangetrieben werden muss, um einen größeren technologischen Fortschritt zu erreichen. Die Anhänger einer ökologischen Entwicklung träumen dagegen von einem gewaltigen Naturpark mit landschaftlichen und künstlerischen Sehenswürdigkeiten. Eine genau überlegte Lösung muss gefunden werden, damit die beiden Extreme miteinander versöhnt und mit der Lebensführung von heute in Übereinstimmung gebracht werden können.

Die Interessen von Industrie und Umwelt prallen natürlich vor allem bei dem Abbau von Bodenschätzen aufeinander, auch wenn dieser heute an Bedeutung verloren hat. Die früher von vulkanischen Phänomenen geprägte Toskana ist auch heute noch reich an heißen Quellen und dergleichen, aber auch an Mineralien und Metallen. Außer an die Marmorbrüche der Apuanischen Alpen erinnern wir an das Eisen auf der Insel Elba, das Quecksilber von Monte Amiata, den heißen Dampf des Erdinneren und den borsäurehaltigen Wasserdampf in Larderello und das Lignit des oberen Arno-Tales. Die Toskana hatte bis zu den 60er Jahren die gesamte Quecksilber- und Pyritproduktion Italiens. Die Colline Metallifere sind außer an Pyrit auch reich an Blei und – jedenfalls bis vor nicht allzu langer Zeit – an Silber. Massa Marittima war lange Zeit einer der wichtigsten Orte für die Metallverarbeitung und den Bergbau. Die Mineralogie gehört dort zur Kultur und Ortsgeschichte.

Das was wir bisher zu Industrie und Handwerk geäußert haben, liefert bereits die Maßstäbe für die wichtigsten Einnahmequellen des toskanischen Exporthandels, also Handwerksprodukte, Olivenöl, Wein, Pflanzen und Blumen (Baumschulen in Pistoia, Blumenzucht bei Pescia), Produkte der metallverarbeitenden Industrie, Stoffe, Glaswaren und Süßigkeiten aus Siena.

**Eine alte Pyritmine in Boccheggiano (Grosseto)**

**Anlage zur Nutzung der Erdwärme in Larderello (Pisa)**

Eine der wichtigsten und lohnendsten Aktivitäten bleibt für die Toskana der Tourismus, wo die Region eine führende Stelle innehat. Die Wintersportorte im Apennin haben eine begrenzte Bedeutung, wesentlich lukrativer sind Thermalbäder wie die von Montecatini oder diejenigen im Raum um Lucca, Pisa und Siena. Einladend und im allgemeinen gut ausgerüstet sind die Strandbäder von Sarzana bis Grosseto; den sommerlichen Bevölkerungsandrang verspürt man vor allem in der Versilia und an der Küste zwischen Cecina und Piombino (abgesehen von einigen exklusiven Badeorten wie in Punta Ala, am Monte Argentario und auf den Inseln). Die unvergleichlichen Kunstschätze einiger besonders reich gesegneter Städte (und ich meine nicht nur Florenz, Siena und Pisa) locken Millionen von Touristen aus der ganzen Welt an. Die ausländischen Touristen (aus den USA, Europa und dem Fernen Osten) machen nur ein Drittel aus, die anderen beiden Drittel bilden Italiener der anderen Regionen und die Toskaner selbst. Die Hotelanlagen haben ein großes Fassungsvermögen, aber außerdem gibt es, in echt toskanischer Tradition, zahllose kleine Pensionen und immer mehr Bauernhöfe für die Ferien, sowie Campingplätze und Jugendherbergen. Insgesamt eine zufriedenstellende Bilanz, wenn die Gewinnsucht des Baugewerbes und die Umweltverschmutzung nicht bedrohliche Schäden anrichteten.

Seltsam, dass eine, zumindest auf den ersten Blick, für fremde Besucher äußerst empfängliche Region, die sich folglich auch mit der kulturellen Bedeutung anderer Länder zu messen weiß, gleichzeitig für die Reizbarkeit und Halsstarrigkeit ihrer Bewohner berühmt ist. Der fremdländische Gast, auch wenn er reichlich mit harter Währung ausgestattet ist, ringt dem Toskaner gewöhnlich keine übermäßigen Anstrengungen ab. Der Tourist, der sich nur ein paar Tage oder Wochen in dem Bannkreis des Massentourismus aufhält, bleibt meist völlig unbemerkt, wer jedoch ein wenig Wurzeln schlagen möchte, stößt bald auf eine undurch-

**Blumengärtnerei in Pistoia**

dringliche Mauer, die nicht aus Unfreundlichkeit oder Misstrauen gegen ihn errichtet wird, sondern einer Mischung aus Zurückhaltung und Indifferenz entspringt.

Es mag außerdem seltsam erscheinen, dass eine Region mit einer so großen kulturellen Tradition nicht viel über dem nationalen Durchschnitt in der Schulbildung liegt. In der Toskana gibt es drei Universitäten (Florenz, Pisa und Siena mit einem Ableger in Arezzo), zahlreiche höhere Schulen und Kulturinstitute (man denke nur an die Scuola Normale in Pisa, eine Eliteschule, die Höchstleistungen verlangt), Institute ausländischer, vor allem amerikanischer Universitäten und berühmte Internate wie das von Poggio Imperiale in Florenz oder das Convitto Nazionale Cicognini in Prato. Doch der Durchschnittstoskaner glaubt allem Anschein nach nicht zu sehr an Schulbildung und Kultur. Darin bestätigt ihn auch die starke Verbreitung der Familienbetriebe; sobald er kann, tritt er in den eigenen oder nächstbesten Betrieb ein und verlässt die Schule. Soziologen und Historiker weisen darauf hin, dass der Durchschnittstoskaner bis zum Ende des 15. Jhs. genügend gebildet war, um beispielsweise seine Katastererklärung eigenhändig auszustellen (dies lässt sich aus den damaligen Dokumenten erkennen). Erst danach nahm das Analphabetentum derartig zu, dass es zur Zeit der Einigung Italiens siebzig Prozent der Bevölkerung betraf. Vom 16. bis 18. Jh. muss folglich eine kulturelle Rückentwicklung eingesetzt haben, und diese Beobachtung ist nicht nur für ganz Italien sondern auch für Europa zutreffend. „Kultur" bedeutet allerdings nicht nur Alphabetisierung und Schulbildung. Seit Jahrhunderten erliegen die Toskaner in ihren Städten und Dörfern dem Reiz religiöser und weltlicher Gebäude, wie es sie so zahlreich und schön sonst nirgends in der Welt gibt.

Auch diese Monumente sind eine „Schule", die den Schönheitssinn und die Eigenart der Bewohner prägt. Ein Knabe aus San Gimignano mit Mittelschulabschluss, der zwischen mittelalterlichen Türmen, den prächtigen Fresken der Stiftskirche und in Kontakt mit Touristen aus aller Welt lebt, im Winter die von der Gemeinde organisierten Kunstausstellungen sieht und im Sommer die Freiluft-Opernsaison mitbekommt – ist er weniger gebildet als ein höherer Schüler irgendeiner lombardischen oder kalabresischen Stadt? Wo bekommt man mehr Ahnung von der Kunst – in einem Handwerksbetrieb des Oltrarno (der florentinische Stadtteil links vom Arno) oder in irgendeiner Kunstschule der Apenninhalbinsel, in der man sich

**Eisenbergwerk von Rio Marina (Insel Elba)**

mühselig theoretisches Bücherwissen nach Lehrplan aneignet und Giotto, Botticelli und Leonardo nur aus Handbüchern kennt und nicht als leibhaftige Kunstwerke, die man jederzeit vor Augen haben kann?
Von hier leiten sich, ohne verallgemeinern zu wollen, die beiden typischsten „Ausfuhrartikel" der Toskana ab. Der erste „Artikel" ist – wie der geneigte Leser schon bei der Lektüre dieser, von einem Toskaner geschriebenen Seiten gespürt haben mag – ein ununterdrückbarer Hochmut. Der zweite ist die Grundlage, auf die sich dieser Hochmut gründet: ein einzigartiges künstlerisches und kulturelles Erbe, einmalig nicht nur wegen seiner unvergleichlichen Schönheit und Qualität, sondern auch weil es tief im Bewusstsein der Toskaner verankert ist und damit in ihrer Geschichte. Und von der Geschichte wollen wir als nächstes sprechen.

# Badeorte und Thermen

Die Cascate del Mulino in Saturnia

Links, das antike Thermalbad von Bagno Vignoni

Die Badeorte der Toskana erfreuten sich seit der Antike großer Beliebtheit, waren aber auch im Mittelalter bekannt, denn damals stand die Wasserheilkunde in hohem Ansehen. Das berühmteste Bad ist seit dem 14. Jh. zweifellos Montecatini, wo fast alle Badeanlagen mit ihren trinkbaren Heilwässern dem besseren Funktionieren des Verdauungsapparates dienen. Weiterhin hat Chianciano Terme bei Lebererkrankungen beachtliche Heilerfolge. In Casciana Terme bei Pontedera werden Bade- und Darmspülkuren angeboten. Bagni di Lucca hieß in früherer Zeit Bagni di Corsena. Es wurde im 19. Jh. vor allem von den Grandseigneurs Europas besucht, die mittels Heilquellen und Moorbädern Heilung von Rheuma, Atritis und Urikämie suchten. Die Wasserkuren von San Giuliano Terme, zwischen Lucca und Pisa, sind bei Erkrankungen des Knochengerüsts angebracht. In San Casciano dei Bagni bei Cetona, nicht weit von Chianciano, werden rheumatische und Stoffwechselkrankheiten mit heißem, radioaktivem Wasser geheilt. In Rapolano Terme, zwischen Siena und dem Chiana-Tal, werden Rheuma und Hautkrankheiten behandelt. Equi Terme, zwischen Lucca und Aulla, verfügt über radioaktives Wasser, das seit der Römerzeit bei chronischen Erkrankungen der Atmungsorgane Heilungserfolge aufzuweisen hat. In der Nähe des Monte Amiata erfreut sich das wunderschön gelegene Bagno Vignoni großer Berühmtheit; dort suchte bereits im Jahre 1490 Lorenzo der Prächtige Heilung. Außerdem befindet sich in der Gegend Bagni San Filippo. Die Terme di Bagnolo bei Follonica helfen bei Verletzungen, Atritis und Gicht. Nicht weit von dort liegt Terme di Caldana, in dem ähnliche Leiden geheilt werden; vielleicht handelt es sich um die antiken Terme di Populonia. Terme di Saturnia, nicht weit von Sovana, ist spezialisiert in heißen Bädern, Inhalationen und Schwitzkuren für die Behandlung von Krankheiten der Atmungsorgane. In Bagni di Petriolo, in der Nähe der Abtei San Galgano, sind die heißen Schwefelquellen bei Stoffwechselkrankheiten, Atritis und Gicht wirksam.
Um die Bäder von Montecatini bis Petriolo hat sich in den letzten Jahrzehnten ein finanzkräftiges und leistungsfähiges Fremdenverkehrswesen entwickelt. Selbst wenn Heilwasser und Moorbäder nur in einem gewissen Ausmaß nützen, so helfen doch bestimmt gute Luft und Gelassenheit.

Die Thermen Tettuccio
in Montecatini Terme

Memmo di Filippuccio, *Das Bad*, Detail. San Gimignano, Palazzo del Popolo

Gegenüberliegende Seite, Bagni San Filippo

# Erinnerung und Identität

## Die etruskischen Vorfahren

Vor Zehntausenden von Jahren war das obere Arno-Tal ein großer See, um den sich üppige Wälder reihten. Heute gibt es dort ein reiches Vorkommen von Lignit und Fossilien. Die tierischen Überreste beweisen, dass damals (zwischen Montevarchi und Valdichiana) Elefanten, Rhinozerosse, Flusspferde, Hirsche, Bären, große Raubkatzen und Affen lebten. In der Gegend der Apuanischen Alpen, der Versilia, der Lunigiana und der Garfagnana finden sich Höhlen mit Resten von Feuerstellen und Werkzeugen, die aus der frühen, der mittleren und der späten Steinzeit stammen, also aus einem sehr umfangreichen Zeitraum zwischen 2.000.000 und 3.000 Jahren vor Christi Geburt.

Um 3.000 v.Chr. begann bekanntlich auch die Metallbearbeitung. In den Apuanischen Alpen hat man aus jener Zeit viele Metallgegenstände aus Kupfer, Blei und Silber entdeckt und außerdem die Spuren neuer Begräbnisbräuche, die damals offenbar von neuen Völkerschaften eingeführt worden waren. Zeugnisse der Bronzezeit und

**Oben, etruskische Kunst aus dem 1. Jh. v. Chr., *Urne des Ehepaares*. Volterra, Museo Guarnacci**

**Rekonstruktion der Grabstätte Inghirami aus Volterra (2. Jh. v. Chr.). Florenz, Museo Archeologico**

der Villanova-Kultur kann man im gesamten Apenningebiet finden. Um das Jahr 1000 v.Chr., als die Eisenzeit begann, entwickelte sich insbesondere die südliche Zone der heutigen Toskana und dort sollte in den folgenden Jahrhunderten auch die erste Kulturblüte entstehen, die die erste einheitliche Namensgebung verursachte. Von einer „etruskischen Zivilisation" und einem „etruskischen Volk" kann man vielleicht seit dem 9. oder 8. Jh. v.Chr. sprechen. Damals gab es eine dichte Besiedlung (zwischen tyrrhenischer Meeresküste und den Flüssen Arno und Tiber) durch Bewohner, die ihre Toten verbrannten und die wir heute als Angehörige der „Villanova-Kultur" bezeichnen. Einige Forscher sehen sie im Zusammenhang mit den Völkerschaften, die am Ende der Bronzezeit in Mitteleuropa und Norditalien die „Kultur der Urnenfelder" bildeten. Über den Ursprung der Etrusker gehen die Meinungen weit auseinander: Einige Forscher glauben, dass sie – wie schon Herodot behauptete, der ihre Heimat mit Lydien identifizierte – aus Kleinasien stammten, andere, dass sie aus dem Norden kamen. Schon Dionysios von Halikarnassos glaubte dagegen, wie viele heutige Wissenschaftler, an die „Authochtonie" der Etrusker; d.h. dass sie hier bereits vor der Ankunft der Indogermanen zusammen mit den anderen italischen Volksstämmen lebten. Die historischen und archäologischen Anzeichen schließen aus, daß die etruskische „Nation" aus einer gewaltsamen Umwälzung wie beispielsweise einer Invasion hervorgegangen ist oder sich in einem kurzen Zeitraum herausbildete. Vielmehr nimmt man inzwischen an, dass der ethnographische und kulturelle Charakter der Etrusker erst allmählich entstand.

Für lange Zeit war von dem etruskischen „Rätsel" die Rede, weil eine Art mythische und religiöse Spekulation über dieses alte Volk vorherrschte, die sich daraus erklärt, dass wir vor allem Informationen über Wahrsagerbräuche und Begräbnisrituale besitzen. Auch die etruskische Sprache lässt sich nur mit großer Mühe analysieren und verstehen, selbst wenn es inzwischen gelungen ist, die Texte zu entziffern (im 7. Jh. v.Chr. übernahmen die Etrusker von griechischen Siedlern aus Euböa deren Alphabet). Aus Analogien mit der Sprache von Lemnos des 6. Jhs. v.Chr. ist hypothetisch abgeleitet worden, dass das Etruskische, wie das Idiom von Lemnos, Überbleibsel einer gemeinsamen Sprache sind, die vor der Ankunft der Indogermanen im gesamten Mittelmeerbereich gesprochen wurde. Die wenigen Etrusker, die die römischen Massaker vom 3. bis 1. Jh. v.Chr. überlebten, gaben ihre Sprache auf, vor allem nachdem im Jahre 90 v.Chr. die Bewohner Etruriens die römische Staatsbürgerschaft erhalten hatten.

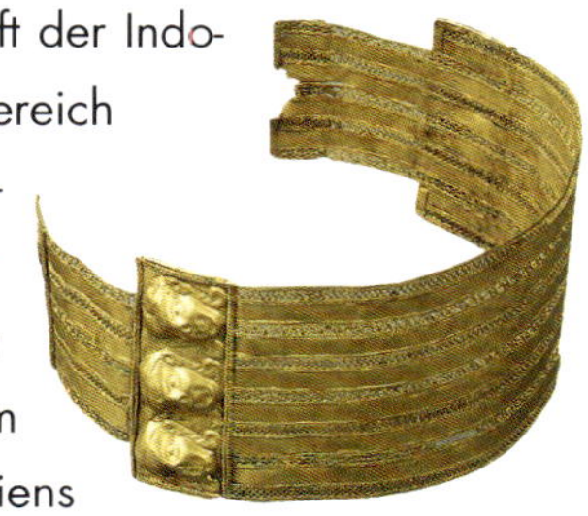

Die Blütezeit der etruskischen Zivilisation dauerte vom 8. bis 4. Jh. v.Chr. Eine starke Bevölkerungszunahme (9.-8. Jh.) und die Ankunft der ersten griechischen Siedler in Kampanien, die ein lebhaftes Interesse an den Metallvorkommen auf der Insel Elba und auf dem Festland zeigten, war für die Entwicklung der gesamten Zone bis hinunter zum Tiber sehr förderlich. Die Erzgewinnung, der intensive Handel und das Handwerk brachten jenen Reichtum und jenes hochentwickelte Stilgefühl zustande, die wir an den prächtigen Grabbeigaben der städtischen Führungsschicht ablesen können. Zwischen dem 7. und 6. Jh. bildetete sich eine regelrechte „tyrrhenische Meeresherrschaft" heraus, wie uns die griechischen Geschichtsschreiber berichten. Die Etrusker beherrschten, unter dem starken kulturellen Einfluss der Griechen, ein Gebiet, das im Süden bis nach Kampanien reichte und im Norden bis jenseits des Apen-

**Von oben, etruskische Kunst, *Corsini-Fibel* (7. Jh. v. Chr.); Goldarmband aus Vetulonia (6. Jh. v. Chr.); Buccherovase (Mitte des 6. Jh. v. Chr.). Florenz, Museo Archeologico**

nin in die Poebene mit den Städten Felsina (Bologna) und Spina (an der Pomündung). In jener Epoche erreichte der Zwölfstädtebund (in Wirklichkeit waren es mehr als zwölf Städte) seine größte Macht; es handelte sich um eine Föderation von unabhängigen Stadtstaaten, deren Zusammengehörigkeitsgefühl der gemeinsamen Kultur, Sprache und Religion entsprang. Zunächst waren die Küstenstädte am bedeutendsten: Populonia, Vetulonia, Roselle, Talamone, Cosa (heute Ansedonia), Vulci, Tarquinia, Pyrgi (heute Santa Severa) und Caere (heute Cerveteri). Aber auch die Städte des Landesinneren gewannen an Einfluss, man denke an Fiesole, Volterra, Arezzo, Cortona, Perugia, Chiusi, Volsinii, Falerii und Veji. Fahrstraßen parallel zum Meer verbanden die Küstenstädte miteinander, rechtwinkling dazu führten andere Straßen ins Landesinnere, und auf diesem Straßennetz bewegte sich der Warenverkehr und wurden die Neuigkeiten übermittelt. Seit damals qualifizierte sich die Toskana als ein „Land der Städte", die oftmals älter als die Stadt Rom sind. Damals muss auch jene Vorliebe für das Besondere und das Ortsgegebene entstanden sein, jener „Originalcharakter" in der regionalen Geschichte und Kunst, denn eine jede dieser Städte besaß eine spezielle Art von Handwerk, sei es beim Bau und bei der Ausstattung der Gräber und Nekropolen, sei es beim Modellieren und Bemalen der Töpferwaren.

## Die römische Neuordnung

Im 6. Jh. v.Chr. stellte die etruskische Dynastie der Tarquinier die römischen Könige. In diesem Jahrhundert scheint es den Etruskern im Bund mit den Karthagern gelungen zu sein, die Expansionsgelüste der griechischen Kolonien in Schranken zu halten und die Herrschaft über das tyrrhenische Meer zu bewahren. Doch bereits am Ende des Jahrhunderts erlebte die etruskische Machtstellung erste Einbußen. Im Jahre 525 v.Chr. versuchten die Etrusker Cuma zu erobern, waren aber nicht erfolgreich; die Monarchie der Tarquinier in Rom wurde abgelöst und in Latium kam es zwischen 510 und 505 zu einer Rebellion; die apenninischen Volksstämme der Umbrer, Sabiner und Samniten zeigten sich angriffslustig; die etruskische Flotte musste im Jahre 474 vor Cuma eine Niederlage durch die syrakusanischen Schiffe einstecken und 384 wurde Caere von Syrakus geplündert. Zu Beginn des 14. Jhs. war die etruskische Macht in ihren Grundfesten erschüttert, auch wegen der Kelteneinfälle, die sogar Rom heimsuchten. In der Folge vermochten die Etrusker die römischen Expansionsgelüste nicht mehr einzudämmen und eine Stadt nach der anderen verlor ihre Unabhängigkeit oder war zu wenig vorteilhaften Bündnissen gezwungen, während Rom neue Siedlungen gründete und die Verkehrswege an sich riss.

Die römischen Eroberer begnügten sich nicht damit, die Grundlagen der etruskischen Zivilisation aus den Angeln zu heben, selbst wenn sie offiziell und formal nichts veränderten, sondern sie unterzogen im gesamten Territorium die Besitzverhältnisse und die sozialen Strukturen

**Oben links, etruskische Kunst des 7. Jhs. v. Chr., Goldfibel aus Vetulonia. Florenz, Museo Archeologico; rechts, etruskische Kunst, Kanope aus Castelluccio di Pienza. Chiusi, Museo Archeologico**

**Kirche von Pieve Socana (Arezzo) mit den Resten eines etruskischen Altars aus dem 5. Jh. v. Chr. im Vordergrund**

einer totalen Neuordnung. Der *Ager publicus* fiel an die aristokratischen Familien der Hauptstadt und in der Nähe der antiken Städte wurde das Ackerland den Veteranen des römischen Heeres anvertraut. Die Römer veränderten außerdem die Verkehrswege, indem sie sie hauptsächlich in Nord-Süd-Richtung nach Rom zu orientierten. Etruskische Zentren, die von dieser Hauptrichtung ausgeschlossen waren, gerieten in Vergessenheit. Diese Hauptstraßen nannten sich Via Clodia, Via Cassia und vor allem Via Aurelia zwischen Pisa und Rom.

Augustus versuchte, den Niedergang der abseits gelegenen etruskischen Städte dadurch aufzuhalten, dass er Etrurien der *VII. Regio* zuordnete und ein Programm von Kolonisierungen und sozialökonomischer Neuorganisation veranlasste (so entstanden große *Villae* mit Sklaven, die in der Landwirtschaft arbeiteten, und in einigen Städten entwickelten sich Manufakturbetriebe). Der Niedergang ließ sich dennoch nicht aufhalten und nahm ab dem 2. Jh. chronische Züge an. Die Städte entvölkerten sich und die Küste versumpfte immer mehr, die *Maritima* verwandelte sich in „Maremma". Zu Beginn des 5. Jhs. beschrieb Rutilius Namatianus in seinem Buch *De reditu* diese Situation völliger Auflösung. Im Verlauf des 6. Jhs. versetzte der Krieg zwischen Ostrom und den Goten und, seit 570, die Ankunft der Langobarden, verbunden mit weiteren Verwüstungen, der Region den Gnadenstoß. Außerdem kam es immer wieder zu Pocken- und Pestepedemien und zu katastrophalen Überschwemmungen.

**Das römische Theater von Volterra und, rechts, Reste eines römischen Mosaiks. Volterra, Museo Guarnacci**

## Von den Langobarden zur Feudalherrschaft

Unter den Langobarden wurde die Region zu einem Herzogtum, zu dessen Hauptstadt Lucca ernannt wurde, obwohl die Stadt in einer von Wasser überschwemmten Ebene lag. Während der zweihundert Jahre langen Langobardenherrschaft verschlechterte sich der Zustand der Straßen mehr und mehr. Die Via Aurelia war von Meereserosionen und Versumpfung bedroht und daher praktisch unbenutzbar. Auch die Via Cassia, die Pistoia mit Florenz verband und über Chiusi und Bolsena bis nach Rom führte, versumpfte ständig in dem Abschnitt, der in der Valdichiana verlief. Dort griffen auch immer wieder die Byzantiner an, die von der adriatischen Küste herüberkamen, wo der Exarch residierte. Die Toskana war damals – und das änderte sich auch während des 10. Jhs. nicht – ein Land des Fiebers, mit zerstörten Monumenten, aufgegebenen Siedlungen oder nur teilweise bewohnten Orten. Die Bevölkerungszahl hatte stark abgenommen und die restlichen Bewohner zogen es aus Sicherheitsgründen vor, sich in abgelegene Winkel zurückzuziehen. Historische und archäologische Dokumente jener Zeit bezeugen ein karges Leben: Die Landwirtschaft lieferte den Bauern gerade das Notwendigste, die Ebenen hatte man zu einem großen Teil sich selbst überlassen, weite Abschnitte des Territoriums, die früher bewirtschaftet waren, hatten sich in Wiesen, Sümpfe und Wälder zurückverwandelt. Die Behausungen bestanden aus ärmlichen Hütten oder, vor allem im Süden, aus Felsensiedlungen.

Die Versumpfung der Küstenstraße und die Unsicherheit der Wege im Osten hatten schon unter den Langobarden eine neue Route nach Rom entstehen lassen, die zwangsläufig im Inneren der Region verlaufen musste. So wurde der *Mons Bardonis* (der Cisapass) wichtig und mit ihm die Straße, die über Lucca, das mittlere Arno-Tal, das Elsa-Tal, Siena, Radicofani, Acquapendente, Bolsena, Viterbo und Sutri Rom erreichte.

Der langobardische Wiederaufbau der Toskana veränderte von Grund auf die Spuren des römischen Reiches. Diokletian hatte das alte „Tuscia" mit Umbrien verbunden und im Jahre 370 war es aufgeteilt worden in *suburbicaria* (südlich des Arno) und *annonaria* (nördlich des Arno).

**Das Innere der Kirche S. Piero a Grado (Pisa) mit den Resten des früheren Baus aus dem 4.-6. Jh. n. Chr.**

**Langobardische Kunst aus dem 7. Jh., *Helmplatte des Königs Agilulf*. Florenz, Museo del Bargello**

**Langobardische Kunst aus dem 6. Jh., Goldkreuz aus S. Giulia in Lucca. Florenz, Museo Archeologico**

Über die gesamte Region regierte ein *Corrector*, der seinen Sitz in Florenz hatte. Diese Führungsrolle von Florenz überstand jedoch die langobardische Invasion nicht und selbst nach 774, als die Toskana eine Mark des karolingischen Reiches wurde, blieb Florenz weiterhin unbedeutend. Die neue Straße, die vom Cisapass herabkam, führte über Lucca nach Rom und schloss Florenz von dieser wichtigen Verbindungsstrecke zwischen Nord und Süd aus. Die Straße wurde Frankenstraße (Via Francigena) genannt, weil sie vor allem die Pilger benutzten, die von nördlich der Alpen kommend nach Rom zogen. Ihr verdankte Lucca auch im frühen Mittelalter seine Bedeutung; im Verlauf des 11. Jhs. erlebte allerdings auch Pisa seinen Aufstieg.

In der Meeresstadt Pisa hatten sich unter den Langobarden in gewissen Grenzen Handel und Seefahrt erhalten. Aber das blieb eine Ausnahme, denn die Küste war nicht nur wegen der Versumpfung aufgegeben worden, sondern auch wegen der Einfälle der Normannen und Sarazenen, die zwischen dem 8. und 10. Jh. immer wieder die toskanische Küste heimsuchten und bis nach Korsika und Sardinien vordrangen. So verfielen einst blühende Küstenstädte und die entsprechenden Bischofssitze wurden weiter ins Landesinnere verlegt. Der Bischof von Luni zog nach Sarzana, der von Populonia nach Massa Marittima, der von Roselle nach Grosseto. Während des 10. Jhs. kam es zu einer gewissen Wiederbelebung dank der Markgrafen der Toskana. Gegen Ende des Jahrhunderts regierte der berühmte Markgraf Hugo und zu Beginn des 11. Jhs. übernahm das mächtige Geschlecht der Grafen von Canossa die Macht. Letztere konzentrierten in ihrer Hand verschiedene Feudaltitel und Allodien, über die sie uneingeschränktes Recht ausüben konnten; sie besaßen also fast ein „Reich", das sich vom toskanischen und emilianischen Apennin bis nach Modena, Reggio, Mantua und Ferrara ausdehnte. Nach dem Tod der mächtigen Gräfin Mathilde (1115), eine der Hauptfiguren im Investiturstreit zwischen Papst Gregor VII. und Kaiser Heinrich IV., verloren die Markgrafen an Einfluss. Die Toskana des 12. Jhs. befand sich in den Händen mehrerer Feudalherren. Die Malaspina beherrschten die Lunigiana, die Alberti hatten große Besitztümer zwischen dem Apennin und dem mittleren Arno-Tal, die Guidi übten ihre Herrschaft im Casentino aus und die Aldobrandeschi waren im Gebiet von Siena ohne Rivalen. Neben diesen großen Adelsdynastien behaupteten sich Familien des mittleren und niederen Adels, deren Rolle nicht zu unterschätzen ist. Viele von ihnen zogen in die Städte und wurden dort allmählich einflussreich. So entstand jene städtische Aristokratie, die in der Frühzeit der Kommunen eine wichtige Rolle spielen sollte.

**Langobardische Kunst, Pfauen vom Schild aus San Romano. Lucca, Museo Villa Guinigi**

**Miniatur aus der *Vita Mathildis*, die Mathilde von Canossa, Heinrich IV. und Hugo von Cluny darstellt. Rom, Biblioteca Vaticana**

## Die mittelalterlichen Kommunen

Im 11. und 12. Jh. erblühten endlich wieder Handwerk und Handel dank des wirtschaftlichen und politischen Erstarkens der Städte. Zwar stand Lucca ohne die Macht der Markgrafen nicht mehr im Mittelpunkt des Geschehens, aber dafür verbesserte sich die Stellung von Pisa, das – zunächst im Verein, dann in Konkurrenz zu Genua – für die Befreiung des tyrrhenischen Meeres von den sarazenischen Korsaren kämpfte. Außerdem begründete es seine Vorherrschaft über die Inseln Korsika und Sardinien. In Pisa, Lucca und Florenz kam es in der zweiten Hälfte des 11. Jhs. zu radikalen religiösen und politischen Auseinandersetzungen um die damalige Kirchenreform. Bis dahin hatten die großen Klöster, die zugleich auch als Feudalherren auftraten – man denke an die Abtei von San Salvatore auf dem Monte Amiata –, derartige Fragen geregelt. Jetzt entstanden neue, typisch toskanische Orden wie die von Vallombrosa und Camaldoli, die auch in den Städten Abteien errichteten und dort auf das politische Leben Einfluss nahmen.

Die pisanische Hegemonie wurde durch die Kreuzzüge gefestigt. Im letzten Moment schloss sich die Hafenstadt dem ersten Kreuzzug an und ihr Erzbischof erhielt für kurze Zeit sogar den Titel des Patriarchen von Jerusalem (1100). Pisa spielte dann auch beim zweiten und dritten Kreuzzug eine bedeutende Rolle, woraus der Stadt in der Handelswelt des Mittelmeeres eine wichtige Vorrangstellung erwuchs. Es entstanden nicht nur an den Küsten Syriens und Palästinas Handelsniederlassungen, sondern auch in Byzanz und in Afrika. Gegen Ende des 12. Jhs. zeichneten sich bereits die Gründe dafür ab, weshalb Pisa im darauffolgenden Jahrhundert die regionale Vorrangstellung wieder verlor. Die Treue zu den staufischen Kaisern, deren Politik im Grunde weder das Papsttum noch die Kommunen einzuschränken vermochte, schadete Pisa letzten Endes. Außerdem konnte die Stadt auf die Dauer weder ihre Rivalin Genua noch die Binnenstadt Florenz in Schach halten.

Eine oberflächliche Analyse könnte den Anschein er-

**Oben, Ambrogio Lorenzetti, *Auswirkungen der Guten Regierung auf der Stadt*, Detail. Siena, Palazzo Pubblico; rechts, die ghibellinischen Türme Salvucci in San Gimignano**

**Gegenüberliegende Seite, die Krypta aus dem Hochmittelalter in der Abtei von S. Salvatore auf dem Monte Amiata**

wecken, dass das 12. und 13. Jh. in der Toskana – nicht anders als in allen anderen Regionen des nördlichen Mittelitaliens – vor allem von den Kämpfen zwischen „Welfen" (Parteigänger des Papstes) und „Gibellinen" (Parteigänger des Kaisers) geprägt war. In Wirklichkeit ging es dabei nicht um einen Universalanspruch politischer oder ethischer Prägung, sondern um ganz handfeste Streitigkeiten wie Grenzen und Verkehrswege und die Usurpation nah gelegener oder auch weiter entfernter Märkte. Die schachbrettartige Aufteilung des Territoriums (wenn ein Ort als gibellinisch galt, nahmen die umliegenden Orte sofort die welfischen Farben an und umgekehrt) stellt unter Beweis, dass die Parteizugehörigkeit nur ein Vorwand war. Auch die städtischen Adelsfamilien identifizierten sich stets in Funktion der herrschenden Geschlechter; sowie eine welfische Familie überwog, schlugen sich die rivalisierenden Familien sofort zu den Gibellinen usw. Die politische Zugehörigkeit spiegelte nicht die Wirklichkeit wider, bei diesem gnadenlosen Kampf ging es vielmehr um die Macht zwischen den Städten und Feudalherren, zwischen Stadt und Stadt, Familie und Familie, sogar innerhalb desselben Stadtkerns. Ein objektiver Grund für die politische Unbeständigkeit des 12. Jhs. war die große Anzahl von unabhängigen Kommunen innerhalb der Region. Die größeren Städte versuchten, die kleineren zu unterjochen oder sie zumindest als Bündnispartner, stets jedoch in untergeordneter Stellung, zu gewinnen. Mit anderen Worten, die „Stadtstaaten" tendierten danach sich zu vergrößern und sich in „Territorialstaaten" zu verwandeln, schon um ungehindert die Verkehrswege benutzen zu können und die Märkte zu überwachen. So bildete sich ein wenig beständiges politisches Gleichgewicht; im Großen und Ganzen stand die „Welfenallianz" (Florenz, Lucca und Städte außerhalb der Toskana wie Genua und Perugia) der Allianz der Gibellinen (Pisa, Siena, Pistoia und Arezzo) gegenüber. Im Verlauf des 13. Jhs. gab es nicht nur Auseinandersetzungen zwischen den alten Adelsfamilien, die in den traditionsreichen Städten den Ton angaben (Familien, die sich durch ihren ritterlichen Stand und die entsprechende Lebensführung, durch den Besitz von Geschlechtertürmen und Häusern in der

**Links, Taddeo Gaddi, *Heiliger Egidius als Goldschmied*, Detail. Madrid, Prado**

**Niccolò di Pietro Gerini, *Geschichten des hl. Matthäus*, Detail mit zwei Bankiers. Prato, S. Francesco**

**Luca della Robbia, Zunftwappen der Steinmetze und Zimmerleute. Florenz, Orsanmichele**

Stadt und durch Landbesitz in der näheren Umgebung auszeichneten): Nunmehr brachen auch politische und soziale Kämpfe unter dem aufsteigenden, wohlhabenden Bürgertum aus (Bankiers, Kaufleute, Besitzer von Manufakturbetrieben, insbesondere aus der Textilbranche), das mit der alten Aristokratie um die Hegemonie in der Stadtregierung wetteiferte. Dieser Kampf zwischen „Magnaten" und *Popolani* (Volk) – in Wirklichkeit die aus dem Volk aufgestiegenen Unternehmer und Geschäftsbesitzer, die in Zünften und Korporationen organisiert waren – brachte fast allen toskanischen Städten gegen Ende des 13. Jhs. kommunale Regierungen, in denen die Unternehmerorganisationen und Zünfte die Vorherrschaft hatten. Diese Korporationen nahmen sofort eine extrem konservative Haltung ein und die Bankiers und Unternehmer (vor allem von Textilmanufakturen) wurden auch zu politischen Anführern und strebten danach, mit der alten Aristokratie in verwandtschaftliche Beziehungen zu treten und deren Lebensstil zu imitieren. Sie investierten große Summen in den Aufkauf von Ländereien und setzten alles daran, die so mühsam erkämpfte Vorherrschaft nicht wieder zu verlieren. Daher reglementierten und begrenzten sie so stark wie möglich die öffentliche Rolle der unteren Schichten, die ebenfalls an die Regierung drängten. Das sogenannte *Popolo grasso* (das „fette" Volk, unser heutiges Großbürgertum) erlebte im Verlauf des 14. Jhs. den Aufstieg des *Popolo magro* (das „magere" Volk), das seinerseits aus Kleinunternehmern und Handwerkern bestand und ebenfalls in Korporationen organisiert war. Dem *Popolo minuto* (dem kleinen Volk), das sich aus der Masse der Lohnempfänger reklutierte, war der Zugang zur Stadtregierung verwehrt und es hatte nicht das Recht, Korporationen zu gründen.

**Sano di Pietro, Satzung der Kaufmannschaft. Siena, Archivio di Stato**

**Rechts, Auszahlung der Lohnempfänger der Kommune. Siena, Archivio di Stato**

In der zweiten Hälfte des 14. Jhs. kam es in ganz Europa zu einer Wirtschaftskrise und einem starken Bevölkerungsrückgang, der in der Schwarzen Pest von 1348 seinen Höhepunkt erreichte. Die subalternen Schichten zettelten mehrere Aufstände an – Berühmtheit erlangte vor allem der Aufstand der *Ciompi* (der Wollschläger) in Florenz von 1378 – die aber von den Stadtregierungen und damit von den Unternehmern niedergeschlagen wurden.

**Andrea della Robbia, Zunftwappen der Wollwirker. Wallfahrtskirche La Verna**

# Die Feste der Toskana

Verschiedene toskanische Städte begehen den Karneval auf besondere Weise, allen voran Viareggio mit seinen allegorischen Karnevalskarren und -umzügen. Aber der Karneval ist, wie eine ganze Reihe von Kalenderfesten, nicht spezifisch toskanisch.

Oben, Biccherna-Tafel mit einem Turnier zu Ehren von Ferdinando I. de' Medici. Siena, Archivio di Stato

Rechts, Giovanni Stradano, *Volksfest in Piazza S. Spirito* und, unten, *Feuerwerk beim Johannisfest.* Florenz, Palazzo Vecchio

Neben den unauthentischen *Revivals* gibt es viele wirklich typische Festlichkeiten wie z.B. Mitte Oktober der Jahrmarkt der hl. Lucia in Impruneta. Früher fiel er mit den Tagen zusammen, an denen die Schafherden vor dem berühmten Marienheiligtum von Impruneta

Vincenzo Rustici, *Stierjagd auf der Piazza del Campo*, Detail. Siena, Historischer Sitz der Bank Monte dei Paschi

Halt machten, ehe sie zum Überwintern hinunter in die Maremma zogen. Auch die *Rificolona*, ein Lampionfest, das in Florenz am Vorabend des 8. September (Geburt Mariens) begangen wird, ist wirklich im städtischen Brauchtum verankert und geht offenbar auf die sogenannten *fierucolone* zurück. Das waren die Landfrauen der Umgebung, die sich am Vorabend des Festtags mit ihren Laternen auf den Weg machten, um anderntags rechtzeitig auf der Piazza Santissima Annunziata ihre Produkte anzubieten.
In Pisa lohnt ein Besuch der *Luminaria di San Ranieri* (Beleuchtung der Häuser am Arnoufer zu Ehren des Stadtheiligen), während der reli-

Parade für das Fußballspiel
in historischen Kostümen in Florenz

Das Bärenturnier in Pistoia

giöse und gleichzeitig weltliche Feiertag der glorreichen Republik Florenz und ihres Schutzheiligen San Giovanni nur noch am Abend des 24. Juni mit einem großen Feuerwerk begangen wird.
Wer es sich erlauben kann, sollte folgende Feste nicht versäumen: In Querceta bei Forte dei Marmi findet am zweiten Sonntag nach Ostern der *Palio dei micci* statt, ein Eselswettrennen; in Pienza wird am ersten Sonntag im September ein Käsejahrmarkt abgehalten; aber vor allem besuche man die *Butterate* in der Maremma. Das sind toskanische „Rodeos", während derer die *butteri* (Büffel- und Pferdehüter) mit dem ihnen anvertrauten Vieh ihre Waghalsigkeit demonstrieren. Es ist bekannt, dass die Butteri einst die allzu berühmten Cowboys des aufgeblasenen William Frederick Cody, genannt „Buffalo Bill", herausforderten und besiegten. Noch nie hat ein ernstzunehmender Buttero mit diesem Ereignis geprahlt, für sie war das einfach eine Selbstverständlichkeit.

Das Sarazenenturnier
in Arezzo

Detail eines allegorischen
Wagens des Karnevals
von Viareggio

## Der Aufstieg von Florenz

Links, der Goldflorin

Domenico di Michelino, *Dante und die Welten der „Komödie"*, Detail. Florenz, Dom

Zwischen dem 13. und 14. Jh. gelang es der Stadt Florenz, trotz mehrerer Krisen und Rückschläge, dank ihrer großen Bankiers und der Wollindustrie die Hegemonie über die gesamte Toskana durchzusetzen. Die Florentiner prägten 1252 als erste eine eigene Goldmünze, den Goldflorin, der zusammen mit dem venezianischen Dukaten die dominierende Währung im gesamten europäischen Mittelmeergebiet wurde. Pisa hatte sich im Kampf mit Genua verblutet und nach der Kreuzfahrerepoche kam es auch mit seinem Kolonialbesitz in Schwierigkeiten, so dass es am Ende des 13. Jhs. nicht mehr mit Florenz rivalisieren konnte. Siena entwickelte sich zwar im 13. Jh. ebenfalls zu einer mächtigen Bankiersstadt, vermochte aber kaum mit Florenz zu konkurrieren, das vom Papsttum und der französischen Monarchie gestützt wurde. Immerhin hatte es im 14. Jh. noch den Anschein, als könnten sich die Kräfteverhältnisse verändern. Zwischen 1320 und 1328 gelang es einem kühnen, politisch nicht ungeschickten Gibellinenführer, Castruccio Castracani, in Pistoia und Lucca die Macht an sich zu reißen und eine Territorialmacht zu gründen, die Florenz in Bedrängnis brachte. Und später, gegen Ende des Jahrhunderts, ging eine ähnliche Bedrohung vom Herzog von Mailand, Giangaleazzo Visconti, aus, der in der Toskana mit vielen Parteigängern rechnen konnte, die in ihm den einzigen Rettungsanker gegen die florentinische Übermacht sahen. Florenz pries dagegen sich selbst in ganz Mittelitalien als das sicherste Bollwerk gegen die Tyrannis an (hierzu vergleiche man die Briefe des florentinischen Humanisten und Kanzlers, Coluccio Salutati, der unentwegt vor den Visconti warnte). Unter den Tyrannen verstand man damals jene Parteiführer oder Ritter alten Adels, die seit dem Ende des 13. Jhs. viele Städte der Lombardei, Venetiens und der Emilia beherrschten, die sogenannten *Signori*. Deren *Signoria* (Herrschaft) war eine Regierungsform, die es vorübergehend auch in der Toskana gab (in Arezzo, Lucca, Cortona, Pisa und Siena), sich dort aber nicht durchsetzen konnte, vor allem

Miniaturen aus dem *Codice del Biadaiolo*: Verteilung des Kornes (links) und Hülsenfruchtverkäufer. Florenz, Biblioteca Laurenziana

nicht in Florenz, wo mehrere Familien um die Macht kämpften und bis ins 15. Jh. hinein keine sichere Vorrangstellung zuließen. Die florentinische Regierung bestand seit dem Ende des 14. Jhs. und zu einem guten Teil des 15. Jhs. aus einer Oligarchie von Geschlechtern, deren wirtschaftliche Macht aus dem Bankgewerbe, der Wollverarbeitung oder anderen lohnenden Unternehmungen herrührte. Noch dazu betrieben diese neuen Familien eine geschickte Heiratspolitik und investierten ihre Gewinne in Landbesitz. Ländereien, Schlösser, Villen und Adelstitel – letztere konzidierten ihnen der Papst oder die europäischen Fürsten, die bei ihnen mit hohen Summen verschuldet waren – ermöglichten es, dass ihre zum Teil recht niedrige Abstammung in Vergessenheit geriet. Sie übernahmen bei diesem Aufstieg vornehme Lebensformen und sorgten dafür, dass an der Wende vom Mittelalter zur Renaissance ein neuer Feudalisierungsprozess einsetzte. Nie vorher hatte es so viele Turniere, Embleme und Wappen gegeben wie in dem vom „Volk" und dem Bürgertum regierten Florenz des 15. Jhs. Die oligarchische Solidarität zwischen den großen Familien (aber innerhalb dieser Oligarchie tobte dennoch ein erbitterter Kampf um die jeweilige Vorherrschaft) hatte die florentinische Gesellschaft vor institutionellen Umstürzen „von unten" bewahrt. Nunmehr stellte sich das Problem, wie dieser Stadtstaat in einen Territorialstaat verwandelt werden konnte. Im spätmittelalterlichen Italien bewirkte diese Wandlung ein neues politisches Gleichgewicht, zahlreiche autonome und unabhängige Städte gingen in den größeren staatlichen Einheiten auf, selbst wenn sie formal weiterbestanden. In Norditalien dominierten bald das Herzogtum von Mailand und die venezianische Republik. Die Einflusssphäre von Florenz reichte zu Beginn des 12. Jhs. nicht weiter als in das Elsa-Tal und den Mugello, nicht einmal Fiesole gehörte dazu. Doch mittels einer skrupellosen Politik, die sich wechselnder Allianzen, des Aufkaufs von Ländereien und der Gründung neuer Ortschaf-

**Masolino, *Die Heilung des Hinkenden*, Detail.**
**Florenz, Brancacci-Kapelle**

ten bediente (man denke an San Giovanni Valdarno, Firenzuola oder Scarperia), hatte die Stadt am Ende des 15. Jhs. fast die gesamte nördliche und mittlere Toskana in ihrer Hand, also die Städte Prato, Pistoia, Arezzo, Cortona, Volterra und auch Pisa, das nach einer gnadenlosen Belagerung im Jahre 1406 an Florenz gefallen war. Die Republik Lucca wusste sich und ihr Territorium von der Valdinievole bis zum Südteil der Lunigiana und Garfagnana lange mit Erfolg zu verteidigen und auch Siena blieb zunächst unabhängig. Siena beherrschte die Hügel des Chianti, das Amiatagebiet, die Maremma, Chiusi, die Provinz Grosseto und den Hafen von Talamone, von dem aus es vergeblich versuchte, auch auf dem Meer Geltung zu erlangen. Wahrscheinlich wäre dies der Stadt von Piombino aus eher gelungen, aber jener Hafen blieb fest in der Hand der unabhängigen Familie der Appiano.

Erst 1434 entstand auch in Florenz eine *Signoria*, als eine oligarchische Gruppe von Familien unter der Anführung der Medici die rivalisierende Familiengruppe, an deren Spitze die Albizi standen, zum größten Teil aus der Stadt verbannte. Diese Oligarchie stützte sich auch auf den Konsens der subalternen Bevölkerungsschichten und die Medici gründeten ihre Macht auf eine blühende Großbank. Das Haupt dieses „Familienbetriebes" war Cosimo der Ältere, der jedoch niemals öffentlich als Herrscher auftrat. Er regierte die Stadt von seiner „Wechselstube" aus, residierte jedoch in einem prächtigen Palast, den ihm Michelozzo in der Via Larga (heute Via Cavour) errichtet hatte. Cosimo wies alle offiziellen Ämter und Ehrungen zurück, überprüfte und kontrollierte jedoch die Wahllisten und erteilte den Stadtverwaltern und ausländischen Botschaftern seinen nur scheinbar zurückhaltenden Rat. In Wirklichkeit herrschte dieser bescheiden wirkende Kaufmann keineswegs mit leichterer Hand als der Herzog von Mailand oder der Marquis von Ferrara. Nach dem kurzen Zwischenspiel des kranken Sohnes Piero setzte der Enkel Lorenzo der Prächtige das Werk Cosimos fort. Lorenzo ließ die Zurückhaltung des Großvaters fallen und präsentierte sich, vor allem in den letzten Jahren seiner Herrschaft, wie ein echter Renaissancefürst. Lorenzo wurde oftmals wegen seines diplomatischen und politischen Geschickes gepriesen. Francesco Guicciardini nannte ihn die „Zunge an der Waage" des italienischen Gleichgewichts im 15. Jh. Außerdem erwies er sich gegenüber den Künstlern als großzügiger Mäzen. Seine

**Jacopo Pontormo, *Portrait von Cosimo d. Ä.* Florenz, Uffizien**

**Niccolò Fiorentino, Medaille mit dem *Portrait von Lorenzo il Magnifico.* Florenz, Museo del Bargello**

Herrschaftsjahre (1469-1492) sind zweifellos die glanzvollsten der florentinischen Frührenaissance. Auch er regierte jedoch mit harter Hand, sei es gegenüber seinen Widersachern, sei es gegenüber der von Florenz unterworfenen Toskana. Er nutzte die Herrschaft über die Republik in erster Linie für die Vorteile seines Hauses und seiner Bank; seine Wirtschafts- und Finanzpolitik war äußerst waghalsig, so dass er den Staat und die Medicibank an den Rand einer schweren Krise brachte.

Als Lorenzo im Jahre 1492 verschied, brachen neue Parteienkämpfe aus. Karl VIII. von Frankreich zog gegen Florenz, Savonarola übte von 1494 bis 1498 seine fanatische Herrschaft aus und die unterworfenen Städte (Pisa im Jahre 1494, Arezzo 1502) rebellierten gegen die florentinische Vormacht. Während der Auseinandersetzungen zwischen Frankreich und Spanien in der ersten Hälfte des 16. Jhs., die sich vor allem auf italienischem Boden abspielten, schien die florentinische Hegemonie dem Untergang geweiht. In Florenz kam es zu keiner klaren Entscheidung zwischen den Nachfahren der Medici, die von außen gestützt wurden (aus dem Bankiersgeschlecht gingen nunmehr zwei große Renaissancepäpste hervor, Leo X. und Klemens VII.) und den republikanischen Parteigängern des politisch immer schwächeren städtischen Adels.

**Anonymer florentinischer Maler, *Märtyrertod Savonarolas auf der Piazza della Signoria*, Detail. Florenz, Museo di S. Marco.**

**Raffael, *Portrait von Leo X. zwischen zwei Kardinälen*, Detail. Florenz, Uffizien**

# Die Medici-Villen

Am Ende des 16. Jhs. malte der Niederländer Justus Utens vierzehn Lünetten in der Medici-Villa von Artimino mit je einer der Residenzen in der ländlichen Umgebung von Florenz aus. Da einige dieser großen Villen starke Umbauten erlitten haben oder sogar vollständig verschwunden sind, bilden diese Lünetten von Utens, heute im Museum „Firenze com'era" (Florenz, wie es einst war), eine kostbare Informationsquelle. Großherzogliche Villen mit dazugehöriger Parkanlage gab es auf dem gesamten Gebiet des toskanischen Staates, so dass die Fürsten bei ihren

Von oben nach unten, Justus Utens, Lünetten mit den Villen von Cafaggiolo, Montelupo, Poggio a Caiano und Pratolino (links). Florenz, Museo di Firenze com'era

Reisen durch das Land immer „zu Hause" waren.
Bis heute haben sich folgende Villen erhalten: *Cafaggiolo* im Mugello an der Straße zum Futa-Pass (eine Art „Mutterhaus" der Medici); *Trebbio* in der Nähe von Cafaggiolo; *Poggio a Caiano* bei Pistoia, das 1485 Giuliano da Sangallo entwarf; *Castello* zwischen Florenz und Sesto Fiorentino oberhalb der Straße nach Prato; *Seravezza*, das Cosimo I. in der Nähe von Marmorbrüchen und Silberminen bauen ließ; *La Petraia*, das leider im 19. Jh. stark umgebaut wurde, als Florenz Hauptstadt Italiens war und die Villa als königliche Residenz diente; *Palazzo Pitti* mit dem ausgedehnten Boboli Garten und der Fortezza del Belvedere; *Lappeggi* bei Grassina südlich von Florenz, heute völlig umgemodelt; *La Magia* bei Quarrata im Gebiet des Monte Albano; *Marignolle*; *Ambrogiana* in Montelupo, heute eine psychiatrische Klinik; *Montevettolini* am Abhang des Monte Albano; *Colle Salvetti*; *Artimino*. Die Villa von *Pratolino* ging völlig verloren, aber in dem herrlichen Park haben sich noch einige Monumente erhalten.

Die Villa La Petraia

Rechts, die Villa von Poggio a Caiano

Die Villa von Artimino
oder „der hundert Kamine"

# Das Großherzogtum der Medici

Die Belagerung von Florenz (1530) durch die kaiserlichen Truppen Karls V., die Papst Klemens VII. herbeigerufen hatte – er wünschte seine Familie wieder in Florenz an der Macht zu sehen – leitete die letzte große republikanische Erhebung in Florenz ein. Selbst Michelangelo betätigte sich als Festungsbauer gegen den äußeren Feind. Die neofeudale Gesellschaftsordnung des Habsburgerreiches ermöglichte es, dass schließlich die Toskana in ein Herzogtum verwandelt wurde, dessen Führung man dem Medici Cosimo I. aus einer Nebenlinie des Hauses anvertraute. Unter ihm verwirklichte sich der alte Traum der Florentiner, die Republik Siena zu unterwerfen, was allerdings eine lange und verlustreiche militärische Offensive erforderte (1555-1559). Siena konnte nichts gegen die vereinten Truppen des Herzogs und der Spanier ausrichten, weigerte sich aber, die Feindin Florenz als oberste Hoheit anzuerkennen. Daher war Cosimo gezwungen, in Personalunion die Herzogskronen von Florenz und Siena zu tragen, die beide formal als unabhängig galten. Die toskanische Einheit fand 1569 ihre Bestätigung, als Papst Pius V. dem Herzog von Florenz und Siena den Großherzogstitel verlieh. Die Spanier errichteten zur besseren Überwachung der Toskana den *Stato dei Presidi,* eine Art Besatzungsgebiet, mit zahlreichen Küstenforts zwischen dem Vorgebirge Monte Argentario und der Insel Elba.

Unter Cosimo I. änderte sich auch die staatliche Struktur der Toskana: Sie wurde immer mehr vom Absolutismus geprägt. Der Hof galt als das eigentliche Zentrum des Großherzogtums und die gesamte Toskana verwandelte sich –

**Oben, Giorgio Vasari und Giovanni Stradano, *Die Belagerung von Florenz*, Detail.**
**Florenz, Palazzo Vecchio**

**Giovanni Antonio de' Rossi, Kamee in Onyx mit dem Bild von *Cosimo I. und seiner Familie*.**
**Florenz, Museo degli Argenti**

ten von den anderen Städten als diejenige angesehen worden war, die sie im 14. und 15. Jh. ihrer Freiheit beraubt hatte, setzten die Medici alles daran, als die Herzöge der gesamten Toskana zu erscheinen. Sie suchten daher überall mit Bauten oder gar durch ihre persönliche Anwesenheit darauf hinzuweisen, dass sie die großherzogliche Macht mit Umsicht einzusetzen wussten. Die Medici stellten gute Beziehungen zu Städten wie Pisa her, das im 16. Jh. eine neue Blütezeit erlebte, und kümmerten sich insbesondere um den Hafen von Livorno, der, dank des 1561 gegründeten Ritterordens S. Stefano, zu ihrem militärischen Zentrum und Kriegshafen wurde. Von dort verteidigte das Großherzogtum die tyrrhenische Küste gegen die sarazenischen

dank eines wahrhaft fürstlichen Bauprogramms mit Villen, Palästen und Forts – in einen Tummelplatz des Hoflebens. Cosimo und seine Nachfolger sorgten auch für die politische Entmachtung der florentinischen Aristokratie. Sie verliehen den Adelsfamilien zwar zahlreiche Titel, drängten sie aber gleichzeitig aus dem Wirtschaftsleben, das früher die Stärke des Adels ausgemacht hatte. Damals verwandelten sich die Adligen in ruhige Landbesitzer, denen die Halbpacht und die Aufteilung des Großgrundbesitzes in zahlreiche *Poderi* (Bauernhöfe) sichere Einkünfte ermöglichten. Auf dem Land zu leben wurde für den Adel typisch.

Die Großherzöge lebten zwar weiterhin in Florenz, das sie mit einer Reihe berühmter Monumente schmückten, aber sie liebten ihre Hauptstadt nicht übermäßig und waren auch nie sonderlich populär unter den Florentinern. Aber das wies sich für die Medici nicht unbedingt als Nachteil aus, im Gegenteil. Da Florenz seit Jahrhunder-

**Oben rechts, Giorgio Vasari und Mitarbeiter, *Cosimo besucht die Befestigungsbauten der Insel Elba.* Florenz, Palazzo Vecchio**

**Giorgio Vasari und Mitarbeiter, *Cosimo I. studiert die Pläne zur Eroberung von Siena*, Detail. Florenz, Palazzo Vecchio**

Das „Studiolo" von Francesco I. Florenz, Palazzo Vecchio

Peter Paul Rubens, *Portrait von Francesco I.*, Detail. Paris, Louvre

Seeräuber. Aber Livorno war auch ein Freihafen, der bald zu großem Wohlstand gelangte und in dem die politischen Flüchtlinge der absolutistischen Monarchien Aufnahme fanden, man denke an die spanischen Juden oder die aus Frankreich verjagten Calvinisten.

Nach der schwierigen Regentschaft von Cosimos Sohn Francesco I. (1574-1587), unter dem die Toskana eine schwere Wirtschaftskrise erlebte und mit dem Banditenunwesen zu kämpfen hatte, brachte dessen Bruder Ferdinando I. (1587-1609) der Region wieder neuen Aufschwung. Er war es, der dem Hafen von Livorno zu wirtschaftlichem Erfolg verhalf und für den florentinischen Textilhandel und die Textilindustrie, die sich vor allem auf die Seidenherstellung konzentrierte, eine Phase des Wohlstands einleitete. Ferdinando erwarb sich auch darin Verdienste, dass er – wie bereits von Cosimo angestrebt – die Allianz mit Spanien auflöste, da sie sich als eine zu große politische Belastung erwiesen hatte. Er wandte sich wieder Frankreich zu, das bereits im Mittelalter für Florenz eine bedeutende Schutzmacht gewesen war.

Das 17. Jh. „bescherte" der Toskana und auch Europa eine ganze Reihe von Problemen. Fast überall tobte der Krieg, der allerdings die Toskana verschonte und vielleicht erklärt sich hieraus, warum das großherzogliche Geschlecht bei den Toskanern so beliebt war. Andere Nöte gingen aber an unserer Region nicht vorüber: eine lange Wirtschaftskrise traf insbesondere die Textilindustrie, die gerade erst wieder im Aufblühen begriffen war, und die Pest von 1630 entvölkerte das Land. Nur der Freihafen Livorno erfreute sich bester Gesundheit, aber dort do-

minierte eine internationale bürgerliche Schicht, die hauptsächlich von Holländern und Engländern gelenkt wurde. Daher brachte der Hafen den Toskanern wenig Vorteile. Die Dynastie der Medici fiel allmählich in Lethargie, insbesondere mit Cosimo III. (1670-1723) und Gian Gastone (1723-1737), ähnlich wie der toskanische Adel, der sich nur noch um seinen Landbesitz kümmerte.

## Das lothringische Großherzogtum

Als die Medici mit Gian Gastone ausstarben, übertrug man, in Zusammenhang mit der Neuordnung Europas nach dem polnischen Erbfolgekrieg, das Großherzogtum Franz Stephan von Lothringen, dem Gatten der Kaiserin Maria Theresa. Er residierte jedoch überwiegend in Wien und überließ die Regierungsgeschäfte einem Kronrat. Das änderte sich 1765 mit seinem Sohn Peter Leopold I., der die Toskana persönlich und mit großer Energie verwaltete, bis er 1790 als Kaiser nach Wien zurückberufen wurde. Dieser Großherzog erwies sich als äußerst reformfreudig und die Intellektuellen jener Zeit leisteten dabei aktive Mitarbeit. In der Toskana war immer noch der wissenschaftliche Rationalismus Galileis lebendig und in der „Accademia dei Georgofili" kultivierte man die Lehren des Physiokratismus. Ein Beweis für diese Aufgeschlossenheit ist die Tatsache, dass die *Encyclopédie française,* das Aushängeschild der europäischen Aufklärung, in der Toskana gleich zweimal erschien: das erste Mal 1758 in Lucca und das zweite Mal 1770 in Livorno. Leopold drängte energisch nach der Begrenzung oder Abschaffung feudaler Privilegien von Adel und Klerus. Er erneuerte das Finanzwesen des Staates und unternahm alle Anstrengungen, die Landwirtschaft zu reformieren. Der geringe Ertrag der Landwirtschaft hatte große Probleme aufgeworfen, denn gleichzeitig war es in der Mitte des 18. Jhs. zu einer starken Bevölkerungszunahme gekommen. Damals begannen folglich gewaltige Trockenlegungen in der Valdichiana, in der Ebene von Pisa, in der Maremma von Siena und in der Valdinievole. Man ermöglichte den uneingeschränkten Getreidehandel und realisierte ein umfassendes Programm zum Verkauf und zur Neuaufteilung großherzoglichen und domanialen Grundbesitzes. Diese Maßnahmen sollten den kleinen Landbesitz und das städtische und ländliche Bürgertum kräftigen. Im Jahre 1768 entstand ein neues Strafgesetz, das weitgehend den damals in Europa vorherrschenden Reformideen entsprach.

**Gegenüberliegende Seite, unten, Matteo Rosselli, *Ferdinando I. nimmt die Arbeiten am Hafen von Livorno wieder auf.* Florenz, Casino Mediceo**

**Ganz oben, Johann Michael Millitz, *Portrait von Peter Leopold.* Florenz, Uffizien; oben, Nicola Monti, *Ferdinand III. von Lothringen.* Pistoia, Museo Civico**

Auch das kirchliche Leben erfuhr staatliche Eingriffe, die Sondergerichte der Inquisition wie auch gewisse Steuerprivilegien wurden abgeschafft, außerdem förderte der Staat eine Art religiöser Reform, die von den toskanischen Jansenisten unterstützt wurde.
Als der Großherzog 1790 zum Kaiser ernannt wurde und nach Wien abreiste, kam es dennoch zu Unruhen, die auch durch die alarmierenden Nachrichten aus Frankreich geschürt wurden. Nach der Invasion durch die Franzosen (1799) entstand die traditionalistische Bewegung „Viva Maria". Ab 1801 gehörte die Toskana zum napoleonischen Einflussgebiet und nannte sich „Königreich Etrurien". Zunächst regierten dort die Bourbonen von Parma, aber ab 1807 wurde es ein *Département* des französischen Kaiserreichs. Unter Napoleons Regime wurden die von Leopold eingeleiteten Reformen abgeschlossen, gleichzeitig kam es jedoch auch zu einer starken verwaltungstechnischen Zentralisierung. Unnachgiebig und zum Teil rücksichtslos wurden alte Institutionen ihrer Güter beraubt und antike Traditionen abgeschafft. Nach dem napoleonischen Zwischenspiel brachte die Restauration den Großherzog Ferdinand III. auf den Thron und man fügte dem Großherzogtum den *Stato dei Presidi* und das Fürstentum von Piombino an; noch später, 1847, fiel auch das Herzogtum Lucca an die Toskana. Auf diese Weise war die regionale Einheit in der ersten Hälfte des 19. Jhs. endlich abgeschlossen. Mit Vorsicht und ganz allmählich betrat die Toskana den Weg des Fortschritts, ohne allerdings die gewaltigen sozialen und ökonomischen Umwälzungen zu erleben, die damals von Grund auf die Lombardei und Piemont veränderten. Ein Großteil der leopoldischen und napoleonischen Reformen blieben bestehen und es herrschte ein gemäßigter, tole-

Gegenüberliegende Seite, oben, Giuseppe Moricci, *Der alte Markt von Florenz*. Florenz, Galleria d'Arte Moderna; unten, Torello Moricci, *Florenz im 19. Jahrhundert*. Florenz, Museo di Firenze com'era

Patriotische Kundgebung vor Palazzo Vecchio. Florenz, Museo di Firenze com'era

ranter Geist vor, der die freie Entwicklung wichtiger kultureller Initiativen ermöglichte. So entstanden beispielsweise das wissenschaftliche und literarische „Gabinetto Vieusseux" (von Giovan Pietro Vieusseux gegründet) und die Zeitschrift „Antologia Vieusseux". Diese Publikation bereitete zwischen 1821 und 1833 die gebildeten Toskaner darauf vor, dass das großherzogliche Regime allmählich einer konstitutionellen Monarchie weichen müsse, ein politisches Konzept, das allerdings schon Peter Leopold eingeleitet hatte.

Das gemäßigte Bürgertum leitete 1847/1848 die Kämpfe des *Risorgimento,* die im Februar 1848 zur Verkündigung eines Statutes führten und in der kurzen Militärkampagne an der Seite von Piemont gegen Österreich gipfelten. Der Großherzog Leopold II. war zwar sehr besorgt, welches Ende diese Erhebung eines Tages nehmen würde, respektierte aber die Abmachungen, die mit den von Baron Ricasoli angeführten „Gemäßigten" vereinbart worden waren. Im Oktober 1848 überschlugen sich die Ereignisse auch in der Toskana und revolutionäre Umtriebe, die vor allem in Florenz und Livorno aufflammten, führten zu einem „Triumvirat", das aus Montanelli, Guerrazzi und Mazzoni bestand. Diese Männer wollten sofort eine verfassungsgebende Versammlung für ganz Italien einberufen und – nachdem der Großherzog im Februar 1849 nach Gaeta abgereist war – sich mit der römischen Republik zusammenschließen. Am 28. Juli zog Leopold wieder in Florenz ein, denn der revolutionäre Elan des „Doppeljahres" 1848/1849 hatte sich erschöpft. Es kam zu keinen Racheakten oder Repressionen, aber der Großherzog setzte das Statut außer Kraft und regierte fortan wieder als souveräner Herrscher, gestützt von österreichischen Militäreinheiten. Dennoch stand auch das letzte Jahrzehnt großherzoglicher Regierung unter dem Vorzeichen der Mäßigung. Im Bürgertum verstärkte sich immer mehr die Zustimmung zu Cavours Einigungsprogramm, zumal es die einzige Möglichkeit zu sein schien, das nahe Ende der Lothringerherrschaft ohne soziale Umwälzungen zu überstehen. Eine Erhebung im April 1859 und eine Volksbefragung – bei beiden Ereignissen dominierten das Bürgertum und die Aristokratie, geeint von dem Wunsch nach der italienischen Einheit unter einer Monarchie – führten zum Anschluss an Piemont. Sechs Jahre später (1865) wurde es notwendig, den Regierungssitz aus dem peripheren Turin näher an das von vielen als endgültige Hauptstadt angestrebte Rom zu verlegen, auch weil Italien nicht länger als Anhängsel des Hauses Savoia wirken sollte. So wählte man die kulturelle Hauptstadt Italiens, Florenz, zur politischen Hauptstadt des neuen Staates. Diese Funktion behielt es bis 1870, und in diesen fünf Jahren und zum Teil auch danach erfolgten alle jene Sanierungsmaßnahmen und Erneuerungen, die zwar den Charakter der Stadt stark veränderten, aber als unumgänglich galten, damit Florenz dem Prestige der anderen europäischen Großstädte in nichts nachstehe.

## Die Toskana und Italien

Nach der Einigung Italiens wurde die Industrialisierung der Toskana verstärkt und dank der Wollindustrie in Prato, den Werften Livornos, dem Erzabbau auf Elba, den Hochöfen von Piombino und der Eisenindustrie in Florenz und Pistoia gewann die erneuerte Region an Produktionskraft. Das Eisenbahnnetz, das bereits Leopold in Angriff genommen hatte, wurde weiter ausgebaut, aber der ursprüngliche Reichtum des Landes – die Landwirtschaft und ihre Erzeugnisse, insbesondere Öl und Wein – blieb der Halbpacht und damit den traditionellen Werten verhaftet. Die führenden Schichten von damals würde man heute als gemäßigte Konservative einstufen, die in der Lucchesia eine stärkere Kirchentreue aufwiesen und in der Gegend von Florenz und Livorno eher als „Freidenker" gelten konnten; auch mangelte es nicht an einer demokratischen und republikanischen Vorhut. Die damals entstehende Arbeiterbewegung berief sich zunächst auf Bakunin und später hatte sie in Orten wie Florenz, Livorno, Piombino, Empoli oder Colle di Val d'Elsa eine sozialistische Ausrichtung. Unter den Marmorarbeitern von Carrara breitete sich die anarchistische Ideologie aus, inzwischen eine politische Tradition, die noch heute lebendig ist. In den toskanischen Stadtverwaltungen dominierten im allgemeinen die Liberaldemokraten, oftmals mit ausdrücklicher Unterstützung der Katholiken. Aber die sozialistische Bewegung wuchs und wurde allmählich zu einer Kraft, die auch in den späteren Wahlen Gewicht haben sollte. Der Volkskatholizismus blieb ebenfalls nicht untätig und nahm durch die Organisation der „weißen" Verbände auf die Arbeiter Einfluss.

Zu Beginn des 20. Jhs. brachen, vor allem in Florenz, heftige Auseinandersetzungen zwischen den Intellektuellen und einigen Zeitungen aus, und Blätter wie Papinis und Prezzolinis *La Voce* (Die Stimme), Corradinis *Il Regno* (Das Reich) und Salveminis *L'Unità* (Die Einheit) erreichten bald nationale Bedeutung. Polemiken und Streitereien zwischen Literaten und Künstlern hatten ihren Schauplatz vor allem im Cafè *Delle Giubbe Rosse* (der Rotjacken) an der Piazza della Repubblica, dort wo vor der Stadtsanierung der *Mercato vecchio* (alter Markt) gelegen hatte. Es lässt sich behaupten, dass die Bewegung des Futurismus in Florenz ihren Anfang nahm und in Florenz kam es auch zu Beginn des ersten Weltkriegs zu wilden Diskussionen oder sogar Handgemengen zwischen Interventionisten und Neutralisten.

Die Nachkriegszeit warf die Toskana und fast ganz Italien in eine tiefe Krise, denn die Kriegsproduktion hatte vorübergehend Probleme wie die Arbeitslosigkeit verborgen. Mit dem Frieden endeten oder verringerten sich die mit der Rüstung zusammenhängenden Aktivitäten, die Unzufriedenheit führte rasch zu Streiks, Fabrikbesetzungen und Bauernunruhen, die mal von den „roten", mal von

**Ottone Rosai, *Via Toscanella.* Florenz, Privatsammlung**

den „weißen" Verbänden angeführt wurden. Gegen beide richtete sich in den Jahren 1920-1922 die faschistische Reaktion, die ihrerseits zwei deutlich unterscheidbare Ausrichtungen hatte: einerseits der reaktionäre Agrarfaschismus, andererseits der harte, nihilistische *Squadrismo* (so nannte man insgesamt die faschistischen Schlägerkolonnen), der jedoch auch republikanische und antiklerikale Tendenzen kannte und sich so im Zwiespalt zwischen seiner objektiv arbeiterfeindlichen Funktion und seiner antibürgerlichen Haltung befand.

1925 endete allmählich die radikalste Phase des Faschismus und er verwandelte sich in ein „Regime", das für seine Legitimierung auf die gröbsten Auswüchse verzichten musste. Aber der politische Kampf kam damit nicht zum Erliegen. 1921 war auf dem Kongress von Livorno die Kommunistische Partei Italiens gegründet worden und sofort nach der Übernahme der Regierungsgewalt durch die faschistische Diktatur entstand in Florenz die antifaschistische Zeitung *Non Mollare* (Nicht Nachgeben) von Carlo Rosselli, Gaetano Salvemini, Ernesto Rossi und Piero Calamandrei.

Das faschistische Regime traf in Florenz, zum Teil sogar unter seinen treuesten Anhängern, auf einigen Widerstand. Innerhalb der florentinischen Faschisten gab es republikanische und freiheitliche Fraktionen, die sich mit Personen wie Ardengo Soffici identifizierten. Um sich in der Toskana durchzusetzen, durfte der Faschismus nicht nur repressiv sein, sondern musste auch das Erbe des Futurismus mit seinem Fortschrittsglauben übernehmen. Das intellektuelle Klima jener Zeit äußerte sich in Zeitungen wie *Il Bargello* und nach der Krise von 1929, die vor allem die Industrie getroffen hatte, kam es zur Realisierung großer öffentlicher Bauten, die Arbeitsplätze schufen und den Eindruck von Aktivität und Fortschritt vorspiegelten. Auf diese Weise entstand die Autostrada von Florenz zum Meer (Firenze-Mare), die Direktverbindung der Eisenbahn Florenz-Bologna und vorbildliche Bauwerke wie der florentinische Hauptbahnhof S. Maria Novella. Die toskanische Hauptstadt diente dem faschistischen Regime als Zentrum künstlerischer und kultureller Experimente, die zum Teil auch nonkonformistische Züge annahmen, erst recht als der Florentiner Alessandro Pavolini zum Minister für Volkskultur ernannt wurde.

Der zweite Weltkrieg und vor allem die letzten beiden Kriegsjahre trafen die Toskana besonders hart. Die „gotische Grenzlinie" zwischen der Versilia und der Romagna teilte das toskanische Territorium in zwei Hälften. Die Al-

**Emilio Pettoruti, *„La Voce"*.**
**Paris, Privatsammlung**

**Oben, Ardengo Soffici,**
***Komposition mit „Lacerba"*.**
**Florenz, Privatsammlung**

liierten rückten nur sehr langsam von Süden nach Norden vor und im Sommer 1944 kam es, neben Zerstörungen durch Bomben und Kanonen, auch noch zu barbarischen Willkürakten des Naziheeres. Deportationen, Massenerschießungen und summarische Hinrichtungen waren an der Tagesordnung, wie z.B. im *Padule* (Sumpf) von Fucecchio oder in Sant'Anna di Stazzema. Aber auch in dieser traurigen Zeit bewahrheitete sich der aufwieglerische und opferbereite Charakter der Toskaner. Die *Resistenza* (Widerstandskampf) blieb nicht nur eine Leistung der Partisanengruppen, sondern wurde zu einer spontanen Volksbewegung. Man versteckte Flüchtlinge und Verfolgte, half den Versprengten und leistete zumindest passiven Widerstand gegen die Repressionsmaßnahmen der Besatzungsmacht.

Der Wiederaufbau der Nachkriegszeit sah die Toskana wieder an führender Stelle, nicht nur in Italien, sondern auch in Europa. Als Kulturland und Wirtschaftskraft strebte sie nach quantitativer Entwicklung, aber auch nach der Bewahrung von Tradition und Qualität. Die Landwirtschaft, die sofort nach dem Krieg im Namen einer als „fortschrittlich" angesehenen Industrialisierung zunächst vernachlässigt wurde, gewinnt seit einigen Jahren ihre ursprüngliche Bedeutung zurück, allerdings mit Hilfe neuer Technologien und unter dem Gesichtspunkt der Produktionsverbesserung. So kämpft man beispielsweise darum, toskanischen Wein und Olivenöl auf dem immer anspruchsvoller werdenden Weltmarkt durchzusetzen.

**Giovanni Michelucci, die Kirche S. Giovanni Battista (Autostrada del Sole), und, unten, der Bahnhof S. Maria Novella in Florenz**

# Hypergotisch und hyperexotisch

In die Toskana fährt man unter anderem auch, um mittelalterliche Bauwerke zu besichtigen, und überall kann man sie antreffen, in den großen und kleinen Städten, auf dem Land, zwischen Hügeln und Zypressen. Aber aufgepasst, die Zinnen, Türme, Pechnasen und Zwillingsfenster spiegeln oftmals ein falsches Mittelalter vor. Als Regel kann gelten: je mehr etwas „mittelalterlich" aussieht – also gewissen kitschigen Vorstellungen entspricht – desto weniger stammt es in Wirklichkeit aus jener Epoche.
Die Romantik und etwas später der eklektizistische und dekadente neumittelalterliche Stil haben der Toskana zahlreiche Fälschungen oder wenig authentische Restaurierungen beschert. Damit soll nicht behauptet werden, dass einige dieser Bauwerke nicht ihren Reiz oder sogar als kostbare Zeugnisse des Zeitgeschmacks künstlerischen Wert besitzen. Nur haben sie leider nichts mit dem Mittelalter zu tun.
In Florenz liegt in der Via Calimala der *Palagio dell'Arte della Lana* (Palast der Wollweberzunft), dessen Kern auf das 14. Jh. zurückreicht. Leider hat ihn Enrico Lusini 1905 in massiver Weise allzu mittelalterlich „restauriert". In der Umgebung von Florenz steht an der Straße, die von Ponte a Mensola hinauf nach Fiesole führt, das alte Schloss von *Vincigliata*, das im 11. Jh. bereits als Besitz der Visdomini nachweisbar ist. Zwischen 1855 und 1865 baute es Giuseppe Fancelli im neumittelalterlichen Stil aus. *Brolio*, *Strozzavolpe* bei Poggibonsi und sogar der Stadtkern von *San Gimignano* wurden allesamt im 19. Jh. „mittelalterlich" aufgeschönt.
Dieser mittelalterliche oder neugotische Stil genügte aber gewissen Ekzentrikern nicht, sie ersehnten sich eine exotische Umgebung. Die Villa von *Sammezzano* im Arno-Tal bei Pontassieve ist eine Art falscher Alhambra. An der Porrettana-Straße bei Riola ließ Cesare Mattei zwischen 1850 und 1896 in einem eklektischen Stil mit maurischen und russischen Phantasieelementen ein Traumschloss bauen, das sich *Rocchetta* nennt und als tosko-emilianisches Neuschwanstein gelten könnte.

Der Palagio dell'Arte della Lana

Links, das Schloss von Brolio im sienesischen Chianti; unten, die Burg von Vincigliata

# EINLADUNG ZUR REISE

# Wo könnte man beginnen?

Stellen wir uns einmal einen italienischen oder ausländischen Touristen vor, der die Toskana besuchen will. Man müsste ihm anraten, sich wenigsten vierzehn Tage Zeit zu nehmen, um sein Vorhaben einigermaßen ernsthaft in Angriff nehmen zu können. Dabei ist es nicht wichtig, ob er im Zug, mit dem Bus, mit einem Toyota oder per Anhalter reist. Aber als erstes stellt sich die Frage, von wo aus er in diese Region vordringen sollte.
Von der toskanischen Hauptstadt aus verschiedene ein- oder mehrtägige Ausflüge zu unternehmen, ist keine schlechte Idee, da Florenz eine zentrale Lage hat. Der Tourist landet auf dem Flughafen in Florenz oder dem in Pisa, von wo aus er in ungefähr einer Stunde mit dem Pendelzug Florenz erreicht. Doch wo könnte er sonst noch anfangen?
Ja, wo beginnt die Toskana eigentlich? Die Etrusker sahen vielleicht als erstes die Küste, falls sie wirklich vom Meer gekommen sein sollten. Heutzutage gelangt jedoch fast niemand mehr auf dem Seeweg hierher. Gibt es also eine "privilegierte" Route für die "richtige" Reise durch die Toskana?
Ehe wir darauf antworten, sind vielleicht einige Informationen nützlich. Das Straßennetz der Region ist gut ausgebaut, es gibt ca. 20.000 km Landstraßen und mehr als 300 km Autobahnen. Letztere bestehen aus der A1 (Autostrada del Sole), der A12 (Autostrada dei Fiori, längs des tyrrhenischen Meeres), der A11 (Autostrada Firenze-Mare; sie wurde 1933 als eine der ersten Autobahnen Europas eröffnet) und der A15 (Autostrada della Cisa im Magra-Tal; sie verbindet die tyrrhenische Autobahn mit der Autostrada del Sole). Eine Reihe von *Superstrade* (vierspurige Schnellstraßen) zweigen von den Autobahnen ab. Die Superstrada Florenz-Siena-Grosseto verbindet die Autostrada del Sole mit der südwestlichen Toskana und vom Chiana-Tal aus führt eine weitere Superstrada nach Umbrien und zur adriatischen Küste. Fast ohne Durchgangsverkehr ist die glorreiche Via Cassia geblieben, da alle Welt ihr die Autobahnen vorzieht; aber sie durchläuft wunderschöne Landschaften und Orte, die reich an Kunst und Geschichte sind. Eine andere auch heute noch faszinierende Straße ist die Staatsstraße 1, die antike römische Konsularstraße mit Namen Aurelia. Sie verläuft südlich von Pisa längs der Küste. Seit einigen Jahren wird sie auf einer langen Strecke von der schnelleren Superstrada flankiert, die bis nach Grosseto führt. Man beachte, dass es in der Toskana ein dichtes Netz von Buslinien gibt, das von den Touristen, meist aus Unkenntnis, wenig genutzt wird.
Nach einem langen Stillstand, in dem der private und öffentliche Straßenverkehr allgemein bevorzugt wurde, hat die Entwicklung des Eisenbahnnetzes mit dem Bau der Hochgeschwindigkeitslinien neu eingesetzt. Fast jeder Reisende kennt die großen Eisenbahnlinien Turin-Rom längs der Küste und Mailand-Rom im Binnenland. Doch der Tourist mit Sinn für Nostalgie und *Revival* sollte vielleicht einige Nebenlinien benutzen, wie z.B. die von Borgo San Lorenzo nach Faenza oder die von Pisa nach Cecina und Volterra oder gar die von Arezzo nach Pratovecchio und Stia. In diesen lokalen Zügen stößt man auf eine andersartige Toskana, auf überraschende, unbekannte Landschaften, überholte Technologien und einen Sinn für Zeit und zwischenmenschliche Beziehungen, die in den großen Städten und längs der Hauptver-

**S. 80-81, Der „italienische" Garten der Villa Gamberaia in der Umgebung von Florenz**

bindungslinien längst abhanden gekommen sind. Dieser Ratschlag gilt aber vielleicht eher für einen ganz bestimmten Typ von Reisenden: nicht so sehr eine Person, die Orte sehen will, als vielmehr eine, die auf der Suche nach sich selbst ist.

Die wichtigsten Flughäfen sind der Flughafen von Pisa und der von Florenz. Sie sind auch die einzigen, die ständig dem internationalen Verkehr offenstehen.

Die Häfen befinden sich in einer günstigen Lage. Neben dem großen Hafen von Livorno gibt es einen etwas kleineren in Piombino, der der dortigen Metallverhüttung und dem Seeverkehr zur Insel Elba dient. Auch Carrara und Viareggio besitzen ihre kleinen Häfen. Die von Vada, Baratti, Castiglione della Pescaia, Talamone, Porto Ercole und Porto Santo Stefano haben gute und malerische Anlegestellen für Fischerboote und Jachten. Portoferraio auf Elba war vor dem Krieg wegen seiner Industrieanlagen bedeutend, die jedoch zerstört wurden. Heutzutage ist der Hafen vor allem dem touristischen Verkehr vorbehalten.

Dieses Buch soll nicht als Reiseführer angesehen werden und kann in keiner Weise Pläne und Straßenkarten oder dergleichen ersetzen. Es möchte vielmehr dem Touristen, der sich nicht der Neurose des Reisens und dem Massenverkehr ergeben will, als *Vademecum* dienen und bietet daher nur eine Auswahl von Reiserouten an. Der Einfachheit halber schlagen wir vor, die Toskana von Norden nach Süden und von Westen nach Osten zu bereisen, nicht ohne hervorzuheben, dass der Tourist vor allem weise sein sollte. Dann wird es ihm gelingen, die *cupiditas videndi* zu vermeiden und nicht in Verzweiflung zu geraten, nur weil er einen Ort, auf den im Führer mit drei Sternen hingewiesen wird, verpasst hat. Und andererseits wird er es nicht sich selbst verweigern, im Galopp geradeaus zu rasen, wenn er in einem Atemzug die Atmosphäre einer gesamten Region aufnehmen will, ohne sich in Details zu verlieren. Schließlich muss es möglich sein, auch einmal auf Nebenstraßen zu geraten, einen ganzen Nachmittag damit zu "verlieren", langsam ein Glas Wein zu trinken oder einen Sonnenuntergang in den Weinbergen des Chianti oder an der Maremmaküste zu genießen. Wer nicht bereit ist, wenigstens einer dieser "Unregelmäßigkeiten" zu huldigen, der sollte lieber nicht durch die Toskana reisen. Oder besser noch, er sollte überhaupt nicht reisen.

# Florenz

Von den vielen Möglichkeiten, sich Florenz nach und nach zu erobern, ausgehend von der schönen hügeligen Umgebung (Fiesole, Settignano, Pian de' Giullari), über den klassischen, aber immer wieder ergreifenden Anblick vom Piazzale Michelangelo, bevorzugen wir den chronologischen Ansatz, der am ehesten geeignet scheint, ein unmittelbar an die Geschichte der Jahrhunderte gebundenes Bild von Florenz aufzubauen. Darum gehen wir vom kirchlichen Zentrum von Florenz aus, auf dem sich der Dom und das Baptisterium erheben. Letzteres, der Überlieferung nach eines der ältesten Gebäude der Stadt, wurde auf den Überresten eines großen römischen Baues errichtet, von dessen Mosaikfußboden Spuren ans Licht gekommen sind; doch seine wirkliche Datierung, die zwischen dem 5. und 9. Jh. angesetzt wird, ist noch eine offene Frage. Die äußere Wandverkleidung in weißem und grünem Marmor mit geometrischen Verzierungen orientalischen Ursprungs gehen auf das 11.-13. Jh. zurück und bilden, gemeinsam mit den Türen aus dem 13.-14. Jh. – darunter die berühmte „Paradiestür" (1425-1452) – ein außerordentliches Symbol der Stadt. Im Innern zeichnet es sich durch den großen Mosaikenzyklus in der Apsis und in der achteckigen Kuppel aus, an dem venezianische und toskanische Arbeiterschaften tätig waren, durch den kostbaren Fußboden und die Marmorintarsien, sowie das *Grabmal des*

**Schule des Verrocchio, *Madonna mit Kind und Heiligen*, Detail mit Florenz. Grassina, S. Martino**

**Das Baptisterium S. Giovanni und, rechts, Detail der Mosaikverzierung in der Apsis mit dem *Jüngsten Gericht***

POTESTATES
TRONI
DOMINATIONES

**Das kirchliche Zentrum mit dem Baptisterium, dem Dom und dem Kampanile; unten, das Innere des Doms**

*Gegenpapstes Johannes XXIII.*, ein vollkommenes Renaissancewerk von Michelozzo und Donatello.
Dem Baptisterium gegenüber zeichnet sich der enorme Dom S. Maria del Fiore ab, ein im Laufe mehrerer Jahrhunderte errichteter Bau, dem erst in der zweiten Hälfte des 19. Jhs. die heutige neugotische Fassade angefügt wurde. Die frühere Kathedrale S. Reparata genügte den Erfordernissen der schnell wachsenden Stadt nicht mehr. Der Neubau wurde dem Architekten Arnolfo di Cambio (1294) anvertraut, doch nach seinem Tod gingen die Arbeiten unter verschiedenen Meistern nur langsam weiter bis zum zweiten Jahrzehnt des 15. Jhs., als Filippo Brunelleschi die Leitung der Arbeiten übernahm und die technischen, an den Bau einer Kuppel dieser Ausmaße gebundenen Probleme meisterhaft löste. 1436 war die Kuppel (bis auf die Laterne) schon vollendet, die von jetzt an das Aussehen der Stadt bestimmen sollte, ein wahrhaft großartiger Ausdruck des Renaissancemenschen.
Das großzügige dreischiffige Innere ist in gotischen, durch klassischen Stil abgetönte Formen erbaut und mit Meisterwerken aus dem 15. Jh. einiger der größten florentinischen Künstler bereichert (Paolo Uccello, Andrea del Castagno, Luca della Robbia, Donatello). Die Kuppel wurde später von Giorgio Vasari und Federico Zuccari mit Fresken ausgemalt, die das *Jüngste Gericht* darstellen.
Die architektonische Einheit des Doms wird durch den Kampanile von Giotto (1334-1359)

**Andrea del Castagno, *Denkmal des Niccolò da Tolentino*; unten, Paolo Uccello, *Denkmal des John Hawkwood*. Dom**

vollendet, ein Denkmal für die bürgerliche Stadt, deren Werte die plastische Verzierung hervorhebt, die die fortschreitenden Zivilisationsstufen des Menschen zeigt.
Die ersten Kirchengebäude, die in der Stadt mit der Ausbreitung des Christentums entstanden, waren, außer dem Baptisterium, die Basilika S. Lorenzo (393), die lange Zeit den ersten Bischofssitz darstellte (das heutige Gebäude ist jedoch ein Renaissanceneubau), die im 18. Jh. vollständig erneuerte Kirche S. Felicita und S. Miniato al Monte, die in Form eines Oratoriums an dem Ort erbaut wurde, den der Märtyrer als Einsiedelei gewählt hatte. Die ab dem 11. Jh. in ihrer heutigen romanischen Form wiedererbaute Kirche wurde Beispiel und Modell für andere Kirchenbauten. Mit der schönen Fassade in Marmorintarsien und geometrischen Zeichnungen mit symbolischer Bedeutung und dem harmonischen Innenraum, in dem romanische Bildhauerei, gotische Fresken und Renaissancewerke nebeneinander stehen, ist sie vielleicht der faszinierendste florentinische Kirchenbau.
Viele zeitgenössische religiöse Gebäude verschwanden durch die unaufhörliche Stadterneuerung oder wurden dem jeweils herrschenden Geschmack angepasst; so geschah es mit der Kirche SS. Apostoli, die man mit einer aufwendigen Restauration im 20. Jh. auf ihre romani-

**S. Miniato al Monte mit der romanischen Kanzel und einem Detail aus der Verzierung der Marmoreinfriedung**

schen Grundzüge zurückbringen wollte, mit der früheren Kirche S. Stefano al Ponte oder mit der Badia Fiorentina, dem ersten Kloster der Stadt, das Ende des 10. Jhs. gegründet wurde.
Ein ähnliches Schicksal traf die bürgerlichen Gebäude, darunter den alten und einzigartigen Torre della Pagliazza, einen Turm der für byzantinisch gehalten wird, und einige Turmhäuser, die die Menschen und die Zeiten glücklicherweise überlebt haben, als Zeugen einer Epoche sozialer und politischer Unsicherheiten, als das Haus eine fast militärische Verteidigungsfunktion hatte. Aus dieser Notwendigkeit heraus scheint auch der massive Palazzo del Capitano del Popolo, später Bargello, entstanden zu sein, ein frühes Beispiel für ein öffentliches florentinisches Gebäude, das, Vasari zufolge, Mitte des 13. Jhs. von Lapo Tedesco, oder wahrscheinlicher von den Dominikanermönchen Fra' Sisto und Fra' Ristoro gebaut wurde. Später wurde es Sitz des Podestà und dann der Justizverwaltung und zu Zeiten der Medici-Herrschaft Sitz des Hauptmanns der Wache (des „Bargello").
Aus einer politisch etwas ruhigeren Zeit, einige Jahrzehnte später, ist hingegen der Palazzo dei Priori oder Palazzo Vecchio, der ab 1299 in nur 15 Jahren entstand. Er sollte die Regierung der Priori aufnehmen, der Vertreter der neuen, in Zünften organisierten Sozialklassen. Das Projekt wird in der Überlieferung Arnolfo di Cambio zugeschrieben, der eine quadratische Festung in Bossenwerk mit Biforienfenstern, einer vorspringenden Galerie und einem hohen Turm baute, der sich nicht in der Mitte befindet, da er auf den Fundamenten eines zuvor bestehenden gibellinischen Turmes errichtet wurde. Jahrhunderte lang war der Palazzo das Zentrum der weltlichen Macht und des politischen Lebens von Florenz, doch bei den Medici war er nie besonders beliebt; selbst Cosimo I., der im 16. Jh. mit seinem Lieblingsarchitekten Giorgio Vasari einen radikalen Umbau durchführte, wohnte nur wenige Jahre hier, er zog den Palazzo Pitti vor. Der Palazzo Vecchio gelangte mit der Ausrufung von Florenz zur Hauptstadt Italiens (1865-1871) wieder zu Ruhm, als das Parlament hier zusammentrat; heute ist es Sitz des Bürgermeisters und vieler Stadtämter.
Als der Palazzo dei Priori gebaut wurde, hatte Florenz schon sein Aussehen verändert, von schmuckloser, finsterer Stadt, die in die Höhe wuchs, hatte sie sich nach und nach erweitert und neue Räume erobert, breitere und gradere Straßen angelegt, bequemere Gebäude gebaut und hatte vor allem schon die größten Bettelorden aufgenommen, die Ende des 13. Jhs. begannen, ihre Kirchen zu errichten. Im Laufe weniger Jahrzehnte entstanden die großen Basiliken S. Maria

**Der Tempietto del Santo Sepolcro in der Rucellai-Kapelle und, links, Detail aus der Fassade von S. Maria Novella, Werke von Leon Battista Alberti**

**Das Innere von S. Spirito und die Pazzi-Kapelle in S. Croce (rechts), Werke von Filippo Brunelleschi**

**Gegenüberliegende Seite, Masaccio, *Die Tempelsteuer*, Detail. Brancacci-Kapelle**

Novella und S. Croce, die wahre Meisterwerke der italienischen Gotik sind und viele der kostbarsten Kunstschätze von Florenz bergen. Künstler des Kalibers wie Giotto, Taddeo und Agnolo Gaddi, Andrea Orcagna und Nardo di Cione, Brunelleschi, Masaccio, Donatello, Ghirlandaio und Filippino Lippi haben hier ihre malerischen und bildhauerischen Zeugnisse hinterlassen.
Mehr oder weniger zeitgenössisch sind die Bauten, oder in einigen Fällen Wiederaufbauten, anderer großer Kirchen wie S. Trìnita aus dem 11. Jh., die allerdings innen in gotische Form gebracht wurde; S. Maria Maggiore; Ognissanti mit dem anliegenden Konvent

**Palazzo Vecchio (links) und der Salone dei Cinquecento; unten, Palazzo Pitti**

**Donatello, *Judith und Holofernes*. Palazzo Vecchio**

(auch wenn spätere Umgestaltungen im 17.-18. Jh. das Aussehen verändert haben); S. Ambrogio; S. Marco, die 1299 von den Silvestrinermönchen gegründet, später aber mehrmals umgebaut wurde; Orsanmichele. Letztere einzigartige Anlage – eine der interessantesten der Architektur des 14. Jhs. – entstand als Loggia für den Kornmarkt (1290), wurde nach einem Brand wieder aufgebaut und als Lager verwendet, dann von den Zünften in eine Kirche umgewandelt. Im Innern bewahrt sie den (1359) von Andrea Orcagna für eine Wundererscheinung Mariens geschaffenen Tabernakel, außen in den Nischen stehen die Statuen der Schutzheiligen der Zünfte, die zusammen einen Überblick über die florentinische Bildhauerkunst im 15. und 16. Jh. erlauben.
An der anliegenden Piazza della Signoria kann man ein bedeutendes Bauwerk der zweiten Hälfte des 14. Jhs. bewundern, die Loggia dei Lanzi, wo die Regierung bei offiziellen Anlässen Platz fand. Wenig entfernt liegt der Palazzo Davanzati, der trotz einiger Restaurierungen im letzten Jahrhundert, die sein Aussehen ein wenig geändert haben, ein typisches Beispiel für ein herrschaftliches Wohnhaus des 14. Jhs. ist (es beherbergt das Museo della Casa fiorentina).
Im 15. Jh. bereicherte sich Florenz auf Anstoß genialer Künstler durch Erneuerungen, doch ohne sein Aussehen zu verändern. Brunelleschi beherrschte die Künstlerszene der ersten Hälfte des Jahrhunderts mit seinen Perspektivforschungen, nicht nur mit der großen Kuppel von S. Maria del Fiore, sondern auch mit dem Ospedale degli Innocenti, mit dem Wiederaufbau von S. Lorenzo – für die er auch die herrliche alte Sakristei plante – mit dem von S. Spirito, der Pazzi-Kapelle in der Klosteranlage S. Croce, dem Rundbau S. Maria degli Angeli sowie dem Plan des Originalbaus von Palazzo Pitti.
Im Allgemeinen war es eine außergewöhnliche Zeit für das Kunstleben von Florenz, an dem Maler wie Masolino und Masaccio im Carmine-Kloster, Paolo Uccello im Grünen Kreuzgang von S. Maria Novella, Fra Angelico im Konvent S. Marco, Domenico Ghirlandaio in der Hauptkapelle von S. Maria Novella und in der Sassetti-Kapelle in S. Trinita beteiligt waren, aber auch Bildhauer wie Lorenzo Ghiberti, Donatello und Luca della Robbia.
Eine wichtige Rolle spielte mit Sicherheit die Familie Medici, die inzwischen mit Cosimo d. Ä. (1434) eine Stadtherrscaft begonnen hatten. Cosimo förderte mithilfe seines Lieblingsarchitekten Michelozzo einige große architektonische Eingriffe, angefangen vom Bau des Dominikanerklosters S. Marco mit der reichen Bibliothek, über die radikale Umwandlung der alten Basilika SS. Annunziata bis zur Erbauung seiner eigenen Residenz, des schlichten Palazzo in Via Larga (heute Via Cavour), der Vorbild für viele Zivilbauten im 15. Jh. wurde. So zum Beispiel für den großen Palazzo, den Filippo Strozzi sich nach seiner Rückkehr aus

**Benvenuto Cellini, *Perseus*. Loggia dei Lanzi**

**S. 92-93, Leonardo da Vinci, *Verkündigung*, Detail. Uffizien**

Raffael, *Madonna della Seggiola.* Galleria Palatina

Links, Giotto, *Madonna Ognissanti.* Uffizien

Unten links, Sandro Botticelli, *Geburt der Venus.* Uffizien

Unten rechts, Michelangelo, *David.* Galleria dell'Accademia

Gegenüberliegende Seite, Michelangelo, *Tondo Pitti*, Detail. Museo del Bargello

dem Exil (1489) von Benedetto da Maiano bauen ließ, während der (1455-1470) von Bernardo Rossellino nach Plänen von Leon Battista Alberti gebaute Palazzo Rucellai mit der genauen Übereinandersetzung der Ordnungen in der Fassade direkt durch die Abhandlungen über die antike Architektur inspiriert ist.

Die von Cosimo d. Ä. eingeleitete glückliche Zeit wurde, nach der Regierungsunterbrechung seines Sohnes Piero, von seinem Enkel Lorenzo fortgesetzt, dem prunkvollen Herren, der sich, im Unterschied zu seinem Großvater, gern als Prinz zeigte. Er war zwar nicht so geschäftstüchtig wie sein Großvater, hatte jedoch große politische Weitsicht und war vor allem ein gebildeter Mensch, Poet und Schriftsteller, der gern die großen Intellektuellen einlud, die sich in der berühmten Accademia Platonica in der Villa von Careggi versammelten. Dies bildete seine größte Hinterlassenschaft für Florenz vor der Zeit politischer Unruhen, die nach seinem Tod (1492) das städtische Leben einige Jahrzehnte lang kennzeichneten.

Zu Beginn des Jahrhunderts waren die bedeutendsten Künstler ohne Zweifel Leonardo und Michelangelo, die beide vom Gonfaloniere Pier Soderini beauftragt wurden, zwei Schlachtszenen im Salone dei Cinquecento im Palazzo Vecchio zu malen (die nie vollendet wurden); die Zeichnungen dafür wurden später von Cellini als „Schule der Welt" bezeichnet. Leonardo

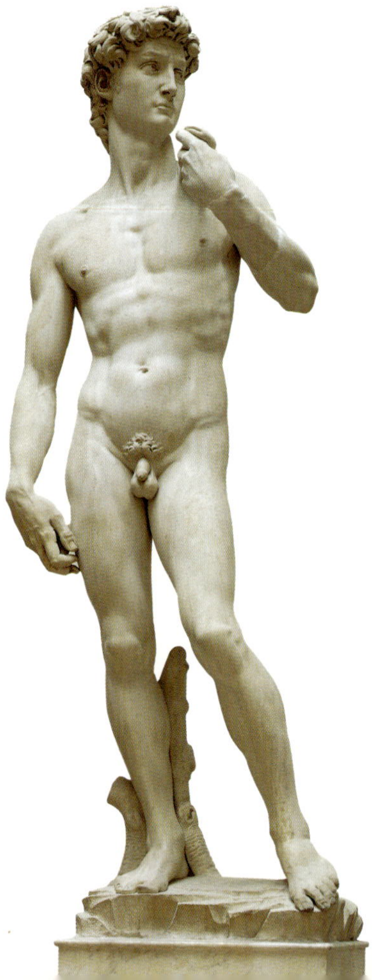

verließ die Stadt (1506), ohne je zurückzukehren, während Michelangelo – auch wenn er in Florenz bedeutende Zeugnisse hinterließ – schon einen ständigen Pendelverkehr mit Rom begonnen hatte, der ihn zu längeren Aufenthalten in der Papststadt brachte. Unter seinen höchsten Schöpfungen, außer den in den Museen ausgestellten Werken, ist die Biblioteca Laurenziana und die Neue Sakristei von S. Lorenzo.
Die endgültige Wiedereinsetzung der Medici-Regierung (wenn auch aus einer Nebenlinie) mit Cosimo I. (1537) eröffnete eine lange Zeit der politischen Stabilität, die sich auf die starke Persönlichkeit des Herzogs stützte, des wahren Urhebers der regionalen Vereinigung. Als guter Organisator arbeitete er am Aufbau eines starken Staates unter anderem mittels eines Programms für Militärbauten in den Grenzgebieten, während sein Prestige in der Stadt an die Hochzeit mit der Tochter des Vizekönigs von Neapel, Eleonora, und an die Verlegung des Hofes in den alten Palazzo dei Priori gebunden war, der daraufhin von den bedeutendsten zeitgenössischen Künstlern unermüdlich restauriert und erweitert wurde. Er hatte zwar nicht die feine humanistische Bildung von Lorenzo, setzte aber dennoch die Mäzenatentradition der Familie fort. Er bereicherte Florenz mit Brunnen, Statuen, Säulen und Loggien, die häufig für die prunkvollen Empfänge großer Persönlichkeiten dienten.
Solchen Prunkabsichten entsprach auch der Bau, der heute die Galerie der Uffizien beherbergt, in eigenartiger, verlängerter U-Form zwischen der Piazza della Signoria und dem Fluss. Dort waren die Zentralämter (die „Uffizi") der Verwaltung des Großherzogtums Toskana untergebracht. Der von Giorgio Vasari (1560) geplante und zwanzig Jahre später von Bernardo Buontalenti vollendete Bau wurde mit einem Korridor verlängert, der ihn über die antike Brücke Ponte Vecchio hinweg mit Palazzo Pitti verbindet. Cosimo hatte die kühne Idee, so das Zentrum des politischen Lebens, den Palazzo Vecchio, „heimlich" an den neuen Familiensitz Palazzo Pitti anzuschließen.
Die Unduldsamkeit Eleonoras den geschlossenen Räumen des Palazzo Vecchio gegenüber und ihre anfällige Gesundheit hatten schon seit einiger Zeit zum Umzug in das Vorstadt-Haus gedrängt, das Mitte des 15. Jhs. für den Bankier Luca Pitti erbaut worden war. Das Gebäude – ein Parallelepipedon aus Stein mit drei Portalen und einer doppelten Reihe von sieben Fenstern – wurde zur offiziellen Residenz verwandelt, die gleichzeitig die Bequemlichkeiten einer Landvilla bot. Es wurde vergrößert

und von Bartolomeo Ammannati mit einem schönen Hof versehen, der auf den herrlichen Boboligarten geht. Es wurde aber noch bis zum 19. Jh. restauriert und erweitert. Heute ist es eine der bedeutendsten Anlagen der Stadt, ein Museenzentrum, wo sich die fürstliche Gemäldegalerie (Galleria Palatina) befindet sowie die Sammlungen von Hartsteinen, Juwelen, Elfenbein und Porzellan, die den Herrschergeschlechtern gehörten.
Ohne Zweifel verlagerten sich mit Cosimo und später mit den Söhnen Francesco und Ferdinando die traditionellen Orte der Macht innerhalb der Stadt; das von Cosimo d. Ä. und Lorenzo il Magnifico bevorzugte Stadtgebiet lag zwischen den Basiliken S. Lorenzo und SS. Annunziata mit S. Marco dazwischen, nun hatte sich der Angelpunkt des politischen Lebens auf Piazza della Signoria und Pitti-Palast verschoben. Dennoch hinterließen die Großherzöge Medici überall Zeichen ihrer Macht.
Auch die Basilika S. Lorenzo erhielt weiterhin die Aufmerksamkeit der Familie: Hier realisierte Ferdinando nach einem alten Plan des Vaters das Familienpantheon, die prunkvolle, ganz mit Edelsteinen verzierte Fürstenkapelle, deren Arbeiten Jahrhunderte dauern sollte.
Der Bau der Festung Belvedere auf der Anhöhe des Boboligartens, wahrscheinlich nach Plänen von Buontalenti, und der herrlichen Villa von Artimino außerhalb der Stadt ist Ferdinando zu verdanken. Seine Regierung war auch von bedeutenden Initiativen auf kulturellem Gebiet gekennzeichnet, doch es war schon fast der „Schwanengesang" der Familie Medici, die nicht mehr in der Lage sein sollte, ebenso bedeutende Persönlichkeiten hervorzubringen, und die mit einer langen Zeit der wirtschaftlichen Stagnierung, epidemischen Krisen und einer veränderten internationalen politischen Lage fertig werden musste.
Florenz bereicherte sich auch weiterhin mit bedeutenden künstlerischen Zeugnissen, die aber zahlenmäßig begrenzt und episodenhafter waren und sich oft auf die Fortsetzung schon begonnener Arbeiten oder auf die Verzierung schon bestehender Räume beschränkten.
Dennoch vernachlässigten die folgenden Großherzöge das traditionelle herrschaftliche Mäzenatentum nicht und bestätigten das Interesse für die Malerei, die Musik und die Welt der Wissenschaften, die sich in diesen Jahren die Anwesenheit von Galileo Galilei und seines Schülers Evangelista Torricelli zu Nutze machte, die großzügig am Hofe aufge-

**Das Gewächshaus aus dem 19. Jh. im Giardino dell'Orticoltura**

**Zwei seltene Beispiele für den Jugendstil in Florenz: kleine Villa in der Via Scipione Ammirato (oben) und Detail des Galerie-Hauses in Borgo Ognissanti**

Brücke S. Trinita

nommen wurden.
Das spätere Lothringer Herrscherhaus musste sich eher auf die Sanierung des erbärmlichen wirtschaftlichen Zustandes des Reiches konzentrieren. Die größte aufgeklärte Persönlichkeit war Peter Leopold, dem es im Laufe von kaum mehr als 25 Jahren (1765-1792) gelang, die grundlegenden Eingriffe auf wirtschaftlichem und gesetzgeberischem Gebiet zu vollenden, mit kulturellen Initiativen die leblose Atmosphäre, die in der Stadt während der letzten Zeit der Medici-Herrschaft geherrscht hatte, neu zu beleben und einige konkrete Zeichen im Stadtbild zu hinterlassen, wie die Pflasterung vieler städtischer Straßen und die Öffnung des Boboligartens für das Publikum.
Für tiefer gehende Eingriffe in das Stadtbild muss man jedoch auf das 19. Jh. warten, in dem breite und gerade Straßen angelegt, neue Brücken gebaut, die Fassaden von S. Croce und S. Maria del Fiore in neugotischem Stil realisiert wurden und vor allem Florenz sich durch die vom Architekten Giuseppe Poggi geplanten Maßnahmen in die neue Hauptstadt des italienischen Königreiches verwandelte. Florenz wurde einer grundlegenden Neuordnung unterzogen, die im Laufe von wenigen Jahrzehnten das Aussehen änderte, indem sie es den zeitgenössischen europäischen Städten anglich, ihm aber gleichzeitig Verletzungen beibrachte, die nie wieder heilen sollten; zwei Beispiele dafür sind der Abriss des alten Mauerrings, der durch die Ringstraße nach dem Modell der Pariser *Boulevards* ersetzt wurde, und die Zerstörung des alten Marktplatzes mit dem jüdischen Ghetto an der Stelle, wo sich heute der Platz der Republik mit die anliegenden Straßen befindet.
Eine große Vergangenheit wie die von Florenz wird nicht nur durch noch bestehende architektonische Elemente bezeugt, sondern ist auch an ein reichhaltiges Museumssystem gebunden. Da es unmöglich ist, erschöpfend darüber zu berichten oder eine zusammenfassende Liste aufzustellen, beschränken wir uns auf Empfehlungen auf Grundlage persönlicher Vorlieben bzw. der absoluten Bedeutung einiger Institutionen.
Die Galerie der Uffizien, die gewiss bekannteste Sammlung der Stadt, bietet einen unvergleichlichen Querschnitt durch die toskanische Malerei bis zum 16. Jh. (aber auch andere italienische und europäische Schulen), sowie eine einzigartige Sammlung von Selbstbildnissen, die im Vasari-Korridor ausgestellt ist, während das nahe gelegene Bargello-Museum die bedeutendste italienische Skulpturensammlung aus dem Mittelalter und der Renaissance und kostbare Kleinkunstsammlungen besitzt.
Die zahlreichen, durch die Fetisch-Skulptur *David* von Michelangelo in die Galerie der Akademie angezogenen Touristen sollten gegenwärtig haben, dass die vielen Säle der

Pinakothek auch einen reichen Überblick über die toskanische Malerei des 14. Jhs. geben. Drei nahe gelegenen Museen sind an die Erinnerung an die Medici gebunden: Die Medici-Kapellen, S. Marco (wo Fra Angelico den beträchtlichsten Teil seines malerischen Werkes hinterlassen hat), und die von den Medici (1588) geschaffene Halbedelsteinwerkstätte, in deren Museum man die Einlegearbeiten in Halbedelstein, Marmor und Malereien auf Stein bewundern kann.
Die Sammelleidenschaft der Familie Medici beschränkte sich übrigens nicht nur auf Werke der Malerei und Bildhauerei, sondern wandte sich auch der Antike zu. Dies bezeugt das Archäologische Museum, das im Palazzo della Crocetta aus dem 17. Jh. untergebracht ist, wo die Anfänge der Antiquitätensammlungen mit Bronzearbeiten, Münzen und Edelsteinen aufbewahrt werden, die von Cosimo d. Ä. und Lorenzo il Magnifico gegründet und dann von Cosimo I. mit bedeutenden Funden der etruskischen Kunst bereichert wurde. Neben der etruskischen Sammlung befindet sich hier auch eine bemerkenswerte ägyptische Abteilung.
Wer sich hingegen für die unendliche Baugeschichte des Domes interessiert, sollte ins kürzlich neu ausgestattete Dommuseum gehen, wo man die Originale der Statuen von der Domfassade sehen kann, sowie die Relieftafeln von Andrea Pisano und Luca della Robbia für den Kampanile und die vergoldeten Platten der Paradiestür.
Die wissenschaftliche Tradition der Stadt ist im Geschichts- und Naturkundemuseum im Palazzo Castellani zu sehen. Das im letzten Jahrhundert (1930) gegründete Museum enthält die wissenschaftlichen Instrumente der Sammlungen der Medici und der Lothringer und den Original-*Corpus* der Instrumente von Galileo und der Accademia del Cimento. Unter den zahlreichen Vorschlägen für die Gegend jenseits des Arno, sollte man sich auf die Museen des Palazzo Pitti konzentrieren. Es handelt sich, wie schon gesagt, um einen außergewöhnlich großen Komplex, in dem sich Sammlungen verschiedenster Art befinden, vom Silberwarenmuseum zur Galleria Palatina, von den Ehemaligen Königlichen Gemächern zur Galerie Moderner Kunst, vom Boboligarten zu den besonderen Sammlungen der Galleria del Costume (Kostümgalerie) und des Porzellanmuseums.

**Ponte Vecchio mit dem Vasari-Korridor**

# Fiesole

Die kleine Stadt Fiesole liegt auf dem Sattel zwischen den zwei Hügeln, die Florenz im Norden dominieren. Ihre Denkmäler und die bezaubernde, mit antiken Villen florentinischer Patrizier übersäte Landschaft, die sie umgibt, machen sie zu einem der klassischen Ziele des internationalen Tourismus.

Nur einige Teile sind heute von dem 2 km langen Ring der gigantischen Stadtmauer geblieben, die die von den Etruskern um das 6. Jh. v.Chr. gegründete Stadt schützte. 80 v.Chr. wurde Fiesole römische Kolonie, und zu Beginn der Kaiserzeit bekam die Stadt ein Theater und eine Thermenanlage. Ausgrabungen im 19. Jh. haben das große Theater mit 3000 Plätzen und die Reste der Thermen sowie einen etruskischen Tempel ans Licht gebracht; dies alles befindet sich heute in einem gut erhaltenen archäologischen Park, der auch ein Museum beherbergt. Im 5. und 6. Jh. wurde das Gebiet von Fiesole von den Goten überfallen und von den Byzantinern unterworfen; mit der Ankunft der Franken wurde die Stadt Bischofssitz, und ihre Bischöfe erwarben nach und nach immer mehr Macht in Konkurrenz zum nahen Florenz. Die daraus entstandenen Konflikte gipfelten in der Zerstörung der Festung 1125 und der endgültigen Unterwerfung der Stadt im 13. Jh.; von dieser Zeit an ist die Geschichte Fiesoles in jeder Hinsicht Teil der florentinischen Geschichte.

An der Piazza Mino da Fiesole, wo sich in römischer Zeit das Forum befand, stehen die wichtigsten Gebäude. Der dem hl. Romulus, dem Märtyrerbischof und Stadtpatron, geweihte Dom wurde 1028 begonnen und noch das ganze 13. Jh. weiter gebaut. In einer tiefgreifenden Restaurierung im 19. Jh. wurde die Fassade vollkommen neu gebaut und im Innern die

**Oben, das römische Theater; links, die Kirche S. Francesco**

**Palazzo Pretorio**

**Gegenüberliegende Seite, Detail aus der Fassade der Badia Fiesolana in San Domenico**

ursprüngliche Basilikaform wieder hergestellt. Viele wertvolle Werke bezeugen das Ansehen des fiesolanischen Bischofssitzes auch noch nach dem Verlust der weltlichen Macht. Außer den Fresken im Chorraum und in den Kapellen, darunter ein Pietro Perugino zugeschriebener *Hl. Sebastian*, sind das große Triptychon am Hauptaltar, ein Werk von Bicci di Lorenzo aus dem 15. Jh., die aus dem 11. Jh. stammende Krypta und die Verzierung der Kapelle Salutati mit Skulpturen von Mino da Fiesole und Fresken von Cosimo Rosselli erwähnenswert. Dem Dom gegenüber stehen der Palazzo Vescovile aus dem 11. Jh., der später aber stark bearbeitet wurde, und der Palazzo del Seminario aus dem 17. Jh. An der gegenüberliegenden Seite der Piazza befindet sich der Palazzo Pretorio aus dem 14.-15. Jh. mit den Wappen der Stadtvögte von Fiesole und daneben das alte Oratorium S. Maria Primerana.
Nicht weit entfernt ist das Museo Bandini mit einer interessanten Gemälde- und Skulpturensammlung aus der Florentiner Schule vom 14. bis zum 16. Jh. und einer reichen Sammlung an Terrakotten der Della Robbia. Eine steile Straße mit Ausblick auf Florenz führt zur Basilika S. Alessandro hinauf, die im 6. Jh. auf dem Gebiet eines etruskischen Tempels errichtet, im 11. Jh. verändert wurde und heute Sitz für zeitweilige Ausstellungen ist. Weitergehend erreicht man den Gipfel des Hügels, wo am Ort der etruskischen Akropolis heute die Franziskanerkirche und das Kloster stehen. Trotz späterer Eingriffe bewahrt die Kirche im Grunde ihr Aussehen aus dem 14. Jh. und eine Ausstattung ersten Ranges, darunter eine *Verkündigung* von Raffaellino del Garbo, eine *Hl. Empfängnis* von Piero di Cosimo und einen geschnitzten Chor aus dem 15. Jh.
In San Domenico an der Straße, die nach Florenz hinunterführt, trifft man auf die Badia Fiesolana, den alten Dom von Fiesole, die am Ort des Märtyrertodes des hl. Romulus errichtet wurde. Nach 1028 wurde die Kirche zum ersten Mal wiederaufgebaut und mit einer schönen, noch heute existierenden Fassade in zweifarbigem Marmor versehen; sie wurde erweitert und innen von Cosimo d. Ä. in Brunelleschi-Form umgebaut. Im anliegenden, einst den Kamaldolesermönchen anvertrauten Kloster hat heute das Institut der Europäischen Universität seinen Sitz.

**Oben, Wasserkrug (Loutrophoros) mit Abbild der Verstorbenen, Detail; unten, attische Kylix mit schwarzen Figuren, Detail. Museo Archeologico**

# Die toskanische Küche

**Fabio Picchi, der *Patron* des Restaurants „Il Cibreo" in Florenz beköstigt seine Gäste mit alttoskanischer Küche, für die er sogar Quellenforschung betreibt, ohne jedoch Erneuerungen kategorisch auszuschließen. In einigen Punkten ist er allerdings unnachgiebig: beispielsweise gibt es in seinem Lokal keine *pastasciutta* (Nudelgerichte). Der erste Gang besteht aus Suppen, Brühen und Brei, denn die Pastasciutta und der Risotto gehören noch nicht sehr lange zur Toskana.**
**Die toskanische Küche besteht aus ein paar Grundwahrheiten, vielen Mythen und viel zu vielen Gemeinplätzen. Zunächst einmal ist es ein großer Irrtum, den knickerigen Phantasiemangel der Florentiner auf die ganze Region ausdehnen zu wollen. Die Florentiner haben nichts außer der *arista* (Schweinsrücken), den *fagioli al fiasco* (Bohnen in der Flasche) und dem *castagnaccio* (eine Art Kuchen aus Kastanienmehl, der aber eigentlich aus den Bergen stammt) erfunden. Die *bistecca fiorentina* ist eher ein englisches Beefsteak, für das noch dazu das Fleisch der Chiana-Kühe benötigt wird. Wirklich florentinisch ist höchstens eine langweilige Süßspeise für alte Jungfern, die sogenannte *zuppa inglese.* Man kann natürlich auch noch die Köstlichkeiten der schlecht beleumundeten Stadtviertel San Lorenzo, Sant'Ambrogio und des Porcellino herbeizitieren und gekochte *trippa* (Kaldaunen) und *lampredotto* (Pansen) auftischen. Wo sind sie geblieben, die *friggitorie* (Bratstuben) der guten alten Zeit, die sich heute in sogenannte *tavole calde* (Imbissstuben) verwandelt haben oder sich als jämmerliche *paninoteche* (Brötchenbuffets) prostituieren. Fast niemand erinnert sich mehr an die *gnocchi fritti di farina gialla* (in Öl gebackene Klößchen aus Maismehl) oder die *roventini* (Omelette aus Schweinsblut, die man in runden Brötchen aß) oder die *pattona* (Polenta aus Kastanienmehl).**
**Die toskanische Küche – einmal abgesehen von den vorherrschenden Bratspießen und Grillrosten für Fisch und Fleisch – besteht aus unzähligen ortsgebundenen Rezepten. Der *cacciucco* (Fischsuppe) beherrscht inzwischen die gesamte Küste, aber er stammt aus Livorno, denn er ist ein typisches Freihafengericht: Man verwendet dafür alle Fischreste und serviert ihn mit einer pikanten Sauce auf dunklem Brot, ein Nachhall der jüdischen und nordafrikanischen Küche (für die armen „Mohren"**

Giovanna Garzoni, *Der Mann aus Artimino* und, links, *Stilleben mit Artischocken*.
Florenz, Galleria Palatina

war Livorno, laut Fernand Braudel, ein „christliches Tanger"). A propos Reste, was ist denn die *scottiglia* aus dem Casentino anderes als ein Cacciucco, für die man statt Fisch verschiedene, kräftig gewürzte Fleischstücke verwendet?
Allzu viele toskanische Restaurants bieten immer nur ihr *arrosto misto* an. Dabei handelt es sich um ein Gericht für das Gesinde, das in der Küche aus den Fleischresten zusammengestellt wurde, die von der herrschaftlichen Tafel übrigblieben. Die vornehmen Herren dagegen aßen in wohlausgewogener Reihenfolge und getrennt eine Fleischsorte nach der anderen. Gewiss, eine arme und oftmals frugale Küche für Leute, die es eilig haben. Aber Armut und Eile gehen nicht immer Hand in Hand; im Gegenteil, es gibt „arme" Speisen, die eine außergewöhnliche Sorgfalt in der Vorbereitung erfordern – man denke nur an die sienesische *acquacotta*, eine bescheidene Suppe aus Brot, Brühe, Gewürzen und frischen Eiern. Auf den ersten Blick scheint sie eine Nichtigkeit zu sein! Oder die gloriose *carabaccia*, die Zwiebelsuppe, Vorfahre der französischen *Soupe aux oignons* (jedenfalls hat es den Anschein). Man muss rote Zwiebeln sehr fein schneiden und in einen irdenen Topf geben, dann kommen feingehackte Karotten und Sellerie hinzu, ein halbes Glas guten Olivenöls, Salz und Pfeffer. Man kocht das Ganze auf kleiner Flamme rührt vorsichtig, aber oft um und fügt Brühe hinzu. Dann wird die Suppe auf geröstete Brotscheiben gegossen und mit Schafskäse serviert, das ist alles! Dann käme noch die lange Liste der *stufati* (Schmorbraten), der *spezzatini* (eine Art Ragout) und der *frattaglie* (Eingeweide), die der Stolz der Küche Pistoias sind. Aber von Siena bis zur Maremma bevorzugt man vor allem frisches Fleisch oder Wurstwaren, mit Gewürzkräutern wie dem sienesischen Estragon, und Wildschwein mit Rosinen, Pinienkernen, etwas Essig und einer schwer zu bestimmenden Menge von dunkelbraunem Kakao... Süßspeisen? Vor allem *panforte* (ein Brot mit kandierten Früchten und Mandeln) und *ricciarelli* (marzipanartige Plätzchen) aus Siena. Aber eine der Lebensfreuden bleiben, wenn es einem gelingen sollte, sie zu finden, die *necci* der Garfagnana: dünne Pflinsen aus Kastanienmehl, mit *ricotta* (Quark aus süßer Schafsmilch) gefüllt. Selten findet man sie gut zubereitet; sie zu probieren ist ein Privileg.

# Lunigiana und Versilia

Nach Pontremoli fahren Sie, von der Emilia kommend, möglichst nicht über die Autostrada A15, denn diese führt in einem Tunnel unter dem Cisapass hindurch. Vielmehr sollten Sie die Staatsstraße 62 benutzen und am besten vorher in Berceto Halt machen, denn dort isst man die besten Pilze dieser Gegend. Die Staatsstraße überquert, auf den Spuren der Pilger die von jenseits der Alpen nach Rom zogen, den uralten Pass und folgt dann in der Lunigiana dem Becken des Magra, der in seinem Unterlauf zwischen La Spezia und Sarzana einen Teil von Ligurien durchfließt. Der erste wichtige Ort nach dem Pass in Richtung Süden ist Pontremoli, das bereits 990 n.Chr. als eine Haltestation auf der Frankenstraße erwähnt wird. Von jeher galt es den fliegenden Buchhändlern Mittelitaliens als bedeutendes Zentrum – daher wird dort jedes Jahr der Literaturpreis *Bancarella* (Verkaufsstand) verliehen. Von der ursprünglichen Ansiedlung am Zusammenfluss von Magra und Verde haben sich noch die schieferbedeckten Häuser und die kleinen Felder an den Flussufern erhalten, die für die gesamte Lunigiana so typisch sind. Weiter südlich kommt man an Filattiera vorbei, wo links vom Fluss eine restaurierte Burg zu sehen ist, die den Malaspina gehörte. Fast direkt gegenüber, auf der rechten Seite, sollte man sich zu einem kleinen Umweg verleiten lassen, um die Burg von Mulazzo zu besuchen, einem Sitz der Malaspina, in dem 1306 Dante beherbergt wurde. Weitere Burgen oder Burgruinen der Malaspina begleiten den Fluss auf seinem Weg ins Tal, so in Villafranca, in Lusuolo und in Monti, wo der Taverone in den Magra mündet. Den Taverone aufwärts liegen in Pontebosio, Licciana Nardi und Bastia weitere Malaspina-Burgen. Von Aulla aus kann man Ausflüge zu den Festen von Fosdinovo und Podenzana unternehmen.

In Aulla hat der Tourist die Auswahl zwischen zwei Wegen: Der erste führt über die Staatsstraße 445 nach Osten zum Oberlauf des Serchio und damit in die sogenannte Garfagnana mit den Städtchen Castelnuovo, Barga und Bagni di Lucca, und von dort längs des Tales auf der Ostseite der Apuanischen Alpen erreicht man über die Staatsstraße 12 Lucca. Der zweite Weg führt längs der Staatsstraße 62 nach Sarzana und dann über die Aurelia nach Massa und weiter nach Lucca und Pisa. Über beiden Routen dominiert das imponierende Massiv der Apuanischen Alpen.

Die Überreste von Luni, an der Grenze zwischen den Regionen Ligurien und Toskana, sind von der Autostrada A12 und der Aurelia umschlossen. Diese ehemalige römische Kolonie in der Nähe der Magramündung verdankte ihre Bedeutung dem Handel mit apuanischem Marmor. Aber im 4. Jh. begann, vor allen Dingen wegen der Malaria, der Niedergang der Stadt. Im frühen Mittelalter kam es zu mehreren Plünderungen von Seiten der Sarazenen und Normannen. 1204 verlegte man den Bischofssitz end-

**Die Burg von Fosdinovo**

gültig nach Sarzana. Heute kann man außer dem bedeutenden archäologischen Museum auch die Reste des Amphitheaters und die Kathedrale besichtigen. Über eine Abzweigung zwischen Sarzana und Luni gelangt man nach Castelnuovo Magra (mit großartiger Aussicht über den Golf von La Spezia) und zu der Feste Fosdinovo.

Carrara ist die „Hauptstadt" des Marmors, der seit zweitausend Jahren dort gebrochen wird. Hier sollten Sie den Dom besichtigen, dessen romanische Marmorfassade mit weißen und grauen Streifen im pisanischen Stil gehalten ist; das Bauwerk selbst geht auf das 14. Jh. zurück. Außerdem lohnt es, sich die Kunstakademie des 16. Jhs. anzusehen (die einst den Cybo Malaspina als Herrschaftssitz diente) und die Barockkirche Madonna delle Grazie. Von der Stadt aus kann man verschiedene Exkursionen in die Marmorbrüche und zu den Aussichtspunkten der Apuanischen Alpen unternehmen. Die heutige Stadtanlage von Carrara ist modern, abgesehen von einigen klassizistischen Überresten. Massa dagegen besitzt einen mittelalterlichen Stadtkern mit der kürzlich restaurierten, steil emporragenden Festung (ein mittelalterliches Bauwerk, über dem die Malaspina im 15. und 16. Jh. ihre Renaissanceresidenz errichteten). Rings um die Piazza degli Aranci, die von dem Palazzo Cybo Malaspina (heute Präfektur) beherrscht wird, erheben sich Gebäude aus dem 16. Jh.

Massa, oder weiter südöstlich, Seravezza sind die besten Ausgangspunkte für wundervolle Ausflüge in die Apuanischen Alpen mit ihren Kastanienwäldern und gewaltigen Bergspitzen (Sumbra, 1764 m; Pania della Croce, 1858 m). Der weiße Marmor lässt die Berge auch im Sommer so aussehen, als seien sie verschneit. Eine Panoramastraße durchzieht das Massiv in Längsrichtung und führt auf die andere Seite nach Castelnuovo Garfagnana. In der Burg von Castelnuovo residierte Ludovico Ariosto als Kommissar des Hauses Este. Von dort aus klettert die Staatsstraße 324 durch den Apennin hinauf zu dem Pass Foce delle Radici und, wieder hinabfahrend, hat man die Wahl zwischen den romantischen Orten Sassuolo und Frignano oder den malerischen Bergen um Porretta. Ebenso lohnt es sich, auf der Straße nach Castiglione di Garfagnana zum Passo delle Radici zu fahren, aber über San Pellegrino in Alpe, wo man das antike Hospiz und die berühmte Wallfahrtskirche des 7.-8. Jhs. bewundern kann (in dem Hos-

**Luftaufnahme des Amphitheaters von Luni**

**Stelenstatuen der Lunigiana. La Spezia, Museo Civico Ubaldo Formentini**

piz befindet sich ein ethnographisches Museum mit den traditionellen Arbeitsgeräten der Garfagnana, das den Kennern der „Materialkultur" wohlvertraut ist).
Eine Besichtigungstour für Touristen mit Sinn für Nostalgie und Kitsch ist die Strecke von der Magramündung bis zu den Mündungen von Serchio oder Arno oder sogar bis nach Livorno, wo die Küste steil und felsig wird. Dorthin gelangt man sowohl über die Autostrada, als auch (besser) über die Aurelia; allerdings sollte man diese Route im Sommer vermeiden. Linkerhand reihen sich Pinienwälder vor dem Hintergrund der Apuanischen Alpen aneinander, rechts liegt eine ununterbrochene Kette von Badeorten, die sich von Marinella di Sarzana bei Luni bis nach Viareggio erstreckt. Diese Orte übten noch vor wenigen Jahrzehnten einen unwiderstehlichen mondänen Reiz aus: Forte dei Marmi, Marina di Pietrasanta, Lido di Camaiore, Viareggio... In diesem Abschnitt kann man auch die Küstenstraße (Nr. 328) einschlagen und zwischen den Badeorten und den Strandanlagen hindurchfahren. Die Namen, die man liest, erinnern an die Kultur und das Gesellschaftsleben der ersten Jahrhunderthälfte, an den *Alcyone* Gabriele D'Annunzios, an die Cafés der modebewussten Intellektuellen und an die nächtlichen Abenteuer in jenem Tempel der Eitelkeiten, der sich *La Bussola* nennt. Viareggio ist eine Reise wert, wenn es nicht gerade von Tausenden von Badegästen oder den Besuchern des Karnevals überschwemmt wird. Ich bevorzuge Viareggio im Spätherbst oder zu Frühlingsanfang, wenn es stürmt und regnet oder erste schüchterne Sonnenstrahlen hervortreten. Dann kommen die Jugendstilarchitekturen der Häuser und die halbleeren großen Hotels des Jahrhundertbeginns erst richtig zur Wirkung und man hat das Gefühl, dass Shelley, D'Annunzio, Puccini und Viani immer noch am Strand „ihrer" Versilia weilen. Von Viareggio bis Marina di Pisa entfernt sich die Straße vom Meer wegen der dichten Pinienwälder und der Macchia, die hier den breiten Küstenstreifen überziehen. Von Norden nach Süden folgen die Macchia von Migliarino, die Domäne von San Rossore, früher Besitz des italienischen Königs, heute des Staatspräsidenten, Barbaricina mit seinen prächtigen Pferden und schließlich, zwischen Pisa und Livorno, die Landgüter von Tombolo und Coltano mit düsteren Erinnerungen an Krieg und Nachkriegszeit, aber mit einer teilweise noch unberührten Natur.

In dieser Zone verspürt man noch mit am besten den Charakter der Sümpfe, die einst die Küsten des unteren tyrrhenischen Meeres einnahmen. Die geraden Straßen zwischen den hohen Pinien und die erst kürzlich gepflanzten Bäume weisen auf gar nicht weit zurückgehende Erschließungen hin. Der Abschnitt zwischen Serchio und Arno, den heute der Landbesitz von San Rossore einnimmt, ist relativ junges Schwemmland. Früher, als die Mündungen der beiden Flüsse dichter aneinanderlagen, war Pisa eine Meeresstadt.
Aber noch ehe wir auf die Macchia von Migliarino stoßen und nach Pisa vordringen, sollten wir uns eine kurze Pilgerfahrt in Erinnerung an Puccini gönnen. Von Torre del Lago führt eine Allee zum Westufer des Sees von Massaciuccoli, dem letzten Überbleibsel der Lagune, die in vorgeschichtlicher Zeit am gemeinsamen Delta von Serchio und Arno entstanden war. In den flachen Wassern des Sees leben heute noch Aale, Schleie und Hechte und in dem Röhricht sitzen immer noch die Jäger auf Wasservögel an. Am See erhebt sich die Villa Puccinis mit Erinnerungsstücken an den Maestro und dort findet im Sommer jeden Jahres ein Puccini-Festival statt, das bei den Toskanern besonders beliebt ist.

# Massa

Die ersten Informationen über eine Siedlung im Raum des heutigen Massa gehen auf die *Tabula Peutingeriana* zurück, die berühmte Kopie einer, aus dem 3.-4. Jh. stammenden Karte der antiken Welt, die eine *taberna* an der Via Emilia Scauri auf der Höhe des Flusses Frigido belegt. Mittelalterliche Quellen sprechen von kleinen ländlichen Siedlungen in den Tälern der Apuanischen Bergkette. Erst im 12. Jh. formierte sich um die dem hl. Petrus geweihte Pfarrkirche der befestigte Ort Bagnara, der erste Kern des heutigen Massa.
Im 15. Jh. kam der Ort unter die Herrschaft der Malaspina, die in kurzer Zeit daraus den Hauptort eines kleinen Staates mit den modernen Kennzeichen einer Renaissanceherrschaft machten. Im Laufe des 16. Jhs. weitete sich das Siedlungsgebiet unter Alberico I. Cybo Malaspina aus und wurde mit großen Plätzen und mit Graffito verzierten Häusern bereichert. Im 18. Jh. wurde die Markgrafschaft dem Herzogtum Modena einverleibt. Eine weitere Entwicklung und städtebauliche Neuordnung wurde Anfang des 19. Jhs. durch Elisa Bonaparte Baciocchi, eine Schwester von Napoleon, gefördert, der u. a. die Anlage der Piazza degli Aranci, das Herz des modernen Massa, zu verdanken ist. Die Piazza wird vom Palazzo Cybo Malaspina beherrscht, der im 16. Jh. von Alberico I. über ein schon bestehendes Gebäude gesetzt wurde, anschließend erweitert und im 18. Jh. mit einem prunkvollen Hof und einer mit Fresken ausgemalten Kapelle versehen wurde.
Nicht weit entfernt, am Ende eine schönen Treppe, erhebt sich die moderne Marmorfassade des Domes. Die heutige Kirche, die im 15. Jh. am Ort der früheren Pfarrkirche S. Pietro in Bagnara gebaut wurde, ist das Ergebnis mehrerer Wiederaufbauten und Erweiterungen. Innen bewahrt sie wertvolle Werke, darunter ein Holzkreuz aus dem 13. Jh. und ein Freskofragment von Pintoricchio. In einer unterirdischen Kapelle liegen die Gräber der Familie Cybo Malaspina, der Markgrafen von Massa.
Von der Höhe des Felsens aus herrscht über Stadt und Meer die Burg der Malaspina, eine mit Mauern umgebene mehrgliedrige Anlage mit einem mittelalterlichen Teil und dem prunkvollen Renaissancepalast, der im 15. und 16. Jh. von den Malaspina als Residenz gebaut wurde. In der nahen Kirche S. Rocco wird ein Holzkreuz aufbewahrt, das von vielen für ein Frühwerk Michelangelos gehalten wird.

**Oben, Die Burg Malaspina**
**Unten, Palazzo Cybo Malaspina und, links, der Hof**

# Carrara

Das im engen Tal zwischen den Apuanischen Alpen und dem Meer gelegene Carrara verdankt seinen Ruf dem in den Brüchen abgebauten wertvollen Marmor, der seit der Antike wegen seiner Farbe und der Reinheit seiner Gesteinsstruktur, die die Bearbeitung erleichtert, sehr geschätzt wurde. Schon im 2. Jh. n.Chr. lichteten römische Frachtschiffe im nahen Hafen von Luni die Anker, um große Marmorblöcke zu transportieren, die die bedeutendsten Gebäude des Mittelmeerraums bedecken sollten.
Der im hohen Mittelalter aufgegebene Abbau begann von neuem im 12. Jh. Und mit ihm die Entwicklung der Bevölkerung und der Bebauung der Gegend. Der erste Kern des späteren Carrara entstand um eine Pfarrkirche des 11. Jhs. herum, die dann die Kathedrale S. Andrea wurde.
Im 15. Jh. war Carrara ein Besitz der mächtigen Familie Malaspina, den Herrschern von Massa, und wurde ab 1557 einem ersten großen städtischen Umbau unterworfen: Alberico I. Cybo Malaspina versah es mit großen Plätzen und einem weiten Mauerring. Diesem Umbau folgten weitere im 17. und 18. Jh., die dem mittelalterlichen Ort Ausmaße und Ansehen einer Stadt verliehen. Auch wenn industrielle und touristische Aktivitäten sich im letzten Jahrhundert entwickelt und eine Ausdehnung in Richtung Meer gefördert haben, bleibt doch die Marmorindustrie die wichtigste Ressource

**Dom und Rosette auf der gegenüberliegenden Seite**

**Piazza Alberica und Detail des Palazzo Sarteschi aus dem 16. Jh.**

der Stadt; aufgrund des harten Abbaus und der Bearbeitung des Marmors hat sich im Laufe der Zeit eine starke und stolze Identität entwickelt, die eng an den Sozialkampf gebunden ist und eine ausgeprägte anarchische Neigung hat, die einen charakteristischen Zug der Bevölkerung von Carrara darstellt.
Der Dom ist das wichtigste Bauwerk der Stadt. Die schönen grau-weißen Außenwände aus Marmor sind Ergebnis einer jahrhundertelangen Arbeit, an der zwischen dem 12. und 14. Jh. pisanische, lucchesische und genuesische Arbeiterschaften und Einflüsse beteiligt waren. Die Fassade ist durch einen ersten Rang und ein Portal in romanischem Stil gekennzeichnet, darüber befinden sich eine elegante Rosette und gotische Arkaden. Das als Basilika angelegte Innere bewahrt noch Spuren der antiken Freskenverzierung sowie wertvolle Werke, darunter eine weiße Marmorgruppe mit der *Verkündigung* von Andrea di Francesco Guardi, ein Relief aus dem 15. Jh. mit *Madonna und Heiligen* und ein gemaltes *Kreuz* aus dem späten 14. Jh.
Der durch Palazzi und Kirchen aus dem 17. und 18. Jh. gekennzeichnete historische Kern der Stadt liegt zwischen dem Dom, der schönen Piazza Alberica und Piazza Matteotti. In der Mitte dieses Dreiecks liegt das große Gebäude der Kunstakademie, die im 16. Jh. auf den Resten der alten Burg Malaspina gebaut und in den folgenden Jahrhunderten erweitert wurde. Sie besitzt eine archäologische Sammlung mit wichtigen Fundstücken aus römischer Epoche und eine Gipsfigurensammlung mit Arbeiten von Antonio Canova und anderen berühmten Künstlern.
Das außerhalb der Altstadt befindliche städtische Marmormuseum dokumentiert mit Gegenständen und Werkzeugen den Abbau und die Bearbeitung des Marmors von der Antike bis zu unserer Zeit.
Von der Rückseite des Doms gehen die Straßen aus, die in engen Serpentinen zu den Dörfern der Grubenarbeiter führen, wie das durch den Speck berühmte Colonnata, dessen feiner Geschmack der langen Lagerung in Marmorbecken zugeschrieben wird.
Vom hoch gelegenen Campo Cecina aus hat man einen Ausblick auf die Gruben mit atemberaubenden Steilwänden, die mit Wegen durchzogen sind, die Lastwagen mit riesigen Marmorblöcken emporklettern; ein Blick, der an die Höllenkreise Dantes erinnert.

# Viareggio

**Ein Blick auf das Gran Caffè Margherita und, unten, das Grand Hotel & Royal**

Zwischen dem Meer und den weißen Marmorbergen der Apuanischen Alpen eingekeilt, zeigt sich die Versilia heute als fruchtbare und dicht bevölkerte Küstenebene. Sie ist bevorzugtes Ziel eines Badetourismus, der die Entstehung eines dichten Netzes von Küstenorten gefördert hat, die zu einem durchgehenden Ballungsgebiet verbunden sind. Sehr viel anders war das Aussehen dieser Gegend noch vor wenigen Jahrhunderten, als das Überleben von alten Küstensümpfen – heute durch die einzige Präsenz des Sees von Massaciuccoli in Erinnerung gerufen – ausgedehnte Siedlungsformen verhinderte. Die im 18. Jh. systematisch begonnene und bis in die ersten Jahre des vergangenen Jahrhunderts weitergeführte Trockenlegung hat dem Menschen ein Gebiet von außerordentlicher Naturschönheit zurückgegeben und zugleich die Voraussetzungen für die offensichtlich ungestüme wirtschaftliche Entwicklung gelegt.

Hauptzentrum der Versilia ist Viareggio, eine alte Küstenfestung, die einem lucchesischen Bürger von Friedrich II. als Feudalbesitz zum Schutz des Königsweges (*castrum de via regia*) überlassen wurde, der sich die zwischen Pisa und Lucca umstrittene Küste entlang zieht. Das gesamte Gebiet, vor allem das am Fuße der Bergkette liegende, mit Ausnahme von Viareggio, das ständig im Machtbereich von Lucca lag, war im Übrigen Objekt der Territorialansprüche mehrerer Rivalen und unterlag häufigen Herrschaftswechseln. Im Laufe des 15. Jhs. war Viareggio für Lucca der einzige Zugang zum Meer und daher wuchs seine Bedeutung, was durch den Beginn der ersten Trockenlegung im Hinterland, durch die Erbauung im folgenden Jahrhundert eines neuen großen, noch heute existierenden, „Torre di Matilde" genannten Turmes und den Bau des Burlamacca-Kanals bestätigt wird, der das Wasser des umliegenden Territoriums aufnahm.

1820 wurde der kleine Ort Viareggio, dessen Hafen eine bemerkenswerte Entwicklung begonnen hatte, von Maria Luise von Bourbon, der damaligen Herzogin von Lucca, zur Stadt erhoben.

Auf das 19. Jh. geht die Errichtung der ersten Strandbäder zurück, die im 20. Jh.

**Oben, die Galleria del Libro und das Strandbad Balena; unten, Detail der früheren Villa Bertolli**

Viareggio zur Hauptstadt der Versilia und zu einem der wichtigsten Tourismuszentren Italiens machten. Sicher ist heute die Atmosphäre der eleganten Kleinstadt aus dem Beginn des Jahrhunderts verschwunden, die zum Vergnügen eines entstehenden Bürgertums geplant war, das durch künstlerischen und kulturellen Umgang von Rang vor dem Hintergrund vornehmer Jugendstilbauten seinen Schönheitssinn befriedigte. Auch heute noch zeigt Viareggio ein bemerkenswertes kulturelles Leben, das sich in Ausstellungen, Literaturpreisverleihungen und der wichtigen Musiksaison im nahen Torre del Lago zeigt; nicht zu vergessen: der berühmte Karneval, die im Februar in einem Umzug mit riesigen Wagen gefeiert wird. Bei einem Brand (1917) wurden die Holzbauten der Strandbäder und Geschäfte an der Strandpromenade zerstört, nur der hübsche Padiglione Martini ist geblieben, jene Atmosphäre zu bezeugen. An der Strandpromenade finden wir bemerkenswerte Gebäude aus den ersten Jahrzehnten des 20. Jhs., darunter das von Alfredo Belluomini erbaute Gran Caffè Margherita mit Verzierungen von Galileo Chini, das sich durch die Kuppeln orientalischen Geschmacks auszeichnet; das Supercinema, ebenfalls von Belluomini mit Keramikverzierungen von Chini; das Kaufhaus Duilio 48, repräsentativ für den Jugendstil jener Jahre; das Strandbad Balena im Art-déco-Ton. Unter den großen Hotels, die die Stadtgeschichte geschrieben haben, müssen Principe di Piemonte mit eigenem Strandbad, Hotel Excelsior und Grand Hotel & Royal genannt werden. Im Allgemeinen bewahren viele der kleinen und größeren Villen aus dem letzten Jahrhundert künstlerische Zeugnisse jenes eklektischen und extravaganten Dekorstils, der die Stadt heute noch bereichert.

**Das Kaufhaus Duilio 48**

# Pietrasanta

Zu Füßen der Apuanischen Alpen in einem Naturgebiet, das die schnellen Veränderungen der nahen Küste nicht kennt, liegt Pietrasanta.
Das Städtchen setzt der ruhigen Betriebsamkeit der Gegenwart, die sich um den Bergbau in den nahen Bergen und die bedeutsame handwerkliche Überlieferung der Marmorbearbeitung dreht, eine bewegte Geschichte entgegen, die es jahrhundertelang als Gegenstand von militärischen und politischen Ambitionen der verschiedensten Rivalen gesehen hat, in einem ständigen Pendeln zwischen Lucca, Pisa, Genua und Florenz, das eine endgültige Lösung erst mit seinem Eintritt (1513) in den gerade entstehenden Medici-Staat als Sitz der Hauptmannschaft fand.
Die Entstehung des Ortes im Jahr 1255 wurde vom Stadtvogt von Lucca, Guiscardo Pietrasanta, im Rahmen einer Verteidigungspolitik gefördert, die die Grenzgebiete durch die Gründung neuer Siedlungen schützen wollte, die als Garnison an wichtigen Verbindungsstraßen geschaffen wurden, in diesem Fall an der antiken Via Aurelia. Pietrasanta bewahrt diesen Charakter als Gründungsstadt nach einem regelmäßigen Plan, der durch längliche Häuserblocks und Parallelstraßen gekennzeichnet ist, innerhalb eines Rechtecks,

**Ganz oben, das Innere des Baptisteriums mit zwei kostbaren Taufbecken; oben, das Chorgestühl aus Marmor**

**Der Dom S. Martino und, gegenüberliegende Seite, die Kanzel aus Marmor**

das später (Anfang des 14. Jhs.) mit einer Stadtmauer umgeben wurde. Diese ist auf der Bergseite verlängert und mit der alten Festung Rocca di Sala verbunden, die langobardischen Ursprungs ist und später von Castruccio Castracani degli Antelminelli, dem Herrscher von Lucca, verstärkt und vergrößert wurde, der, seiner von hier stammenden Braut zu Ehren, seine Residenz nach Pietrasanta verlegte.
Der auf einer Achse mit der darübergelegenen Festung befindliche Hauptplatz hat die Form eines langen Rechtecks, das die Siedlung zweiteilt und Angelpunkt des bürgerlichen und religiösen Lebens ist. Hier stehen die wichtigsten öffentlichen Gebäude: der Dom S. Martino mit einer schönen Marmorfassade, der Palazzo Pretorio, der Uhrenturm (Torre delle Ore), die Kirche S. Agostino und die Reste der Arrighina-Festung, einer der Bollwerke in dem von Castruccio aufgestellten Verteidigungssystem.
S. Martino ist das größte unter den religiösen Gebäuden der Gegend. Wir kennen nicht sicher sein Gründungsdatum; im Allgemeinen wird es als Bauwerk aus dem 14. Jh. angesehen, weil es 1330, wie eine Inschrift auf der Seite besagt, schon teilweise erbaut war, doch ist sicher, dass die Arbeiten bis zum folgenden Jahrhundert weitergingen. Wie immer bei Gebäuden großen Ausmaßes folgten einander in jeder Epoche Restaurierungen und Wiederaufbauten. Innen gibt es mehrere interessante Objekte, auch wenn von der alten Ausstattung nur ein *Holzkreuz* und das hochverehrte Bild der (nur drei Tage im Jahr ausgestellten) *Sonnenmadonna* geblieben sind, die zur Abwehr der Gefahren eines Unwetters angerufen wird.
Zahlreiche wertvolle Marmorobjekte wurden im 16. Jh. eigens für die Innenausstattung angefertigt: die Kanzel, das Taufbecken, die Weihwasserbecken, das Chorgestühl, ein Tabernakel, die Einfriedung des Chorraums sowie der Hauptaltar und der Altar in der Sakramentskapelle. Diese Werke bezeugen die antike Marmorbearbeitung in einer Umgebung, in der neben örtlichen Bildhauer- und Dekorateurdynastien (den Riccomanni, den Stagi und den Civitali) eine beachtliche Schar von Arbeitern, kleinen Handwerkern und Grubenarbeitern wirkte, die das Rückgrat der städtischen Wirtschaft bildeten. Nicht weit von Pietrasanta begab sich übrigens der große Michelangelo in die Anfang des 16. Jhs. eröffneten Brüche am Berg Altissimo und in Ceragiola, um den Marmor für seine Skulpturen zu wählen.
Am Domplatz steht die gotische, heute als Kultur- und Ausstellungsraum genutzte Kirche S. Agostino mit zahlreichen Freskenzyklen aus dem 14.-15. Jh., während die kleine Kirche der Misericordia, die durch zwei bedeutende Holzskulpturen von Antonio Pardini und Jacopo della Quercia bereichert ist, vor allem für zwei Fresken bekannt ist, die die *Hölle* und das *Paradies* darstellen, eine Schenkung des Kolumbianers Fernando Botero, eines der zahlreichen Künstler, die Pietrasanta als Wohnsitz gewählt haben.

**Fernando Botero, *Paradies* und *Hölle*. Kirche der Misericordia**

# Pisa

Phokäische oder ligurische, dann etruskische, griechische und römische Stadt; nicht einmal die neueren archäologischen Forschungen konnten den umstrittenen Ursprung Pisas wirklich klären. Der offizielle Eintritt Pisas in die Geschichte geht auf das 2. Jh. v.Chr. zurück als es, mit Rom verbündet, am 2. punischen Krieg teilnahm und damit die Basis für die zukünftige Militär- und Flottenmacht legte, die ihm eine vorherrschende Rolle als „Wächter" am Tyrrhenischen Meer gegen die häufigen Sarazenen- und Normannenüberfällen verschaffte.

Pisa verdankt Entstehung und Verfall dem Wasser: es lag am Zusammenfluss von Arno und einem Zweig des Serchio in einer, im Vergleich zu heute ganz anderen Umgebung, die von einer weiter zurückliegenden Küstenlinie und einem sumpfigen, ständig von Überschwemmungen bedrohten Gebiet charakterisiert war. Der Hafen von Pisa, der an den Ereignissen der glorreichen Seerepublik einen großen Anteil hatte, versandete nach und nach durch den Fluss und wurde dann zugunsten des neuen Hafens in Livorno aufgegeben. Die gewaltigen Arbeiten zur Regulierung der Gewässer, die u. a. die Umleitung des Serchio im hohen Mittelalter und die Verlegung der Arnomündung zur Zeit der Medici mit sich brachten, dauerten Jahrhunderte und veränderten die umliegende Landschaft nachhaltig.

Pisa, das in der römischen Epoche ein aktives Handelszentrum und nach der Eröffnung der Via Aurelia wichtiger Rastplatz auf den Verbindungswegen zwischen Rom und Gallien war, schien seine dominierende Position über ein großes Territorium lange zu halten, auch wenn der Einfall der Langobarden und die anschließende karolingische Herrschaft die Expansionsgelüste schmälerten. Neben seiner Rolle als Bollwerk gegen die häufigen Piratenüberfälle an der tyrrhenischen Küste weitete Pisa den Handel aber immer stärker aus, was zu Kontakten und Basen bis an die afrikanische Küste führte und es am Ende des 10. Jhs. zum blühendsten Zentrum von Tuszien machte. Die Abfassung des ersten Seerechts (1075), die Beteiligung an den Kreuzzügen, der Erwerb von päpstlichen Privilegien, die eine Rechtsprechung der pisanischen Kirche über Sardinien legitimierten, und die Abfassung eines eigenen Statutes (1162) zeichnen die Etappen eines konstanten Aufstiegs.

Im Gegensatz dazu legt die schwere, von der genuesischen Flotte (1284) verursachte Niederlage von Meloria traditionsgemäß den Beginn des Verfalls von Pisa fest, auch wenn sie richtigerweise als Endpunkt einer Reihe von Schwächen angesehen werden müsste, die sich schon im Laufe des 13. Jhs. gezeigt hatten, darunter der Beitritt zur gibellinischen Partei und die daraus folgende Konfliktlage zu Florenz und Lucca, innere Kämpfe, die die Stabilität untergruben, die Feindschaft zu Genua und der Aufstieg Venedigs auf dem Kriegsschauplatz des Mittelmeeres. Das Abwechseln mehrerer Herrschaftsregierungen im Laufe des gesamten 14. Jhs. fand 1399 ein trauriges Ende, als Gherardo d'Appiano die Stadt an die Visconti verkaufte, die sie ihrerseits (1406) den Florentinern im Austausch mit anderen Gebieten überließen.

Die Regierung der Medici förderte in Wirklichkeit wichtige Unternehmungen, die die stagnierende Wirtschaft der Stadt wiederbelebten, z. B. die Eröffnung des Navicelli-Kanals, der einen schnellen Zugang zum Hafen von Livorno ermöglichte, den Beginn von Arbeiten zur Trockenlegung, die die Übermacht des Wassers begrenzten, und den Beginn einer Politik der öffentlichen Bautätigkeit. Doch der Stadt gelang es nicht, die Bedeutung der vergangenen Jahrhunderte wieder zu erreichen, und ihre Rolle innerhalb des Großherzogtums war eher eine verwaltungsmäßige und kulturelle, die durch die Wiedereröffnung des alten

**Oben links, Gemälde aus dem Beginn des 14. Jhs. mit dem *Hl. Nikolaus, der Pisa vor der Pest rettet*, Detail mit der Stadt. S. Nicola**

**Die große Anlage der Piazza dei Miracoli und, links, Piazza dei Cavalieri**

*Studium* unterstrichen wurde, das schon im 17. Jh. ein wissenschaftliches Zentrum ersten Ranges werden sollte. Das am ehesten erfahrbare Zeugnis der früheren Größe Pisas liegt heute in der harmonischen Anlage der Bauten aus weißem Marmor, die im „Campo dei Miracoli" („Wunderfeld") zusammengefügt sind. Das heutige, auf zwei Seiten von mittelalterlichen Mauern (1154) umgebene Gelände wurde in der zweiten Hälfte des 19. Jhs. in einer Weise angelegt, die die Einzigartigkeit und die Schönheit des Zusammenspiels augenfällig macht. Diese Einmaligkeit scheint auch den Ort zu betreffen, da er sich am Rande des mittelalterlichen Zentrums befindet, aber sie erklärt sich auch aus der Kontinuität in der Funktion dieses Bezirks, in dem sich schon im Altertum Kultgebäude befanden und wo im 8. Jh. mit Sicherheit eine der Hl. Jungfrau Maria geweihte Kirche stand.
Der der Himmelskönigin Maria geweihte Dom war das erste Gebäude, das an diesem Platz gebaut wurde und stellte ein Modell dar, nach dem auch die Taufkirche und der Turm gebildet wurden; mehr noch, das außergewöhnliche Resultat wurde ein *exemplum* für die spätere Architektur, auf das andere toskanische Städte mit Aufmerksamkeit blickten. Der Bau wurde dank der reichen Beute beim Überfall auf Palermo (1063) begonnen und das unter der Leitung von Buscheto errichtete Gebäude wurde 1118 noch unvollendet eingeweiht. In den darauffolgenden Jahrzehnten wurden die Arbeiten mit dem Architekten Rainaldo fortgesetzt, der die Schiffe verlängerte und die Fassade begann, die in der

**S. 116-117, das Baptisterium und eine Seite des Doms**

**Das Innere des Baptisteriums und, unten, die Kanzel von Nicola Pisano**

**Rechts, Blick auf das Querschiff des Doms**

zweiten Hälfte des Jahrhunderts beendet wurde. Das Ereignis ist eine der faszinierendsten Schöpfungen des gesamten westlichen Kulturraums, wo sich verschiedene Stile treffen und miteinander vermischen: die Großartigkeit der klassischen romanischen Kunst, die sich in der gewaltigen Basilikaanlage und in den Verzierungen zeigt, und der feine orientalische, insbesondere islamische Stil, der sich im Profil der Kuppel, in der Zweifarbigkeit der Marmorwände, in der häufigen Verwendung des Spitzbogens und in der massiven Präsenz von Säulen ausdrückt. Das gesamte Gebäude zeigt eine tiefgehende Kenntnis der orientalischen Kunst, die aus der jahrhundertelangen Begegnung mit der islamischen Welt des Mittelmeeres rührt, und es scheint gesichert, dass islamische Arbeiterschaften direkt an der Ausführung der feineren Arbeiten beteiligt waren.

Im Verlauf eines furchtbaren Brandes 1595 wurden die Originalbronzetüren zerstört; die Größe des Bonanno Pisano bezeugen heute nur noch die 24 Tafeln in der Porta di S. Ranieri, die *Geschichten aus dem Neuen Testament* (1180) darstellen.

Das Innere ist gleichermaßen eine Schatzkammer von Meisterwerken, von denen wir, der Kürze halber, nur die Reste eines monumentalen Grabmales des Kaisers Heinrichs VII. von Tino di Camaino nennen, das früher in der Apsis stand, das Mosaik in der Apsishalbkuppel mit *Christus Erlöser zwischen der Jungfrau Maria und dem Evangelisten Johannes* und die von Giovanni Pisano zu Beginn des 14. Jhs. geschaffene Kanzel.

Das vom Architekten Diotisalvi gebaute Baptisterium wurde 1152 errichtet. Auch Nicola und Giovanni Pisano trugen zur außergewöhnlichen Schöpfung bei, setzten die unterbrochenen Arbeiten ab der zweiten Galeriereihe fort und schufen eine eindrucksvolle Sammlung von menschlichen Halbbüsten und allegorischen Figuren aus Marmor, die heute zum großen Teil zum besseren Schutz durch Kopien ersetzt sind. Im Innern werden das kostbare Taufbecken (1246) von Guido Bigarelli da Como und die Kanzel von Nicola Pisano (1260) aufbewahrt.
Der sicherlich, zumindest volkstümlich, bekannteste Bau, der Glockenturm oder auch „Schiefe Turm", wegen der eigenartigen Neigung, die ihn seit seiner Entstehung kennzeichnet, ist allein in der Lage, den größten Teil des städtischen Touristenflusses anzuziehen. Das einzigartige Gebäude mit rundem Grundriss ist mit Marmor verkleidet und hat sechs Galeriereihen. Es wurde, neuesten Hypothesen zufolge, 1172 von Gherardo di Gherardo begonnen, aber erst nach mehreren Ansätzen in der zweiten Hälfte des 14. Jhs. beendet.

Auf der Nordseite schließt eine originelle Marmorgalerie mit rechteckigem Grundriss den Platz: eine Monumentalfriedhof, der einst vollständig verziert und mit einem der großartigsten mittelalterlichen Freskenzyklen bemalt war. Er ist im gleichen Stil wie der übrige Teil der Anlage gehalten, verrät aber ein neues gotisches Gefühl; er wurde ab 1277 gebaut. Der erste Künstler war Giovanni di Simone, der auch am Schiefen Turm und an der Kirche S. Francesco gewirkt hatte, doch die Arbeiten zogen sich in die Länge und verschlangen das ganze 15. Jh. über enorme finanzielle Mittel und menschliche Energien. Seit Jahrzehnten wird der von den Bombardierungen 1944 schwer beschädigte Friedhof restauriert, die großartigen Resultate können wir heute bewundern.
Die Beispielhaftigkeit des architektonischen Stils auf diesem „Wunderfeld" war so groß, dass sie die zukünftige kirchliche Architektur bestimmte, von der wir nur einige wahre Schätze nennen, wie S. Paolo a Ripa d'Arno, S. Michele degli Scalzi, S. Pierino, S. Paolo all'Orto und die schon gotischen S. Michele in Borgo, S. Caterina und S. Maria della Spina. Dabei ist als pisanische Besonderheit die häufige Verwendung von Keramikbecken zur Verzierung an den äußeren Wandflächen zu bemerken. Sie waren zum großen Teil nordafrikanischer oder auf jeden Fall mediterraner Herkunft, aus der Zeit vom Ende

**Ganz oben, S. Maria della Spina; oben, S. Zeno (links) und S. Paolo all'Orto; rechts S. Piero a Grado**

Oben links, Giunta Pisano, *Kruzifix;* rechts, Masaccio, *Der hl. Paulus,* Detail. Museo di S. Matteo

des 10. bis zum 12. Jh. und schmückten die Fassaden vieler Kirchen (S. Zeno, S. Sisto, S. Andrea Forisportam), deren bekanntester Vorläufer die alte Basilika S. Piero a Grado war. Das Panorama der bürgerlichen pisanischen Bauten ist gleichermaßen reich, auch wenn die Zeit und der ständige Eingriff des Menschen das Aussehen der mittelalterlichen Stadt, in der früher eine außerordentlich hohe Zahl an Turmhäusern auftauchten, grundlegend verändert haben. Einige der schönsten Paläste stehen am malerischen Arnoufer, das mehrmals umgestaltet und von den zahlreichen Treppen und Plätzen befreit wurde, die der jahrhundertelange Handelsfunktion des Flusses dienten. Der Palazzo Toscanelli (Sitz des Staatsarchivs), der Palazzo Agostini mit der schönen Terrakottafassade, der Palazzo Lanfreducci, auf der rechten Seite, der Palazzo Gambacorti (Sitz der Stadtverwaltung) mit den Logge dei Banchi, der Palazzo Franceschi und der Palazzo Lanfranchi auf der linken Seite sind einige der interessanten architektonischen Beispiele.

Nicht weit vom Fluss entfernt, am Ort, wo früher die pisanischen Ministerien ihren Sitz hatten und an dem der Überlieferung nach das römische Forum gewesen sein soll, öffnet sich die schöne Piazza dei Cavalieri, eines der Symbole der Stadt und das vielsagendste Vermächtnis der Herrschaft der Medici. Hier legten sie den Sitz des neuen Ordens S. Stefano fest, der mächtigen 1561 von Cosimo I. geschaffenen Institution zum Wiederstand gegen die Türken und die Barbaren im Mittelmeer. Giorgio Vasari zeichnete ein Zusammenspiel von großer stilistischer Einheitlichkeit, die er über die mittelalterlichen Gebäude setzte: Der Platz gliedert sich in den Palazzo dei Cavalieri mit reicher Sgraffitoverzierung, der heute Sitz der Scuola Normale Superiore ist, die Kirche S. Stefano, den Palazzo dell'Orologio oder della Gherardesca, der aus der Verbindung zweier schon zuvor bestehender Türme entstanden ist.

Zahlreiche wissenschaftliche und künstlerische Sammlungen sind in den städtischen Museen ausgestellt, unter denen ein besonderer Platz dem Museo di S. Matteo gebührt. In den eindrucksvollen Räumen eines ehemaligen Benediktinerinnenklosters ist eine der reichsten Sammlungen mittelalterlicher Kunst in Europa ausgestellt. Besonders bedeutend ist die Gruppe der gemalten Kreuze und Statuen aus dem 13.-15. Jh., sowie die Sammlung von Keramikbecken islamischer Herstellung und Büchern mit Miniaturen. Den Besuch der Piazza dei Miracoli vervollständigt das Dommuseum, wo viele Skulpturen der inneren und der äußeren Verzierungen zur besseren Erhaltung untergebracht sind. Unter den bekanntesten Werken erinnern wir an den *Greif* in Bronze arabischer Produktion, der sich einst auf dem Dach des Domes befand, einen *Christus* aus Holz von einem burgundischen Künstler aus dem 12. Jh. und die zahlreichen Statuen von Nicola und Giovanni Pisano, Tino di Camaino und Nino Pisano.

Die gleiche Funktion erfüllt auch das Museo delle Sinopie, das im früheren Spedale della Misericordia untergebracht ist, welches Giovanni di Simone, derselbe Architekt des Friedhofes, (1258) erbaut hat. Hier sind nach der Restaurierung die Sinopien der großen Fresken des Friedhofs ausgestellt, die im letzten Krieg beschädigt worden waren.

**Francesco Traini, *Der hl. Dominikus und Geschichten aus seinem Leben.* Museo di S. Matteo**

**Gegenüberliegende Seite, Andrea und Nino Pisano, *Madonna del latte.* Museo di S. Matteo**

# Lucchesia

Von Viareggio erreicht man mit Leichtigkeit Lucca, zum Beispiel längs der Staatsstraße 439, die über den Quiesa-Berg führt und angenehme Überraschungen in Form von Ausblicken und Restaurants bereithält. Nach Lucca gelangen wir natürlich, wie gesagt, auch über andere Wege. Zum Beispiel längs des Serchio-Tales, in der sogenannten Garfagnana. Im Zusammenhang mit Aulla und Massa äußerte ich bereits, dass man von dort aus über viele Kurven und Engpässe zwischen den mächtigen Kastanienwäldern und Bergspitzen der Apuanischen Alpen die Hauptstadt der Garfagnana, Castelnuovo, erreichen kann. Und von dort führt die Staatsstraße 445 über Castelvecchio, einen Ort, der an den Dichter Pascoli erinnert, nach Barga. Der Dom dieser Stadt, in romanisch-lombardischem Stil, wurde zwar mehrfach umgebaut und erlitt durch das Erdbeben von 1920 schwere Schäden, aber man hat ihn vorzüglich restauriert. Von Barga aus können die Liebhaber der Romanik nach Gallicano vordringen und dort die Fassade der Pfarrkirche S. Iacopo bewundern. Die Naturfreunde dagegen sollten hinauffahren zur Pania del-

**Die Burg Verrucole in der Nähe von San Romano in der Garfagnana**

**Gegenüberliegende Seite, die Schlucht „Orrido di Botri" in der Garfagnana**

la Croce; am Fuß dieses Gipfels befindet sich die Tropfsteinhöhle Grotta del Vento mit ihren dichtgedrängten Stalaktiten. Die Höhle führt mehr als einen Kilometer tief in den Berg hinein.

In Richtung Lucca kommt man nach Fornaci di Barga. Dort in der Nähe, bei Loppia, steht die Pieve S. Maria aus dem 10. Jh. Über die Brücke von Calavorno geht es hinüber auf das rechte Serchioufer und zum „Gran Cañon" der Toskana, dem Orrido di Botri, der tief in die Berge eingegraben ist und auf dessen Talsohle der Rio Pelago fließt; dort nisten Königsadler. Nach Borgo a Mozzano mit den Kirchen des 15. und 16. Jhs. und seinen Papierfabriken sind kurze Abstecher zu der Pieve S. Maria in Diecimo (13. Jh.) und den beiden romanischen Kirchen von Brancoli, S. Giorgio und S. Lorenzo in Corte (11-12. Jh.), ratsam. In Borgo a Mozzano werden die sehenslustigen Touristen sicher nicht der Versuchung widerstehen, wenigstens einen Blick auf die Ponte della Maddalena zu werfen. Diese Brücke entstand vielleicht im 14. Jh. und wird, entsprechend einer Legende des Ortes, auch „Teufelsbrücke" genannt, denn angeblich errichtete sie der Teufel in einer einzigen Nacht. Aber Teufel und Hexen gehören einfach zu Garfagnana und Lucchesia, ebenso wie die romanischen Pfarrkirchen und die wundervollen Villen, die sich die Aristokraten Luccas zwischen dem 16. und 18. Jh. erbauen ließen. Diese Villen, die ihre Entstehung den Einnahmen aus der Seidenindustrie verdanken, verdienten eigentlich eine besondere Besichtigungstour, so wie die Villen der Brenta bei Venedig. Sie sind über das gesamte Gebiet bei Lucca verstreut, das sich vom Becken des Freddana-Flusses im Nordwesten bis nach Porcari im Osten erstreckt, auf halbem Weg zwischen Lucca und Montecatini. Zumindest sollte man nicht die Villa Torrigiani von Segromigno, die Villa Mansi (heute Salom) in Piaggiori und die Villa Reale in Marlia versäumen.

Es ist sicherlich besser, durch die Lunigiana und die Garfagnana nach Lucca zu reisen als über die heute in den meisten Fällen vom Massentourismus bevorzugte Autostrada, die Florenz mit dem Meer verbindet. Auch von ihr bieten sich allerdings bestrickende Ausblicke und Abstecher: durch die Umgebung von Prato und Pistoia, zu den Thermen von Monsummano und Montecatini, durch die Valdinievole mit Pescia und Collodi und den bezaubernden Dörfern Borgo a Buggiano und Montecarlo, oben an den Bergeshängen. Letztere hatten früher nahezu Inselcharakter, denn zwischen Pescia und dem Arno breitete sich eine sumpfige Ebene aus, von der sich heute nur noch der Sumpf von Fucecchio erhalten hat. Noch eine andere Möglichkeit für diejenigen, die von der Emilia kommen, sich Lucca zu erschließen, bietet die Staatsstraße 12, die über Abetone führt, jene „Schneestraße" also, längs der alle toskanischen Skifahrer

**Die Teufelsbrücke oder „Ponte del Diavolo" in Borgo a Mozzano**

ihre ersten Erfahrungen sammeln. Kurve hinter Kurve kommt man an mehreren Orten, wie z.B. Cutigliano, vorbei und folgt dem Oberlauf des Lima bei San Marcello Pistoiese. Dort gibt es drei Abzweigungen: Entweder fährt man nach Südwesten auf der Staatsstraße 12 weiter den Lima entlang nach Bagni di Lucca oder Borgo a Mozzano oder man wählt die Straße Nr. 633 und fährt in Richtung Süden über den Monte Serra mit dem Ausflugsort Marliana bis nach Montecatini und in die Valdinievole, oder, als dritte Möglichkeit, man richtet sich mit Entschiedenheit erst nach Osten und dann wieder nach Süden und folgt der Staatsstraße 66 durch die Berge von Pistoia. Dabei kommt man in die Orte Gavinana und Maresca und schließlich hinunter nach Pistoia. Im letzten Teil der Straße berührt man eine andere Höhenstraße, die Nr. 64, die über den eindrucksvollen Collina-Pass führt. Jenseits des Passes kommt man zwischen Sambuca und Porretta Terme an Stauseen und Hochwald vorbei, die an nördliche Landstriche an der Ostsee oder in Kanada denken lassen.

**Oben, Villa Mansi mit einem Blick auf den Park; rechts, Villa Torrigiani**

# Barga

Die Siedlung bezeugt, trotz der geringen Ausmaße und der Lage an einem steilen Abhang, das jahrhundertelange Gedeihen, das Barga genoss und seine Bedeutung als religiöses und kulturelles Zentrum der Gegend; die beiden Tore führen in ein dichtes Netz von Gässchen, Plätzen und Straßen, an denen Renaissance-Palazzi stehen, die zum imposanten Bauwerk des Domes auf der Anhöhe führen. Die Stiftskirche S. Cristoforo in der Mitte eines Platzes, von dem aus man eine schöne Sicht auf die Apuanischen Alpen hat, wurde in mehreren Phasen zwischen dem 11. und 14. Jh. über eine zuvor bestehende Kirche gebaut. Die Fassade im romanisch-langobardischen Stil, die der Seite des früheren Gebäudes entspricht, wird auf der linken Seite vom mächtigen Glockenturm überragt. In der Mitte ist das Hauptportal mit Basrelief und einem Löwen auf jeder Seite. Das Innere, in Form einer dreischiffigen Basilika, spiegelt in den Ausmaßen und der kostbaren Einrichtung die Bedeutung wider, die das Gebäude zwischen dem 13. und 14. Jh. als Sitz des päpstlichen Vogtes erreicht hatte. Der Chorraum ist mit mehrfarbigen Marmorchorschranken begrenzt, die in eine reich behauene Kanzel aus dem 13. Jh. einmünden. Weitere bedeutende Werke sind ein *gemaltes Kreuz* aus dem 15. Jh., ein Werk des sogenannten „Maestro di Barga"; eine riesige Holzstatue des *Hl. Christophorus* aus dem 13. Jh.; einige Majoliken der Della Robbia, die die Sakramentskapelle zieren.

**Ganz oben, Basrelief des Domportals mit Agapeszene; oben, *Die hll. Rochus, Julianus und Antonius der Große*, Detail mit Barga. Lucca, Museo Villa Guinigi**

**Innen- und Außenansicht des Doms und, gegenüberliegende Seite, die Kanzel**

Neben dem Dom schließt der Palazzo Pretorio mit der Säulenhalle aus dem 14. Jh. den Arengo-Platz; er beherbergt das Stadtmuseum mit archäologischen Funden, die Siedlungen im Gebiet von Barga seit frühgeschichtlicher Zeit dokumentieren. Unter den Gebäuden der an Kirchen und Palazzi mit Fassaden im florentinischen Stil reichen Altstadt sind der Palazzo Comunale mit der Loggia del Mercato, das Konservatorium S. Elisabetta mit einer wertvollen Terrakottatafel der Della Robbia und das Teatro dell'Accademia dei Differenti von besonderem Interesse; dieses vor wenigen Jahren restaurierte Theater beherbergt die Veranstaltungen im Rahmen des Opernfestivals von Barga, die jedes Jahr Liebhaber des Belcanto aus ganz Europa anzieht.

Wenige Kilometer entfernt auf einem Hügel mit Stadtsicht liegt die Villa Castelvecchio, der letzte (heute in Museum verwandelte) Wohnsitz des Dichters Giovanni Pascoli, der hier einige seiner berühmtesten Gedichte schrieb.

# Lucca

Eine glückliche Lage in der Ebene, am Fuße der ersten Apenninausläufer, und ein großer Wasserreichtum scheinen die Gründung der Stadt mit dem Namen *Luca* durch die Römer (180 v.Chr.) geleitet zu haben. Der lateinische Ortsname, einigen Interpretationen zufolge, die ihn an die keltisch-ligurische Wurzel *luk* = sumpfiger Ort binden, könnte in der Tat auf die Lage des Flusses Serchio (dem *Auser* der Alten) verweisen, der in der Antike ohne angemessene Regulierung sein Wasser in die lucchesische Ebene mit der Folge der Versumpfung ergoss.
Welcher auch immer der Ursprung des Namens sein mag, sicher ist hingegen, dass die Geschichte der Stadt sich mit der des Flusses entwickelte, der Gegenstand ständiger Beobachtungen und wasserbaulicher Eingriffe war.
Lucca erhielt große politische Bedeutung in langobardischer Zeit (570), als die Region als Herzogtum organisiert und die Stadt Herzogssitz mit einer eigenen Münze wurde. Zur Vergrößerung seiner Bedeutung trug auch die Eröffnung eines neuen Stückes der Frankenstraße, bei – der großen Pilgerstraße, die von Nordeuropa die Gläubigen nach Rom führte –, für die Lucca eine wichtige Raststation wurde. Die folgende fränkische Herrschaft veränderte das nunmehr erreichte Gleichgewicht nicht. Die blühende Stadt Lucca, in der man schon eine bedeutende Reihe an Kirchen zählte, erhielt seine Oberhoheit das gesamte Hochmittelalter über, und wurde erst ab dem 11. Jh. von der im Entstehen begriffenen Macht Pisas bedroht. Auch die Entscheidung von Mathilde von Canossa, den Sitz der Markgrafschaft nach Florenz zu verlegen, stellte ein Hindernis für die wirtschaftliche Entwicklung dar, die durch kaiserliche Privilegien gefördert wurde.
Zu Beginn der Epoche der Stadtrepubliken teilte sich Lucca die vorherrschende Stellung in der Region mit Florenz, Pisa und Siena, aber, im Unterschied zu diesen – um auch hier die Besonderheit der eigenen Geschichte zu unterstreichen – gelang es ihm jahrhundertelang, unabhängig von Florenz zu bleiben; seine Autonomie wurde erst 1799 durch die französischen Truppen und durch die endgültige Annexion an das Großherzogtum Toskana (1847) bezwungen.
Auf zwei Säulen ruhte der Reichtum der Stadt: auf der Manufakturarbeit, die sich zunächst auf die Bearbeitung der Wolle konzentrierte, die dann durch die der Seide ersetzt wurde, und der sich daraus entwickelnden Bankaktivitäten. Die Existenz einer reichen Händlerschicht begünstigte das Wachsen des „Unternehmenssektors" und ermöglichte gleichzeitig dessen Ausbreitung auf die europäischen Haupthandelsplätze.
Tatsache ist, dass einige lucchesische Händler gegen Ende des 14.- Anfang des 15. Jhs. in der Lage waren, Herrschern Geld zu leihen und blühende Handelskolonien in Frankreich oder in Flandern aufzubauen. Als besonders glücklich erwies sich unter diesem Gesichtspunkt die Herrschaftsregierung von Paolo Guinigi (1400-1430), der die wirtschaftlichen Aktivitäten der Stadt erheblich förderte.
Das 17. Jh. war durch den Verfall des Seidensektors und die Krise der Bankgesellschaften gekennzeichnet. Die Wirtschaft der Stadt reagierte auf diese schwierige Situation mit einer Flucht in den Agrarsektor, in den von dieser Zeit an Kapitalien flossen, die zuvor in einträglichere Sektoren investiert worden waren. Das auffälligste Ergebnis, das sich lange Zeit auf die Landschaft auswirken sollte, war die Schaffung eines Netzes von Landhäusern in Funktion der Neuorganisierung der Ländereien. Es waren also nicht nur Orte des Vergnügens und der Repräsentanz für die antiken Händler und Bankiers, die in der Großartigkeit der Bauten und der prachtvollen Symmetrie der „italienischen" Gärten die Bestätigung ihres eigenen Sozialstatus fanden, sondern echte landwirtschaftliche Betriebe, die an der Trockenlegung des Territoriums und der Aufwertung der Grundprodukte wie Öl, Wein, oder Emmer arbeiteten, die in

**Oben, Amico Aspertini, *Die Umleitung des Flusses Serchio.* S. Frediano**

**Rechts, S. Michele in Foro und, gegenüberliegende Seite, Detail der Fassade**

der lucchesischen Wirtschaft auch in den folgenden Jahrhunderten eine wichtige Rolle spielten. Die mehr als 300 noch existierenden Land-Villen stellen noch heute, wenn auch in einem grundlegend veränderten Umfeld, ein architektonisches und landschaftliches Unikum dar.
Im Schutz der mächtigen Stadtmauer hütet Lucca sorgsam seine altehrwürdige Geschichte großer Handelstraditionen und städtischen Stolzes, der sich in der Beschaffenheit des Stadtgefüges widerspiegelt, das aus Adelspalästen und einer außergewöhnlich hohen Anzahl von Kirchen besteht, in dem jede Epoche Spuren hinterlassen hat. Unverkennbar ist die religiöse romanische Architektur als Zeuge einer Zeit des Aufschwungs der städtischen Wirtschaft, in der der kulturelle Beitrag Pisas sich mit Überlieferungen aus der Po-Ebene verband, die durch Arbeiterschaften bekannt wurden, die aus dem Norden über die Frankenstraße nach Lucca kamen. Daraus entstand ein Stil großer Eleganz, der seine vollendetsten Beispiele im Dom S. Martino und in den Kirchen S. Michele in Foro, S. Giusto und S. Maria Forisportam findet.
Der der Überlieferung nach vom hl. Frediano im 6. Jh. gegründete Dom wurde im 11. Jh. auf Wunsch des Bischofs Anselmo da Baggio (dem zukünftigen Papst Alexander II.) wieder aufgebaut. Von dem einfachen Gebäude, dem am Ende des 12. Jhs. von Guidetto da Como eine noch heute sichtbare Fassade mit einem außerordentlichen dreibogigen Säulengang vorgesetzt wurde, ist nur wenig übrig geblieben. Von Bildhauern verschiedenen geographischen und kulturellen Ursprungs verziert, bildet es eine architektonische Einheit von großem Interesse, in der der lombardisch-ravennatische Stil neben dem durch Nicola Pisano vertretenen toskanischen besteht.
Das gotisch gehaltene Innere wurde in der zweiten Hälfte des 14. und Anfang des 15. Jhs. zum großen Teil erneuert. Unter den zahlreichen Skulpturen und Bildern nennen wir: die Gruppe aus dem 13. Jh. mit dem *Hl. Martin und dem Armen* (außen durch eine Kopie ersetzt); den *Sarkophag der Ilaria del Carretto* von Jacopo della Quercia, das einstimmig für ein Meisterwerk gilt; die Tafel *Madonna mit Kind und Heiligen* von Domenico Ghirlandaio, den *Altar San Regolo* von Matteo Civitali, den Tempietto

**Der Dom S. Martino mit einem Detail der Fassade und der Figurengruppe *Der hl. Martin mit dem Armen***

**Gegenüberliegende Seite, Jacopo della Quercia, *Sarkophag der Ilaria del Carretto*, Detail. Dom**

**Außen- und Innenansicht von S. Frediano und Sicht auf die Kapelle von S. Agostino**

del Volto Santo mit einem antiken, besonders verehrten *Holzkreuz*.
Die nahe Kirche Ss. Giovanni e Reparata mit dem angebauten Baptisterium erfüllte früher die Funktion der Kathedrale, aber das vielleicht bekannteste, oder zumindest repräsentativste Gebäude für den kirchlichen lucchesischen Baustil ist S. Michele in Foro. Die um das 8. Jh. in der Mitte des antiken römischen Forums errichtete Kirche wurde ab der zweiten Hälfte des 11. Jhs. vollkommen umgestaltet, ebenfalls auf Anregung des Bischofs Anselmo. Sie zeichnet sich durch eine sehr elegante Fassade aus, die auf Blindbögen nach pisanische Art ruht und von vier Loggienreihen vervollständigt wird, die mit Flachreliefs oder mit Intarsien desselben Steinmetzmeisters verziert sind, der auch am Dom gearbeitet hatte. Die drei Giebelfiguren, deren mittlere den *Hl. Michael* darstellt, unterstreichen die Höhe des Ganzen.
In der Unmöglichkeit, auch nur ein zusammenfassendes Bild des immensen Kirchenschatzes zu geben, beschränken wir uns auf die Basilika S. Frediano mit dem großen Fassadenmosaik, das die *Himmelfahrt Christi* darstellt. Der Ursprung des Gebäudes soll auf den hl. irlän-

dischen Bischof Fredianus zurückgehen, dessen bekannteste Tat, die Umleitung des Serchio, von Amico Aspertini im Fresko der Kapelle von S. Agostino erzählt wird.
Der Innenraum bietet ein romanisches Taufbecken des Meisters Roberto, ein Polyptychon in Marmor von Jacopo della Quercia und einen Teil des Fußbodens in Cosmatenarbeit im Chorraum.
Noch ist es möglich, in der Baustruktur die vielen Schichten zu erkennen, die sich im Laufe der Jahrhunderte überlagert haben, angefangen bei römischen Spuren, die im regelmäßigen, der Nord-Süd-Achse (die heutigen Via Fillungo und Via Cenami) und der Ost-West-Achse (Via S. Paolino und Via S. Croce) entlang sich entwickelnden Stadtnetz sichtbar sind. Der Platz des Amphitheaters, der ehemalige Marktplatz, zeigt klar die frühere Bestimmung als römisches Amphitheater, von dem sich der ursprüngliche ellipsenförmige Grundriß und einige noch auf der Rückseite der heutigen Gebäude sichtbare Bauelemente erhalten haben.
In der Altstadt sind zahlreiche mittelalterliche Turmhäuser und Adelspaläste verstreut, vom Uhrturm (Torre delle Ore) aus dem 13. Jh. zu den eleganten Palazzi in Backstein der Familie

**Ganz oben, Piazza dell'Anfiteatro; oben, der Palazzo Ducale und, rechts, der Palazzo Guinigi mit dem Turm**

**Rechts, Palazzo Moriconi Pfanner**

**Ganz oben, Anonymus aus Lucca, *Madonna mit Kind und zwei Heiligen.* Museo di Villa Guinigi; oben, Filippino Lippi, *Die hll. Rochus, Sebastian, Hieronymus und Helena.* S. Michele in Foro**

**Oben rechts, Mabuse, *Kirschen-Madonna* und, Luca Giordano, *Der hl. Sebastian.* Museo di Palazzo Mansi**

Guinigi mit dem charakteristischen Turm mit Steineichen; vom Palazzo Bernardini zum Palazzo Pretorio, beide vielleicht nach Plänen von Matteo Civitali; vom Palazzo Moriconi-Pfanner, mit „französischem" Garten zum Palazzo Ducale (heutiger Palazzo della Provincia). Dieser, von Bartolomeo Ammannati (1578) geplante und im 18. Jh. großartig erweiterte Palazzo wurde zur Zeit der französischen Herrschaft Wohnsitz der Schwester Napoleons und als solcher – gemeinsam mit der von Gebäuden befreiten und zum Platz umgestalteten Umgebung – tiefgreifend innen umgebaut. Im Allgemeinen hat das 19. Jh. die bedeutendsten Zeichen in der Stadt hinterlassen, als eines dieser kann die Umwandlung der großen, zwischen dem 16. und 17. Jh. zur Verteidigung gebauten Stadtmauer in Promenade und öffentliche Anlagen angesehen werden.

In den städtischen Museen befindet sich ein Großteil der reichen Kunstschätze von Lucca. Das Nationalmuseum in Villa Guinigi, das im ehemaligen Wohnsitz von Paolo Guinigi eingerichtet wurde, bewahrt zahlreiche archäologische, eng an die Gegend gebundene Fundstücke und Zeugnisse der lucchesischen Bildenden Kunst auf. Hier befinden sich Teile der Architektur- und Skulpturverzierungen von Kirchengebäuden sowie Skulpturen und Malereien aus dem Zeitraum vom Ende des 13. Jhs. bis zum Beginn des 18. Jhs.

Das Nationalmuseum im Palazzo Mansi bietet einen interessanten Rundgang durch einen, auch in der Einrichtung vollständig erhaltenen Adelspalast. Hier befindet sich in einer Art Bildergalerie die Gemäldesammlung (darunter Werke von Pontormo, Bronzino, Beccafumi, Luca Giordano), die Leopold II. von Lothringen unmittelbar nach Eintritt Luccas ins Großherzogtum Toskana schickte.

Von großer Bedeutung ist die Sammlung von Kirchengerät und Paramenten, die das Dommuseum aufbewahrt.

**Domenico Beccafumi, *Die Enthaltsamkeit des Scipio* und, gegenüberliegende Seite, Jacopo Pontormo, *Portrait eines Jünglings*, Detail. Museo di Palazzo Mansi**

# Montecatini

**Die Thermen Tettuccio und, rechts, die von Basilio Cascella verzierte Getränkegalerie; ganz unten links, die Eingangshalle**

Die antike Siedlung römischen Ursprungs, die auf einem steilen Hügel liegt, wuchs im hohen Mittelalter um die Pfarrkirche S. Pietro a Neure herum. Montecatini tritt zu Beginn des Jahrtausends als Feudalbesitz der Herren von Maona in die Geschichte ein. Eine jahrhundertealte, durch die Überlieferung gefestigte Legende leitet den Namen *Mons Catilinae* von Catilina ab, dem berühmten römischen Politiker, der nach dem Fall von Fiesole hierher flüchtete und von dessen Anwesenheit der Ort das verhängnisvolle Schicksal der Zerstörung geerbt haben soll. Die Gegend war jedoch, Feldstudien zufolge, schon seit Jahrhunderten besiedelt und unterlag, wie auch der Rest des damaligen Grenzgebietes Valdinievole, häufigen militärischen Auseinandersetzungen zwischen den verschiedenen Feudalherren.

Nach der Entreißung aus lucchesischer Herrschaft am Ende einer blutigen Belagerung, die von den zeitgenössischen Berichterstattern als außerordentliche Unternehmung beurteilt wurde, gehörte Montecatini ab dem vierten Jahrzehnt des 14. Jhs. zum Gebiet der florentinischen Republik, wenngleich in einem noch sehr unstabilen Bezugsrahmen. Cosimo I. zerstörte (1554) sämtliche Befestigungen, die Zuflucht der französischen Truppen unter Piero Strozzi geworden waren, und beendete damit eine qualvolle Geschichte, die von nun an den langsamen aber ständigen Aufstieg der im Tal, wenige Kilometer von der alten Burg entfernt liegenden Thermalstadt sah.

Die Kenntnis von Thermalquellen, die am Fuße des Hügels von

**Oben, Eingang des Grand Hotel & la Pace von Galileo Chini; unten, Tafel mit bunten Majolikaputten von Galileo Chini in den Tamerici-Thermen**

**Gegenüberliegende Seite, Galileo Chini, *Der Frühling*. Accademia d'Arte Dino Scalabrino**

Montecatini entsprangen, geht auf die klassische Antike zurück, doch erst im Mittelalter werden die reinigenden und therapeutischen Eigenschaften der Gewässer vom Arzt Ugolino da Montecatini (14. Jh.) ins rechte Licht gesetzt. 1370 wurde sogar das Bad Tettuccio eröffnet, doch die spätere Entscheidung von Florenz, den Wasserspiegel der Sümpfe von Fucecchio anzuheben, um den Fischfang zu fördern, und die daraus entstehende Überflutung des gesamten Gebietes bedeutete eine lange Unterbrechung der gerade im Entstehen begriffenen Thermalaktivitäten.
Der entscheidende Impuls ging letztlich erst Mitte des 18. Jh.s von den Lothringern aus, die mit Entschlossenheit die Ebene trockenlegten und den Wert der Quellen steigerten.
Die internationale Bedeutung Montecatinis, das eines der elegantesten und am besten organisierten Bäder Italiens geworden ist, gehört zur jüngsten Geschichte. Zu Beginn des 20. Jhs. entstanden die interessantesten Anlagen und Hotels, die von Jugendstilhäusern umgeben sind.
Die späteren Stadtsanierungen und die bauliche Entwicklung der letzten Jahrzehnte haben das Aussehen des Städtchens nicht verändert, das im regen Gesellschaftsleben und in den zahlreichen Parkanlagen seine Stärken hat.
Das Bad Tettuccio ist das älteste und repräsentativste von Montecatini, auch wenn das heutige Bauwerk von Ugo Giovannozzi aus dem Anfang der zwanziger Jahre des 20. Jhs. stammt. Der Architekt wollte die aus leopol-

**Der für die Thermen Tettuccio von Paolo Portoghesi geplante „baumförmige" Saal**

dinischer Zeit stammende Fassade erhalten und baute sie innen wieder auf; hier kann man außerdem die reichen Verzierungen von Galileo Chini und Basilio Cascella bewundern sowie einen Salon von Paolo Portoghesi.
Das Excelsior-Bad wurde 1915 im Neu-Renaissance-Stil erbaut; 1968 wurde ein umstrittenes Nebengebäude in Zement und Glas angebaut.
Das Bad Tamerici ruft hingegen byzantinische und mittelalterliche Anklänge wach.
Überall findet man Spuren von Galileo Chini, der den Salon des Grand Hotel & la Pace mit Fresken bemalte und die Fenster zeichnete, den eklektischen Palazzo Comunale innen verzierte und in der Kunstakademie, die nach Dino Scalabrino benannt ist, mit dem *Frühling* eine schöne Komposition klimtischer Tendenz hinterließ.

Nicht weit von Montecatini entfernt liegt, mitten in einer wasser- und waldreichen Landschaft, der kleine Ort Collodi, eine der vielen alten Burgen des Valdinievole, die lange zwischen Lucca und Florenz umstritten war. Der Ort verdankt seine nunmehr internationale Bekanntheit dem florentinischen Schriftsteller Carlo Lorenzini, der unter dem Pseudonym Collodi, dem Geburtsort der Mutter, die außerordentliche Holzpuppe Pinocchio zum Leben erweckte. Ein schöner, von Pietro Porcinai Mitte des letzten Jahrhunderts geschaffener Park erinnert in einem malerischen Rundgang zwischen Skulpturen von berühmten Künstlern, die durch das Märchen inspiriert wurden, an die Taten Pinocchios.
Den Weg zum Ort hinauf beherrscht die elegante Barockvilla Garzoni aus dem 17. Jh. Faszinierend ist vor allem der herrliche Garten von Ottaviano Diodati, der um effektvolle Treppen herum gebaut und mit Statuen und Wasserspielen bereichert wurde.

**Oben, Garten von Villa Garzoni und, links, zwei Bilder aus dem Park von Pinocchio**

# Pistoia

Wie viele andere antike Orte entwickelte sich auch diese römische Kolonie, die als militärisches Bollwerk gegen die im nahen Apennin niedergelassenen ligurischen Völker genutzt wurde, in Funktion des Straßennetzes. Die Eröffnung eines neuen Abschnittes der Via Cassia (der wichtigen Konsulnstraße, die Rom mit den etruskischen Städten im Binnenland und der Lunigiana verband), von der die Apenninstraßen ausgingen, die zu den großen Orten der Poebene führten, machten den Ort zum einem Kreuzungspunkt ersten Ranges. Das gesamte Gebiet war aber schon sehr früh besiedelt und in Pistoia selbst finden wir etruskische Spuren, während archäologische Forschungen im Gebiet des Domes kürzlich eine außergewöhnliche Kontinuität von Siedlungsüberlagerungen ans Licht gebracht haben, die mehr als 20 Jahrhunderte illustrieren. Als Bischofssitz zwischen dem 4. und 5. Jh. hatte Pistoia zur Zeit der Völkerwanderung eine gewisse Bedeutung und widerstand lange dem Vormarsch der Langobarden, die es dann zum Sitz des Statthalters machten; gerade in langobardischer Zeit erlebte Pistoia eine politische und wirtschaftliche Glanzperiode, die durch die Prägung einer eigenen Goldmünze und die Errichtung einer Stadtmauer Bestätigung fand.

Die folgende karolingische Verwaltung änderte das günstige Bild nicht, das sich konsolidiert hatte, und die Stadt erlebte einen Erfolg als eine der frühen Stadtrepubliken (Anfang 12. Jh.), wobei sie sich ein eigenes Statut gab (1177), das allgemein als eines der ältesten in Italien angesehen wird.
Der wirtschaftliche Erfolg der Stadt ist sicherlich dem „Straßenertrag" zu verdanken, aber auch der Wasserreichtum des Gebietes und das Holz der nahen Berge trugen entscheidend zum Erfolg der großen, noch heute produktiven Manufakturen bei (Wolle, Papier, Holzbearbeitung), wobei auch die Bearbeitung des aus Elba hierher gebrachten Eisenminerals in besonderen Schmelzöfen nicht zu vergessen ist, die schon in etruskischer Epoche bestand und sich dann, zur Zeit der Medici, zur echten Industrie entwickelte.
Dieser frühen „industriellen" Neigung – die noch heute

durch das Vorhandensein von mechanischen Unternehmen bestätigt wird, die von großen Blumenzuchtbetrieben flankiert werden – entsprach jedoch nicht eine angemessene politische Stabilität, denn die in Bankaktivitäten blühende und an Kirchen und Palästen reiche

**Domplatz mit dem Dom S. Zeno und dem Palazzo Comunale; darunter, Detail der von Andrea della Robbia verzierten Eingangshalle zum Dom**

**Links, *Altar des hl. Jakobus*. Dom**

**Gegenüberliegende Seite, das Baptisterium S. Giovanni in Corte**

**Fassade von S. Andrea mit Architrav des Mittelportals, der die *Reise der Weisen* von Gruamonte darstellt**

Stadt, die im 13. Jh. vielleicht ein erstes „goldenes Zeitalter" erlebt hatte, wurde Schauplatz heftiger innerer Kämpfe. Darin fügten sich für kurze Zeit auch die Absichten der nahen Städte Pisa, Lucca und Florenz ein, die sie abwechselnd unterwarfen, bis sie ohne jegliches politisches Gewicht nach und nach in den florentinischen Machtbereich rutschte, deren fester Besitz sie ab 1530 wurde.
Der effektvolle Domplatz ist seit Anfang des 14. Jhs. das Zentrum des religiösen und bürgerlichen Lebens. Der Ursprung des Domes S. Zeno ist unsicher; sicher sind hingegen die nach einigen Katastrophen vorgenommenen Wiederaufbauarbeiten und die zahlreichen Renovierungen. Das Äußere in pisanisch-lucchesischer Romanik geht auf die zweite Hälfte des 13. Jhs. zurück mit einer später gebauten Vorhalle, die von Andrea della Robbia mit glasierten Terrakottakassetten im Tonnengewölbe und einem Lünettenrelief im mittleren Portal verziert ist.
Das Innere zeigt stärker die dauernden Veränderungen, denen es unterworfen war, auch wenn einige Restaurierungen Mitte des 20. Jhs.

versucht haben, seinen romanischen Charakter wieder herzustellen. In den drei Schiffen befinden sich zahlreiche Meisterwerke, darunter das *Denkmal des Cino von Pistoia*, eine gotische, dem Sienesen Giovanni di Agostino zugeschriebene Skulptur; das von Coppo di Marcovaldo zusammen mit seinem Sohn Salerno gemalte *Kreuz*; die *Madonna mit Kind zwischen den hll. Johannes dem Täufer und Donatus* darstellende Tafel (1475-1480), die seit je bewundert und vor kurzem auf die Hand von Lorenzo di Credi zurückgeführt wurde; der *Altar des hl. Jakob*, eines der Meisterwerke der italienischen Silberschmiedekunst. Der in Silber mit Email und Edelsteinen gearbeitete Altar (1287-1456) zeigt die Verehrung von Pistoia für den Apostel Jakob, der zum Stadtpatron erwählt wurde, nachdem die Stadt eine Reliquie von ihm erhalten hatte. Der mächtige Kampanile, den eine gefestigte Überlieferung einem langobardischen Wachturm gleichsetzt, ist ein durch zweifarbige kleine Loggien verzierter Bau, der in Wirklichkeit aus dem 12.-13. Jh. stammt, während das nahe Baptisterium S. Giovanni in Corte auf das 14. Jh. zurückgeht und gotischen Charakter zeigt. Das achteckige Gebäude in weißem und schwarzem Marmor hat elegante Portale und ein kostbares, von Lanfranco da Como für eine frühere Kirche geschaffenes Taufbecken (1226).
Andere interessante Gebäude gehen auf die romanische Zeit zurück und sind in der gleichen Periode wie die Kathedrale entstanden: S. Andrea, S. Bartolomeo in Pantano, S. Pier Maggiore und S. Giovanni Fuorcivitas, die alle durch in Relief gehauene Architraven (zum großen Teil Werk von Gruamonte) und wertvolle Kanzeln gekennzeichnet sind, deren berühmteste vielleicht die von Giovanni Pisano in S. Andrea ist. Erwähnung verdienen auch S. Paolo, S. Francesco, S. Domenico und die spätere Basilika Madonna dell'Umiltà, die reich an Kirchengerät und Andachtsgegenständen ist und deren „starke" Präsenz im Stadtbild durch die imposante, in der zweiten Hälfte des 16. Jhs. von Giorgio Vasari geschaffenen Kuppel hervorgerufen wird.
Der zivile Baustil wird durch die einfachen und eleganten Linien des ab dem Ende des 13. Jhs. in Sandstein gebauten Rathauses repräsentiert. Innen

**Oben links, S. Pietro**

**Rechts, Außen- und Innenansicht von S. Bartolomeo in Pantano und, oben rechts, Kanzel von Guido da Como**

**Nordseite von S. Giovanni Fuorcivitas und, unten, *Mariä Heimsuchung* von Luca della Robbia**

befinden sich einige mit Fresken verzierte Räume, die Kapelle S. Agata und das 1982 eingerichtete Stadtmuseum. Es birgt hauptsächlich Gemälde und Skulpturen (vom 13. bis zum 19. Jh.) aus dem Pistoieser Raum.
Der Palazzo del Podestà oder Pretorio, Sitz des Gerichts, ist zum großen Teil ein im 19. Jh. erfolgter Wiederaufbau des ehemaligen Wohnsitzes des Podestà; interessanter ist der neben der Kathedrale liegende Palazzo dei Vescovi. Er wurde zwischen dem Ende des 10. und dem 11. Jh. errichtet, dann erweitert und mehrmals umgebaut, um ihn den jeweils neuen Bedürfnissen anzupassen; seit langem ist er nicht mehr Bischofssitz, sondern hat nach komplexen Restaurierungen im 20. Jh. sein gotisches Aussehen wieder erhalten und beherbergt das Dommuseum mit dem reichen Schatz des hl. Jakob.
Das Diözesanmuseum ist hingegen seit kurzem im nahen Palazzo Rospigliosi untergebracht, wo auch die reiche Gemäldesammlung und Einrichtungsgegenstände der adligen Familie Teil des Museumsrundgangs sind.
Nicht weit entfernt liegt die älteste Pflegeeinrichtung von Pistoia: das Ospedale del Ceppo. Das im 13. Jh. gegründete Krankenhaus half jahrhundertelang Kranken und Bedürftigen, besonders während der Pest 1348. In der ersten Hälfte des 16. Jhs. wurde eine Vorhalle nach Art von Brunelleschi mit Verzierungen in glasierter Terrakotta aus der Werkstatt der Della Robbia angebaut, darunter der berühmte Fries mit den *Werken der Barmherzigkeit* von Santi Buglioni.

**Gegenüberliegende Seite, Bernardino Detti, *Madonna della Pergola*, Detail. Museo Civico**

Epistole

# Apenninpässe und Höhenwege

Die Apenninpässe und Höhenwege sind ein trauriges Kapitel. Sie sind eng, steil, kurvenreich und besonders im Winter und bei Nacht gefährlich. Bei der Anreise über die Viadukte und durch die Tunnel der Autostrada del Sole durchquert man den phantastischen Mugello wie im Blitz und noch ehe er sich dessen bewusst ist, befindet sich der Reisende bereits in Prato, ohne die Monti della Calvana zu seiner Rechten und den Monte Morello zu seiner Linken richtig bemerkt zu haben. Man vergewaltigt die Region, ohne sich an ihr zu erfreuen.

Wer die nötige Ruhe und Zeit hat, dem bieten sich zahllose Alternativen. Nehmen wir einmal an, dass jemand von Bologna losfährt und es ihm gelingt, das Rasthaus Cantagallo und damit die Autostrada A1 zu vermeiden. Er kann sich dann auf die Staatsstraße 325 einlassen, die von Castiglione de' Pepoli nach Pontepiano führt, mit interessanten Abstechern zum Heiligtum des 15. Jhs. von Boccadirio und zum Stausee von Brasimone. Von dort führt die Straße am Bisenzio entlang durch Vernio und Vaiano mit der Kirche S. Salvatore (11.-13. Jh.) bis nach Prato. Florenz erreicht man nun, abgesehen von der Autostrada, über die Straße von Sesto Fiorentino an den südlichen Abhängen des Monte Morello oder über die Straße von Campi, Brozzi und Quaracchi am Arno entlang auf der sogenannten Via Pistoiese, die auch an Poggio a Caiano mit der schönen Medici-Villa vorbeiführt und an Carmignano mit seinen guten Rotweinen. Aber von Bologna nach Florenz gelangt man auch auf der Staatsstraße 65. Etwas südlich von Monghidoro endet die Emilia und in Filigare steht noch das alte Zollgebäude der ehemaligen Grenze zwischen dem Kirchenstaat und dem Großherzugtum Toskana. Die Straße klettert über den Raticosa- und Futapass und von dort stürzt sie sich hinab in den Mugello, wo sie vorübergehend vom Oberlauf des Sieve gesäumt wird und dicht an dem Ort Barberino, am Kloster Bosco ai Frati (15. Jh.), an der Medici-Villa Cafaggiolo und am Castello del Trebbio vorbeiführt. Nach dem Pass von Pratolino fährt man am großartigen Park der Villa Demidoff vorbei, der einst zum Besitz der Medici zählte. Die Straße, die die Florentiner Via Bolognese nennen, endet in der Piazza della Libertà (früher Piazza San Gallo). Dort erhebt sich der Triumphbogen, der im 18. Jh. zu Ehren des ersten Lothringer Großherzogs Franz Stephan errichtet wurde.

**Oben, Giambologna, *Apennin-Brunnen*. Pratolino, Villa Demidoff**

**Jacopo Pontormo, *Mariä Heimsuchung*. Carmignano, S. Michele**

Noch vorher, bald nachdem man das Castello del Trebbio hinter sich gelassen hat, stößt die Via Bolognese auf die Staatsstraße 503, die ihrerseits aus Imola und Firenzuola kommt und damit aus jener „toskanischen Romagna", die vom Oberlauf des Santerno geprägt ist. Nach Firenzuola überwindet sie den Giogo-Pass, durchquert Scarperia, das florentinische *Terranuova* (Neuland) mit seinem schönen Palazzo Civico (Rathaus) und San Piero a Sieve mit seiner mächtigen Medici-Festung. Aber von Imola und Faenza kann man auch durch das Senio-Tal in die Toskana hinabfahren. Dabei kommt man durch Castagno, dem Heimatort des berühmten Malers Andrea del Castagno, fährt an der Abtei von Susinana vorbei und durch das Dorf Palazzuolo. Danach muss man den Sambuca-Pass überwinden und stößt schließlich auf die Staatsstraße 302, die von der Val di Lamone und dem Ort Marradi kommt. Von diesem Punkt an geht es hinunter nach Borgo San Lorenzo, dem wichtigsten Städtchen des Mugello. Hier treffen auch noch die anderen Straßen zusammen, die aus der Romagna kommen und über die Alpe di San Benedetto, dem Muraglione-Pass und durch die Orte Dicomano und Vicchio führen.

**Oben, zwei Ansichten des Castello del Trebbio; rechts, die Medici-Villa in Cafaggiolo**

# Prato

Prato, die zweitgrößte Stadt der Toskana, wurde erst vor wenigen Jahren eigenständige Provinz. Seit Jahrhunderten ist es ein dynamisches Wirtschafts- und ein reges Kulturzentrum.
Trotz seines zum großen Teil modernen Aussehens als Industriestadt, das Ergebnis eines ungestümen städtebaulichen, an die Entwicklung des Textilsektors gebundenen Wachstums ist, hat Prato antiken Ursprung und bewahrt noch Zeugnisse aus dem Mittelalter und der Renaissance, die es berechtigterweise zu den bekanntesten und beliebtesten Orten der Region zählen.
Die Reste eines in der Kirche S. Fabiano gefundenen Mosaikfußbodens aus der Zeit zwischen dem 7. und 10. Jh. scheinen tatsächlich die ältesten Fundstücke im Stadtgebiet zu sein, doch ist der Ursprung der Stadt auch heute noch nicht ganz klar. Man vermutete etruskische Siedlungen, denen die Bildung eines römischen Dorfes folgte, wahrscheinlich mit dem Namen „Cornius"; darauf folgt ein langes Schweigen in der Geschichtsschreibung bis zum 10. Jh., als die Existenz des Ortes Borgo al Cornio nahe der Pfarrkirche S. Stefano (der Gegend des heutigen Doms) bestätigt wurde, unweit einer Burg der Grafen Alberti di Vernio, mit der es sich später verbinden und so die heutige Siedlung ins Leben rufen sollte. Die günstige geographische Lage in unmittelbarer Nähe der Apenninkette

**Oben links, Fra' Paolino und Domenico Sogliani (zugeschr.), *Fürbitte Mariens zur Beendigung der Seuche in der Stadt Prato*, Detail mit der Stadt. Oratorio di S. Sebastiano; unten, das Castello dell'Imperatore**

am rechten Ufer des Flusses Bisenzio (der schon in der Vergangenheit die zur Entwicklung der Industrie notwendige Energie lieferte), am Kreuzweg zweier wichtiger Verbindungsstraßen begünstigte die frühe Eroberung einer vorherrschenden Position Pratos in dieser Gegend.
Tatsächlich organisierte sich die Stadt zwischen dem 12. und 13. Jh. als freie Stadtrepublik und übte Gerichtsbarkeit auch über das Bisenzio-Tal aus. Der fortschreitende Bevölkerungszuwachs ging mit der Schaffung einer neuen Stadtmauer einher, der im 14. Jh. noch eine folgt, die bis zu Beginn des vergangenen Jahrhunderts die äußerste Siedlungsgrenze darstellte. Im Laufe des 13. Jhs. wurden einige der bedeutendsten Gebäude errichtet, um die herum die Stadt dann ihre Geschichte und ihre Identität aufbaute; angefangen beim Dom und dem eigentümlichen „Castello dell'Imperatore". Die zwischen 1240 und 1250 vom sizilianischen Architekten Riccardo da Lentini auf Befehl Friedrichs von Antiochien, dem Sohn des Kaisers Friedrich II., errichtete Burg bezeigt eine staufische Phase der Stadtpolitik. Wie viele andere toskanische Orte dieser Zeit war auch Prato Schauplatz erbitterter Kämpfe mit wechselndem Ausgang zwischen Welfen und Gibellinen, während es ständiger Feind von Pistoia und oft Verbündeter von Florenz war. Mitte des 13. Jhs. annektierte Florenz militärisch die Stadt, nachdem es der Königin von Neapel, Johanna d'Anjou, unter deren Schutz sich Prato begeben hatte, eine angemessene Summe gezahlt hatte. Von diesem Augenblick an teilte es sein Schicksal mit Florenz, auch wenn es eine begrenzte Verwaltungsautonomie behielt. Der vielleicht sichtbarste Zug der folgenden Stadtgeschichte war die Fähigkeit, eine dauernde intellektuelle Offenheit und einen regen wirtschaftlichen Unternehmergeist zu bewahren, der Wachstum und

**Links, Außen- und Innenansicht des Doms; unten, Kapelle des hl. Gürtels und Kanzel von Mino da Fiesole und Antonio Rossellino**

Erneuerung ermöglichte und die traditionelle Wollmanufaktur und die Wiederaufarbeitung von Stoffen mit modernen Techniken vervollständigte.
Der Besuch der Stadt kann ohne weiteres beim Domplatz beginnen, dem ersten Siedlungsraum, auf dem das repräsentativste Gebäude Pratos und einer der bedeutendsten romanischen Bauwerke der Toskana steht, der Dom S. Stefano. Die Kirche ist das geschickte Resultat von verschiedenen Architekturstilen: lombardische Kunstfertigkeit, die auf den Meister Guido (vielleicht denselben des Domes in Lucca) zurückgeht, der Anfang des 13. Jhs. zur Vervollständigung der Kirche gerufen wurde; pisanischer Stil, der sich in der zweifarbigen Mauerverkleidung ausdrückt und Elemente florentinischen Geschmacks, die noch im Kreuzgang sichtbar sind. Einen Gegensatz zum hohen Glockenturm aus dem 13. Jh. bildet die luftige Anmut der Eckkanzel, die von Michelozzo und Donatello (1428-1438) zur Ausstellung der Reliquie des hl. Gürtels ausgeführt wurde.

**Von oben nach unten, Filippo Lippi, *Das Festmahl des Herodes*. Dom; Andrea di Giusto, *Vermählung Mariä*. Dom; Niccolò di Pietro Gerini, *Das Wunder des hl. Matthäus*. S. Francesco**

**Ludovico Buti, *Portrait des Francesco Datini*. Palazzo Comunale**

**Gegenüberliegende Seite, Filippo Lippi, *Begräbnis des hl. Stephanus*, Detail. Dom**

Ganz oben auf beiden Seiten, Bernardo Daddi, *Geschichte des hl. Gürtels;* oben, links, Andrea di Giusto, *Polyptychon;* oben rechts, Filippo Lippi und Werkstatt, *Verkündigung* und *Madonna mit dem Gürtel.* Museo Civico

Unten links, Filippo Lippi und Werkstatt, *Madonna del Ceppo;* unten, Battistello Caracciolo, *Noli me tangere.* Museo Civico

Die äußere stilistische Einheitlichkeit findet sich auch innen in den drei romanischen Schiffen wieder, die mit einem großen Querschiff aus dem 14. Jh. abschließen. Sie sind durch Säulen aus grünem Serpentino-Marmor mit eleganten Kapitellen unterteilt und enthalten außerordentlich wertvolle Kunstschätze, wie die von Filippo Lippi für den Chor gemalten Fresken und die Malereien von Paolo Uccello und Andrea di Giusto in der Cappella dell'Assunta; die wertvolle Marienreliquie, der hl. Gürtel (bedeutenderweise in einer Stadt mit alter Wolltradition als Gürtel aus Schafswolle dargestellt), wird in einer von Agnolo Gaddi mit Fresken bemalten Kapelle aufbewahrt. Am davorliegenden Platz, an dem im 13. Jh. die (später abgerissenen) Gebäude der weltlichen Macht lagen, stehen heute neuere Palazzi, wie der des Bischofs, in dem sich das Dommuseum befindet, das Werke aus der Diözese zeigt, u. a. die sorgfältig restaurierten Originalplatten der Kanzel von Donatello.
Im historischen Gefüge liegen auch die religiösen Gebäude (S. Francesco, S. Domenico, S. Agostino, Spirito Santo), die zu den großen Bettelorden gehören, die im Laufe des 13. Jhs. in der Stadt bezeugt sind, doch die interessanteste Kirche ist sicherlich S. Maria delle Carceri, ein wahres, von Giuliano da Sangallo geplantes Schmuckstück aus der Renaissance.
Wenig nur bleibt von der ursprünglichen Struktur des Palazzo del Comune, der sich in klassizistischer, vom Architekten Giuseppe Valentini verliehenen Form präsentiert, im Gegensatz zum nahen Palazzo Pretorio, der sein mittelalterliches Aussehen bewahrt hat. Seit Beginn des letzten Jahrhunderts ist hier das Stadtmuseum untergebracht, eine Sammlung von Gemälden, vorwiegend aus der Gotik und der Renaissance, mit Tafeln von Bernardo Daddi, Giovanni da Milano, Filippo Lippi und seines Sohnes Filippino, der in Prato geboren wurde.
Der Name des Palazzo Datini, vielleicht das städtische Gebäude schlechthin, erinnert an eine eigentümliche Figur von Händler und Schriftsteller (dem ersten, der in Europa den seit Jahrhunderten in der iranischen Welt gebräuchlichen Wechsel einführte), dessen zahlreiche Handels- und Privatbriefe eine wertvolle Quelle für unsere Kenntnisse über die Gesellschaft jener Zeit darstellen. Heute befindet sich in dem Gebäude, das innen Ende des 14. Jhs. von Niccolò di Pietro Gerini und Gehilfen mit Fresken verziert wurde, das Staatsarchiv.

Die Innovations- und Experimentierfreudigkeit der pratesischen Wirtschaftswelt zeigt sich auch im kulturellen Rahmen durch die Unterstützung interessanter Veranstaltungen des Avantgardetheaters und im Ausstellungszentrum „Luigi Pecci", das für die zeitgenössische Kunst ein Orientierungspunkt in der Toskana ist.

**Die große Skulptur von Henry Moore auf der Piazza S. Marco; unten, das Zentrum für zeitgenössische Kunst „Luigi Pecci"**

# Scarperia

Nach der Niederlage der Feudalfamilie Ubaldini aus dem Oberen Mugello beginnt Florenz 1306 auf der toskanischen Seite des Apennin die Bebauung eines „neuen Landes", um die annektierten, aber noch nicht ganz unterworfenen Territorien unter Kontrolle zu halten.
Grundlegend für das Wachsen und die Entwicklung Scarperias war seine Lage am Wege des Giogo-Passes, der für Florenz zur Kontrolle der Verbindungen über den Apennin hinweg unverzichtbar war. Unter diesem Blickwinkel wurde Scarperia 1415 zum Landvogtssitz mit richterlicher und verwaltungsmäßiger Macht über das gesamte Mugellogebiet. Bei dieser Gelegenheit wurde das Schloss erweitert, das ein dem heutigen ähnliches Aussehen bekam.
Das Städtchen zog auch in der folgenden Zeit Vorteile aus seiner Lage als einziger Durchgang, aus der anerkannten ackerbaulichen Anlage seiner Ländereien und aus den Erträgen eines blühenden Handwerks, das seit dem 15. Jh. bekannt war und sich auf die Herstellung von Messern und Schneidegeräten gründete, was es zu einer Art toskanischem Sheffield machte.
Die Öffnung des Futa-Passes Mitte des 18. Jhs. und die daraus folgende Verlegung des Handelsweges nach Westen verursachte einen langsamen, aber unaufhaltsamen Verfall Scarperias und der umliegenden Dörfer.
Von seinem Aussehen im 14. Jh. bleiben nicht viele Zeugnisse, da das Städtchen 1542 von einem Erdbeben zerstört und in den darauffolgenden Jahrzehnten wieder aufgebaut wurde. Noch sehr deutlich sieht man die lineare Anlage, die typisch für die als Militärlager geplanten Orte ist. Der früheren Längsachse entspricht die heutige Via Roma, auf die hinaus sich der vom Palazzo dei Vicari dominierte Hauptplatz öffnet. Er ist ohne Zweifel der Symbolbau für Scarperia, mit dem hohen zinnengekrönten Turm und der Fassade, die mit den Wappen der Vögte geschmückt ist (einige aus der Werkstatt der Della Robbia), die nacheinander die Macht ausübten. Im Atrium, das ebenfalls mit heraldischen Zeichen geschmückt ist, kann man zwei Fresken aus dem Beginn des 15. Jhs. bewundern, die den *Ungläubigen Thomas* und die *Madonna auf dem Thron mit Heiligen* darstellen, darunter den hl. Barnabas, den Patron von Scarperia, der das Abbild des Palastes in der Hand hält.
Gegenüber erhebt sich die Kirche Ss. Jacopo e Filippo, die zum größten Teil in den letzten zwei Jahrhunderten wieder aufgebaut wurde, während die nahe Kapelle der Madonna di Piazza mit einer schönen Tafel von Jacopo del Casentino im Innern an den alten Brauch der Vögte erinnert, hier der Republik Treue zu schwören.
Von der alten Messerbearbeitungsindustrie bleibt heute eine Erinnerung im Forschungs- und Dokumentationszentrum für das Handwerk der Schneideeisen, das seit 1987 existiert. Das Museum möchte nicht nur Kenntnisse über die Produkte vermitteln, sondern auch über die Orte und die Herstellungsmethoden durch Führungen in der sogenannten „Bottega del Coltellinaio" aus dem 19. Jh., wo man einer Demonstration dieser alten Kunst beiwohnen kann.
Nicht weit vom Ort entfernt steht die alte Pfarrkirche S. Maria a Fagna mit einer Fassade des 18. Jh. und einem kostbaren Taufbecken aus dem 13. Jh.

**Oben, die „Bottega del coltellinaio"; links, der Palazzo dei Vicari**

**Unten, Taufbecken in S. Maria a Fagna und Detail einer Tafel mit Intarsien (gegenüberliegende Seite)**

# Das „Herz" der Toskana

Damit haben wir die wichtigsten Apenninstraßen aufgezählt, die von Nordwesten bis Nordosten in das „Herz" der Toskana dringen. Dieses Kernland ähnelt einem unregelmäßigen Dreieck, dessen Basis die Küste bei Pisa bildet und dessen drei Ecken die Städte Viareggio, Livorno und Florenz sind. Hier treffen sich die

Autobahnen, die die Hauptstadt der Region mit der Hafen- und Industriestadt Livorno und mit den Wohngebieten der Versilia verbinden. Längs der beiden unregelmäßigen Dreieckseiten sind die dynamischsten Städte der Toskana aufgereiht: Lucca, Pistoia und Prato an der Autostrada Firenze-Mare, Pontedera, Santa Croce sull'Arno und Empoli an der Superstrada Firenze-Livorno (letztere verläuft parallel zur Landstraße).

Dieses Herz der Toskana war früher zu einem großen Teil eine Flussszenerie mit Sümpfen und Kanälen – einige gibt es heute noch – auf denen Fähren und Lastkähne kreuzten. Am Fuße von Serravalle und dem Monte Albano, der nach Südosten verläuft und bei Capraia und gegenüber von Montelupo auf den Arno trifft (am Zusammenfluss von Arno und Pesa), begann der große Sumpf zwischen Pescia und Arno, der im Westen nur von dem Monte Pisano eingeengt wurde. Bescheidene Überreste von ihm, die immer noch reizvoll sind, befinden sich bei Fucecchio und Bientina. Als der Großherzog Leopold das Gebiet trockenlegen ließ, bewahrte er die Wasserwege, denn der Wasserverkehr war preisgünstiger und sicherer als der Transport zu Lande. Die Ortsnamen geben heute noch Hinweise auf diese verschwundene Flusswelt. Man denke an Altopascio, eigentlich *Alto Passo* (hochgelegener Pass), wo die *Smarrita* (Verlorene) genannte Glocke der Hospitaliter-Mönche den im Heideland Umherirrenden als Anhaltspunkt diente. Auch die Namen *Scala* (altes Wort für Hafen), *Catena* (Kette) und *Isola* (Insel) zwischen Empoli und dem Verwaltungszentrum San Miniato (mit Kaiserburg) sind Anzeichen von früheren Hafenanlagen. Westlich von Lastra a Signa bei Florenz faszinieren uns immer noch die Wasserstrudel der Gonfolina, von denen bereits Leonardo da Vinci berichtete, aber es sind Erinnerungen an eine Landschaft, die es im Grunde nicht mehr gibt. Zwischen der Autostrada Firenze-Mare und dem unteren Arno-Tal erstreckt sich das am dichtesten bevölkerte Gebiet und die Industriezone der Toskana, in der leider Landschaft und Umwelt am stärksten verunstaltet und verschmutzt sind. Hier noch mehr als andernorts ist es ratsam, dass sich der Besucher ein waches Geschichtsbewusstsein erhält, damit er in der Lage ist, an Monumenten und Ortstellen geschichtliche Spuren zu finden und alte Routen auszumachen, die heute von den Autobahnen überwältigt wurden. An den Ortsnamen werden wir nur noch so lange die Vergangenheit erkennen können, solange wir deren Anzeichen abzulesen wissen.

**Das Städtchen Vinci mit der Kirche S. Croce und der Burg der Grafen Guidi**

**Gegenüberliegende Seite, oben, Bicci di Lorenzo, *Der hl. Nikolaus von Tolentino schützt Empoli vor der Pest*, Detail. Museo della Collegiata;**

**unten, Piazza Farinata degli Uberti mit der Stiftskirche**

# Empoli

Der Ortsname Empoli (*Emporium*=Markt) erinnert an seine alte Funktion als Hafen am Fluss Arno, die das Städtchen schon in römisch-etruskischer Zeit innehatte. Das eng an den Fluss gebundene Empoli war eine wichtige Raststätte auf den Wasser- und Landwegen, die von Florenz nach Pisa führten. Die tiefe Krise, die die römische Welt erschütterte und das politische und wirtschaftliche System untergrub, zog gewiss auch den alten Hafen in Mitleidenschaft, aber bestimmte nicht sein Ende; Empoli überlebte mit Einbußen in Verkehrsaufkommen und Einwohnerzahl, dürftige dokumentarische Spuren aus dem 8. Jh. nennen es als Burg in der Nähe des heutigen Ortes Empoli Vecchio. Die eigentliche Bildung einer Kleinstadt um die Pfarrkirche S. Andrea herum wird jedoch erst auf den Beginn des 12. Jhs. datiert.

Als Feudalbesitz der Grafen Guidi musste die Stadt schon früh die Unterwerfung unter die Florentiner Republik (1182) akzeptieren, die ihren Einflussbereich bis zum Lauf der Elsa ausdehnen wollte, und die gesamte folgende Geschichte lief im Schatten von Florenz ab.

Die augenfällige Funktion als westliches Bollwerk gegen die Feinde der Republik ließ besonderen Wert auf das Verteidigungssystem legen, das auch gleich nach einem starken Hochwasser des Arno (1333) wiederhergestellt und dann in der zweiten Hälfte des 15. Jhs.

**Masolino, *Ecce Homo*, Detail. Museo della Collegiata; *Der hl. Ivo und die Mündel*, S. Stefano**

Hier befinden sich die wichtigsten historischen Gebäude, angefangen von der romanischen Stiftskirche S. Andrea. Die bedeutenderweise dem Patron der Schiffer geweihte Kirche ist wahrscheinlich anstelle eines heidnischen Tempels erbaut. Das Gebäude, das wir heute sehen, ist das vollkommen erneuert wurde. Die im 19. Jh. vorgenommene Zerstörung von Teilen der Stadtmauer und -tore und die Angriffe des letzten Krieges haben das Stadtbild stark verändert; heute ist Empoli ein reges Industrie- und Handelszentrum, das reich an künstlerischen Zeugnissen ist.

Das Herz des Ortes bildet die schöne Piazza Farinata degli Uberti, die mit einem Marmorbrunnen aus dem Anfang des 19. Jhs. verziert ist.

**Links, Inneres von S. Stefano; rechts, Bernardo Rossellino, *Verkündigung*. Museo della Collegiata**

Resultat eines tiefgehenden Eingriffs zu Beginn des 18. Jhs. der z. T. auch die schöne Fassade in weißem und grünem Marmor betraf, die vielleicht den berühmteren Vorbildern S. Miniato oder dem Baptisterium in Florenz nachgebildet ist. Viele der Werke, die die Altäre zierten, sind in das anliegende Stiftsmuseum gebracht worden, einem der ältesten der Region und einem der wichtigen unter den kleineren. Zusammen mit einer bedeutenden Gruppe von Skulpturen von Tino da Camaino, Mino da Fiesole, Bernardo und Antonio Rossellino, stellt es auch Terrakotten der Della Robbia und Gemälde von Masolino, Agnolo Gaddi, Lorenzo Monaco, Filippo Lippi und Francesco Botticini aus. Der nahe gelegene Palazzo Ghibellino, der beim Umbau im 16. Jh. viel von seinem ursprünglichen Aussehen verlor, ist ein wichtiges historisches Zeugnis; der alte Wohnsitz der Grafen Guidi beherbergte 1260 das berühmte gibellinische „Parlament", an das Dante erinnert, wo Farinata degli Uberti sich einsetzte, um nach der Schlacht von Montaperti die Zerstörung von Florenz zu verhindern.

Nicht weit von der Stiftskirche liegt die Kirche S. Stefano, die von den Augustinern ab 1367 erbaut und schon in den ersten Jahrzehnten des 15. Jhs. beendet wurde. Bei den häufigen Modernisierungsarbeiten ist leider ein bedeutender Zyklus von Masolino verloren gegangen, der heute von zwei Fresken und einigen Sinopien mit Episoden der Legende des Hl. Kreuzes bezeugt wird.

Im alten, nahe gelegenen Ort Pontorme, der heute ein echter Vorort von Empoli geworden ist, kann man in S. Michele Arcangelo die beiden Tafeln von Pontormo bewundern, die den *Hl. Michael* und den *Evangelisten Johannes* darstellen. Sie wurden vor kurzem restauriert und auf dem Altar des Kreuzes angebracht und sind ein willkommenes Geschenk des berühmten manieristischen Malers an die eigene Stadt.

**Oben, Filippo Lippi, *Thronende Madonna mit Engeln und Heiligen;* links, Francesco Botticini, *Verkündigung.* Museo della Collegiata**

**Rechts, Jacopo Pontormo, *Der hl. Evangelist Johannes.* S. Michele Arcangelo**

# Toskanische Städte

Aber von den Städten selbst war bisher wenig die Rede und ich sehe den gewitzten Leser schon vor mir, wie er dem unvorsichtigen Autor auflauert. Denn es ist leicht, in wenigen Seiten von der Geschichte, der Landschaft und dem Wirtschaftsleben der Toskana zu berichten und Landstraßen, Gebirgspässe, Kirchen und Burgen zu beschreiben. Aber schwer wird es, die Kunst und Geschichte so hochkomplizierter Gebilde wie Lucca oder Pisa anzugehen, und wie kann man einige wenige Zeilen über Florenz schreiben, dessen Literatur ganze Bibliotheken füllt?

Es sei sofort gesagt, dass alle Reiseführer (und ich wiederhole, dieses Buch ist kein Führer) den Fehler oder die List begehen, angesichts der Städte die Besuchszeit in Stunden oder Tage aufzuteilen. Was soll es schon heißen, dass man für Florenz eine Woche, für Pisa drei Tage und für Pistoia einen Tag braucht? Die Besichtigungsdauer einer Stadt lässt sich nicht nach der Anzahl von Kirchen oder Museen oder nach den Kilometern des Rundgangs messen. Alles hängt davon ab, auf welche Weise man eine Stadt betrachtet, was man von ihr will. Ich kenne aufmerksame Betrachter, geborene Reisekünstler, die niemals ein Denkmal besichtigen oder vor Museen Schlange stehen, sondern scheinbar geistesabwesend durch die alten Stadtkerne streifen: Sie lassen sich von der Atmosphäre durchdringen, sitzen in den Cafés oder betrachten Schaufenster. Andere dagegen reisen nicht ab, ehe sie nicht jede Altartafel gezählt und jede Freske untersucht haben. Um eine Stadt kennenzulernen, genügt manchmal ein ganzes Leben nicht und andere Male

**Ambrogio Lorenzetti, *Auswirkungen der Guten Regierung auf die Stadt*, Detail. Siena, Palazzo Pubblico**

kennt man sie in einem Augenblick oder innerhalb eines Nachmittags. Wie kann man nur sagen, dass eine halbe Stunde die „richtige" Zeit für den *Frühling* von Botticelli ist oder dass der Campo dei Miracoli in Pisa einen halben Tag in Anspruch nimmt? Was erwartet man sich also von einer Stadt? Es ist nicht dasselbe, Florenz mit dem Gedanken an Dantes *Göttliche Kommödie* oder an Foscolos *Sepolcri* zu besuchen oder ihre Plätze und Straßen in Erinnerung an Fattori und die „Macchiaioli" zu durchmessen. Pistoia und Lucca vermitteln demjenigen, der nach romanischen Bauten Ausschau hält, einen völlig anderen Eindruck als dem, der nach der Toskana *Pinocchios* forscht. Und bevor ich dem Leser anempfehle, Montecatini aufzusuchen (in jedem Fall sollte er hinauf nach Montecatini Alto fahren), müsste ich nicht so sehr wissen, wie es um seine Leber- und Darmfunktion bestellt ist, als vor allem, wie weit seine Vorliebe für D'Annunzio und die Literatur der Dekadenz geht; dementsprechend wird ihm die Stadt wundervoll, bedeutungslos oder unerträglich erscheinen. Was erwartet man von einer Stadt wie Prato? Baudenkmäler wie das mittelalterliche Castello dell'Imperatore oder die Renaissancekirche Madonna delle Carceri? Oder die flach hingestreckte, etwas ungehobelte Stadt der Lumpenhändler, die Schafsfleisch und Mandelgebäck essen? Oder das berühmte Zentrum des „Industriewunders", dem Prato zusammen mit Biella das höchste Pro-Kopf-Einkommen im Vergleich zum übrigen Italien verdankt?
Diese Fragen müssen ohne Antwort bleiben. Jedwede Stadt, sowohl die, in der man geboren wurde, als auch alle anderen, besitzt in Wirklichkeit eine geheime Seite, ein Zeichen ihres Geistes. Man mag sie Stein für Stein kennen oder nur Bilder von ihr gesehen oder von ihr gelesen und gehört haben; jedesmal ähnelt sie höchstens sich selbst und oft nimmt sie bei jedem Besuch andere Eigenheiten an. Es gibt aus diesem Grunde Städte, die ich niemals müde werde zu besuchen, und andere, die ich sehr liebe, aber nicht mehr sehen möchte.

# Von Florenz durch den Casentino nach Arezzo

In welche Richtung sollte man von Florenz aus fahren? Für mich, der ich im Stadtviertel Oltrarno (jenseits des Arno) geboren bin, ist das nächste Stadttor die Porta Romana. An sie schließt die sogenannte Via Senese an, die an der wundervollen Certosa (Kartäuserkloster) von Galluzzo vorüberführt. Danach kann man sich für die Straße nach Volterra in südwestlicher Richtung entscheiden, die die Täler der Pesa und der Elsa durchschneidet, oder nach Süden bis Poggibonsi fahren und dort die alte Frankenstraße bis nach Siena benutzen (aber leider fährt heute alle Welt auf der Superstrada ...). Von Florenz aus erschließt Volterra die Maremma und Siena die Gegend des Monte Amiata und das Land um Grosseto. Als ich noch ein junger Bursche war, in den fünfziger Jahren, besaßen nur wenige von uns mehr als ein Fahrrad. Noch dazu war ich einer, der alleine zeltete und nach der ersten Strecke mit dem Autobus zu wandern pflegte. Um aus Florenz herauszukommen, fuhr ich mit den öffentli-

Gegenüberliegende Seite, oben, heutige Ansicht des Klosters Vallombrosa und, rechts, seine Darstellung auf einem Fresko von Giovanni Stradano in der Villa Parugiano nicht weit von Prato

Oben, Kapitelle in der Pfarrkirche S. Pietro a Gropina, die auf der gegenüberliegenden Seite abgebildet ist

Rechts, der antike Ambon in S. Pietro a Gropina, wahrscheinlich aus langobardischer Zeit

Die Pfarrkirche S. Pietro di Romena und Detail der Kapitelle

Die Burg von Romena und, rechts, der Palazzo der Grafen Guidi in Poppi

Unten, die Burg von Porciano

chen Verkehrsmitteln bis nach Pontassieve (ich bevorzugte die östliche Richtung) und kletterte dann auf der Staatsstraße 70 empor, die ich Stein für Stein und Kurve für Kurve kenne. Immer weiter empor, durch Orte mit phantastischen Namen (Diacceto, Fonte all'Orso ... ) bis zum Consuma-Pass, dem Tor zum Pratomagno. Dort konnte ich auswählen zwischen der südlichen Straße, die durch Fichtenwälder bis nach Vallombrosa mit seiner Abtei, seinem Fischbecken und seinen Damhirschgehegen führt, wo auch der kahle Monte Secchieta in der Nähe liegt (über 1300 m hoch). Dann ging es wieder hinab durch Saltino und Reggello bis zum oberen Arno-Tal. Oder ich blieb auf der Staatsstraße 70, lief vorbei an Romena mit den Überresten von Burg und Abtei, vorbei an Castel San Niccolò, Strada und der Ebene von Campaldino, bis ich schließlich Poppi und Bibbiena erreichte. Die Schullektüre Dantes bedeutete für mich, intensiv jene Wege nachzuerleben, den harzhaltigen Duft jener Wälder einzuatmen, das eiskalte Wasser der Quellen zu trinken. Ich kannte genau das Schloss der Grafen Guidi und die Ufer des Archiano, wo Buonconte di Montefeltro starb. Auch die Stürme jener Gegend hatte ich erlebt (laut Dante verursachte der Teufel einen besonders wilden Sturm, als er merkte, dass ihm die Seele des Buonconte entschlüpfte ...). Die Vorliebe für alte Legenden ent-

stand für mich aus dem Buch Emma Perodis *Novelle della nonna* (Geschichten der Großmutter), eine casentinische Abart der Gebrüder Grimm.

Die Staatsstraße 70 ist und bleibt der Schlüssel zu einer wunderbaren Welt. Nach Castel San Niccolò und noch vor Poppi kann man scharf nach links abbiegen und Pratovecchio, Stia und die überwältigende Feste Porciano erreichen, in deren Nähe nach altem Volksglauben eine goldene Glocke vergraben ist, die den gleichen Wert hat wie die gesamte Gegend des Casentino. Von erschreckender Schönheit ist die Straße hinauf zum Passo della Calla, der hinüber in die Romagna führt. Vom Pass geht ein Stichweg hinüber zum Monte Falterona, wo der Arno entspringt. In Poppi beginnt die Straße zur Einsiedelei von Camaldoli, die sich mitten in einem feierlichen großen Wald befindet. Und von dort schließen sich Badia Prataglia und der Passo dei Mandrioli an, wenige Kilometer von Bagno di Romagna. Die von mir bevorzugte Straße ist die Nr. 208 zu dem franziskanischen Heiligtum auf dem Monte La Verna, dem Berg, auf dem der hl. Franziskus stigmatisiert wurde. Der Wald türmt sich steil bis zum 1283 m hohen Gipfel empor, der La Penna genannt wird. Dort sieht man über den Apennin hinweg bis in die Romagna, links liegt der Monte Falterona und rechts der Monte Fumaiolo, wo der Tiber seine Quelle hat.

Dieses Casentino genannte Gebiet liegt am Oberlauf des Arno, umfasst die Alpe di Catenaia und erstreckt sich bis vor die Tore von Arezzo und zum Rand des Tiber-Tales. Für mich ist es der Ort der Wahlverwandtschaft, mit dem Geschmack und Geruch der Kindheit und Jugend, jenes Alters, in dem man die grundlegenden und auch die endgültigen Schritte unternimmt. Nur törichte Personen glauben, dass es in der Geschichte kein „wenn" und „aber" gibt; wenn ich etwas weiter weg vom Berg des Franziskus und vom Fluss des Buonconte geboren worden wäre, hätte mein Leben einen ganz anderen Verlauf genommen.

**Die Wallfahrtskirche La Verna und ihre Darstellung auf einem Fresko von Domenico Ghirlandaio in der Kirche S. Trinita in Florenz**

# Bibbiena

Bibbiena ist heute ein aktives Wirtschaftszentrum im Casentino, dessen Ausläufer bis zum Fuße der Anhöhe reichen, auf der sich der älteste Kern befindet.
Wie viele andere toskanische Orte ist Bibbiena etruskischen Ursprungs, trägt jedoch heute keine Spuren mehr von dieser Kultur, sodass die ältesten Zeugnisse der Vergangenheit erst aus der Zeit nach 1289 stammen, dem Jahr der Schlacht von Campaldino und der anschließenden Zerstörung Bibbienas durch die florentinischen Welfen.
Im 14. Jh. wurde der Ort Feudalbesitz der mächtigen Aretiner Familie Tarlati, und nach einer langen und turbulenten Zeit, im Laufe derer er mehrmals besetzt war, wurde er endgültig dem florentinischen Gebiet zugeordnet.
Das heutige Aussehen Bibbienas ist das eines mit schönen Adelspalästen und Kirchen verzierten Renaissancestädtchens.
Dominierend in Größe und architektonischem Stil ist der Palazzo, der einst dem mächtigen Sekretär des Papstes Leo X., Kardinal Bernardo Dovizi, gehörte, der Autor einer im 16. Jh. viel gespielten Komödie, *La Calandria*, ist.
Gegenüber dem Palast befindet sich die Anlage S. Lorenzo, die aus der Kirche aus dem 15. Jh. und einem Säulen-Kreuzgang aus späterer Zeit besteht. Im Innern kann man zwei große Tafeln der Della Robbia bewundern, die der Kardinal Dovizi den Mönchen geschenkt hat.
Im oberen Teil des alten Ortes erhebt sich die Pfarrkirche Ss. Ippolito e Donato mit einigen interessanten Tafeln im Innern, darunter ein Triptychon von Bicci di Lorenzo und eine schöne *Madonna mit Kind* von Arcangelo di Cola da Camerino. Wenig entfernt liegt das Oratorium S. Francesco, ein schönes Beispiel für den Barock, das im Rest der Region wenige Entsprechungen findet.

**Luca della Robbia d. J., *Anbetung der Hirten*. S. Lorenzo**

**Bicci di Lorenzo, *Thronende Madonna mit Heiligen* und zwei Szenen aus der Predella. Ss. Ippolito e Donato**

# Arezzo

Arezzo erscheint in der Vorgeschichte unter dem Namen *Arretium* als das größte nördliche etruskische Zentrum. Die an den Hängen des Apennins gelegene Stadt hat verschiedene kulturelle Einflüsse genossen, da sie sich am Kreuzpunkt verschiedener geografischer Gebiete, in der Nähe der Arno- und der Tiberquelle befindet.

Selbst der Name „Arezzo" stammt aus dem zweiten Jahrtausend v. C. In der Zeit der Etrusker war die Stadt schon eine reiche *Polis*, die sich in der Keramik und in der Metallherstellung auszeichnete. Die „Aretiner" Vasen waren in der gesamten klassischen Welt verbreitet und erreichten sogar Indien.

Die eigenartige fächerförmige Anlage auf der Westseite des Berges, auf dem der Dom steht, scheint die Zeit fast unverändert überstanden zu haben. Die Stadt ist jahrhundertelang nicht viel über ihre alten Maße hinaus gewachsen; die jüngste bauliche Entwicklung, Zeichen einer dynamischen Wirtschaft, die es zur anerkannten Hauptstadt der Goldschmiede machte, ist Geschichte der letzten Jahrzehnte. Florenz, das es gegen Ende des 14. Jhs. unterwarf (1384), entriss ihm den Titel des größten nördlichen Zentrums auf der tyrrhenischen Seite Italiens, nach einer Zeit der Streitereien unter den städtischen Faktionen, bei denen sich die mächtige Familie Tarlati durchgesetzt hatte.

Es folgte eine lange Phase des Verfalls, die durch einen starken Bevölkerungsrückgang und eine zunehmende Verarmung des künstlerischen und kulturellen Lebens gekennzeichnet war.

Zwischen 1549 und 1568 wurde auf Wunsch Cosimos I. de' Medici, der ein besonderes Interesse am Verteidigungssystem des neuen Großherzogtums hatte, der mittelalterliche Mauerring verändert und verstärkt. Die Medici-Festung auf der Bergspitze ist aus dieser Zeit. Gerade bei den Befestigungsarbeiten kamen die größten Meisterwerke der etruskischen Bronzebildhauerei zu Tage, die *Minerva* und die *Chimera*, die beide im Archäologischen Museum in Florenz aufbewahrt werden.

Die Hauptstraße, der Corso Italia, durchzieht die gesamte Länge der Stadt, zu beiden Seiten befinden sich die interessantesten architektonischen Elemente des gesamten Stadtbildes.

Der Hauptplatz oder Piazza Grande, einst das städtische Forum, wird durch die Loggia des Aretiners Giorgio Vasari veredelt, des großherzoglichen Architekten *par excellence*. Der Loggia gegenüber liegt der Palazzo della Fraternita dei Laici, der von Baldino di Cino und Niccolò di Francesco im 14. Jh. begonnen und zwei Jahrhunderte später beendet wurde.

Am höchsten Punkt der Stadt, dem alten Berg San Donato, erhebt sich der Dom, der ab 1277 auf Initiative des Bischofs Guglielmino degli Ubertini am Ort der Benediktinerkirche S. Pietro Maggiore gebaut wurde. Das beeindruckende Bauwerk, das wir heute sehen, liegt am Endpunkt einer langen Baugeschichte, die sich bis zum Beginn des 16. Jhs.

**Oben links, Bartolomeo della Gatta, *Der hl. Rochus bittet für die Stadt Arezzo*, Detail mit der Stadt. Museo d'Arte Medievale e Moderna**

**Oben, *Der Pflügende von Arezzo*, Bronzegruppe vom Ende des 5. Jh. v. Chr. Rom, Museo Etrusco di Villa Giulia; unten, *Bronzefiguren* des 6. Jh. v. Chr. Arezzo, Museo Archeologico**

**Links, *Die Chimäre*, Bronzefigur aus der ersten Hälfte des 4. Jh. v. Chr., Detail. Florenz, Museo Archeologico**

hinzieht; die Fassade ist sogar aus dem 20. Jh. Auf 1530 gehen die wundervollen Fenster des Franzosen Guillaume de Marcillat zurück, des Baumeisters u. a. der Treppe, über der das Gebäude steht. Unter den im Innern aufbewahrten Kunstwerken sind die *Grabstätte des Papstes Gregor X.*, der *Sarkophag des hl. Donatus*, der von sienesischen und florentinischen Meistern hergestellt wurde, das *Kenotaph des Bischofs Tarlati* von Agostino di Giovanni und Agnolo di Ventura und das Fresko mit der *Magdalena* von Piero della Francesca zu erwähnen. Nebenan liegt das Diözesanmuseum, das einige Schätze enthält, darunter mehrere Holzkreuze aus dem Dom und Werke von Aretiner Malern. Das wegen seines Alters und seiner Geschichte edelste Gebäude ist die Pfarrkirche S. Maria. Die einfach als „Pieve" bekannte Kirche geht nach vorn auf den Corso während die Apsis auf die Piazza Grande hin ausgerichtet ist. Die im pisanisch-lucchesischen Stil gehaltene Fassade ist aus dem Beginn des 13. Jhs. (1216), auch wenn das Gebäude Veränderungen und darauf folgenden Eingriffen zur Wiederherstellung bis zum letzten Jahrhundert nicht entgangen ist. Die Bildhauerreliefs hohen Niveaus sind Werke von anonymen Künstlern, obgleich für den Architrav und die Lünette im Hauptportal ein gewisser Marchionne erwähnt wird. Das eindrucksvolle Innere romanischen Gepräges bewahrt ein Basrelief aus Marmor mit der *Epiphanie* und das

**Dom und, unten, *Sarkophag des hl. Donatus***

berühmte, von Pietro Lorenzetti für den Bischof Tarlati (1320) gemalte Polyptychon *Madonna mit Heiligen*.
Auch die große Kirche S. Domenico stammt aus dem 13. Jh.; sie wurde 1275 begonnen und Vasari sagt, sie sei Werk des großen Bildhauers Nicola Pisano. Im Innern befinden sich einige bedeutende Fresken der aretinischen Schule des 14. Jhs., doch das weithin wichtigste Werk, eines der kostbarsten Arezzos, ist das kürzlich restaurierte *Kreuz* des jungen Cimabue (ca. 1260).
Die am häufigsten besuchte Kirche Arezzos ist ohne Zweifel S. Francesco am gleichnamigen Platz, dank des berühmten Freskenzyklus' von Piero della Francesca, der heute nach geduldiger Restaurationsarbeit wieder im alten Glanz erstrahlt. Die Kirche wurde im 13. Jh. begonnen und im darauffolgenden von Fra' Giovanni da Pistoia beendet. Das lange Schiff wurde im Laufe des 14. und 15. Jhs. um zahlreiche Kapellen, Tabernakel und Wandmalereien höchsten Niveaus im Auftrage von wohlhabenden Aretiner Familien bereichert. Für die Familie

Außen- und Innenansicht der „Pieve" und Detail aus dem Polyptychon von Pietro Lorenzetti *Madonna mit Kind und Heiligen*

Gegenüberliegende Seite, Ansicht des linken Seitenschiffes des Doms und Detail der *Magdalena* von Piero della Francesca

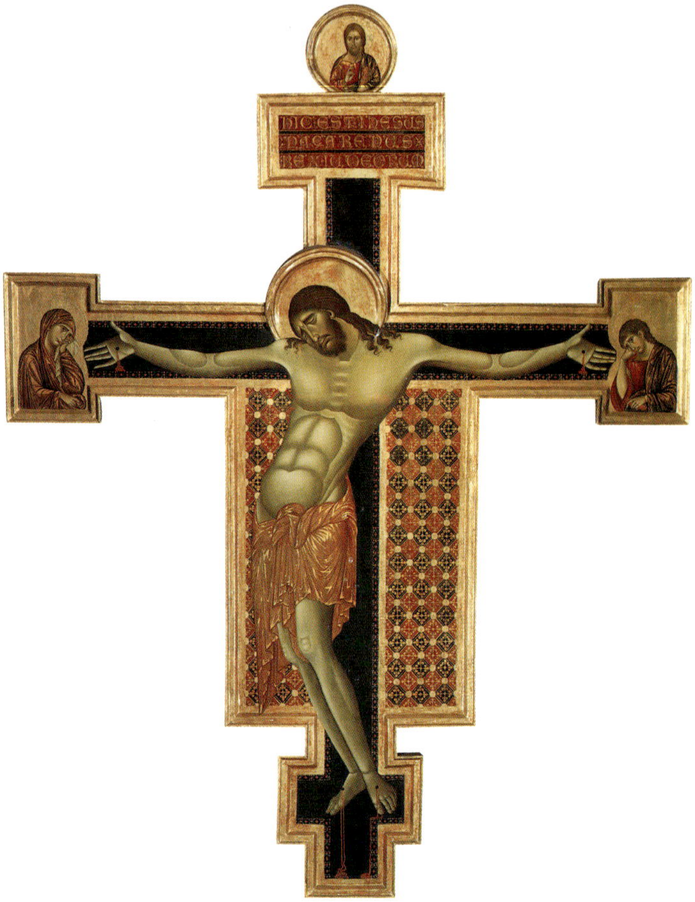

**Cimabue, *Kruzifix*. S. Domenico**

Bacci begann Bicci di Lorenzo (1457) die Hauptkapelle mit Fresken über die *Geschichte des wahren Kreuzes* zu bemalen, ein Unternehmen, das nach seinem Tod von Piero della Francesca weitergeführt und beendet wurde. Der Freskenzyklus wird einstimmig als eines der Hauptwerke der europäischen Renaissancemalerei angesehen.
Unter den anderen zahlreichen Kirchen Arezzos sind zu erwähnen: S. Maria in Gradi, SS. Annunziata, die Badia und wenig außerhalb der Stadtmauer S. Maria delle Grazie, die durch einen eleganten Renaissance-Säulengang (1478-82) von Benedetto da Maiano gekennzeichnet ist.
Bemerkenswert sind auch einige weltliche Gebäude Arezzos: der Palazzo del Podestà oder Pretorio aus dem 14.-15. Jh., der heute Sitz der Stadtbibliothek ist, das mit Türmen und Zinnen besetzte Rathaus, früher Palazzo dei Priori, das von 1333 stammt aber bis zur grundlegenden Restaurierung im 20. Jh. zahlreiche Eingriffe erfuhr; das Haus von Petrarca, das zwischen dem 15. und 16. Jh. gebaut wurde und heute als Sitz der Accademia Petrarca di Lettere, Arti e Scienze genutzt wird. Auch der vielseitige Giorgio Vasari, der Maler, Architekt und Schriftsteller war, wurde 1511 in Arezzo geboren, wo er ein Haus in Borgo di S. Vito (via XX Settembre) kaufte, das heute als Museum und Archiv für wertvolle Dokumente aus jener Zeit dient.
Angrenzend an die Überreste des römischen Amphitheaters liegt das Archäologische

**Piazza Grande mit der Apsis der „Pieve" und dem Palazzo della Fraternita dei Laici**

**Links, mittelalterliche Häuser an der Piazza Grande und Ansicht des Palazzo Comunale an der Piazza della Libertà**

Museum, das bemerkenswerte Funde aus der römisch-etruskischen Epoche enthält. Im Palazzo Bruni-Ciocchi oder della Dogana, der elegante Renaissanceform hat, ist das Museo Statale di Arte Medievale e Moderna untergebracht, das wichtige Majolika-, Gemälde- und Bildhauereisammlungen birgt, die vom künstlerischen Leben der Stadt zeugen.

Arezzo ist heute Stadt der Goldschmiede und der Antiquitäten. Die monatlich stattfindende Fiera Antiquaria ist die wichtigste Antiquitätenmesse in Italien.
Die traditionelle Rekonstruierung des mittelalterlichen Turniers „Giostra del Saracino" zieht viele Touristen aus dem In- und Ausland an.

**Andrea di Nerio, *Verkündigung*. Museo Diocesano**

**Rechts, Bartolomeo della Gatta, *Der hl. Rochus vor dem Palazzo della Fraternita dei Laici*. Museo d'Arte Medievale e Moderna**

**Gegenüberliegende Seite, Hauptkapelle von S. Francesco mit den *Geschichten des wahren Kreuzes* von Piero della Francesca**

# Tiber-Tal und Valdichiana

Auch nach Arezzo führen mehrere Straßen, zunächst natürlich die Autostrada del Sole, die ab Incisa parallel zur Staatsstraße 69 im Arno-Tal verläuft. Die Landstraße sollte derjenige vorziehen, der den Fluss erleben will, der hier noch ziemlich sauber ist.

Das Gebiet von Arezzo erfreut sich bei den Touristen normalerweise keiner großen Beliebtheit. Sie besichtigen die Stadt selbst und vielleicht noch Anghiari, Monterchi und San Sepolcro wegen der Gemälde Piero della Francescas, aber sie überschreiten gewöhnlich nicht die Superstrada, die von Ravenna kommend durch das Tiber-Tal führt, versäumen also jene außergewöhnliche toskanische Enklave im Osten, die von den Alpe della Luna (Mondberge) beherrscht wird und von den Regionen Romagna, Marche und Umbrien umschlossen ist. Ein Grenzland und Randgebiet, wo die florentinische *pietra serena* (grauer Sandstein), der rote umbrische Backstein und der blässlich-rosa oder blaurosa Backstein der Marche und der Romagna aufeinandertreffen.

Gewiss, der Besucher, der nicht viel Zeit hat, wird sich nicht nach Osten in unwegsame Gebiete begeben, sondern eher

**Zwei Ansichten von Anghiari und, gegenüberliegende Seite, Piero della Francesca, *Madonna del Parto*, Detail. Monterchi**

nach Süden reisen, in die längst trockengelegte Valdichiana, nach Castiglion Fiorentino und nach dem mystischen, wunderschönen Cortona. Von der Höhe dieser Stadt hat man einen unvergesslichen Blick auf den Trasimenischen See und in die Provinz Siena mit den Hügeln von Sinalunga, Torrita und Chianciano. In Cortona empfiehlt sich der Besuch des Palazzo Comunale, des Palazzo Pretorio, des etruskischen Museums, des Domes (Schule des Giuliano da Sangallo), des Diözesanmuseums (mit der *Verkündigung* von Fra Angelico) und der ursprünglich gotischen Kirche von S. Francesco. Wer genügend Ausdauer besitzt, wird hinauf zur Oberstadt wandern, deren Akropolis heute von dem neugotischen Heiligtum S. Margherita beherrscht wird. Wieder talwärts lohnt die glanzvolle Kirche Madonna del Calcinaio einen Besuch; sie entstand im 15. und 16. Jh. nach einem Entwurf von Francesco di Giorgio Martini. Geheimnisvoll ist das *Tanella di Pitagora* (Höhlchen des Pythagoras) genannte Etruskergrab (4. bis 1. Jh. v.Chr.). Nicht weit von der Stadt steht die nur teilweise erhaltene Abtei von Farneta (9. bis 10. Jh.), die älteste protoromanische Kirche in der Provinz Arezzo; ihre Krypta ist überwältigend. Aber bevor man

**Oben, das Chiana-Tal von Cortona zum Trasimenischen See; links, Madonna del Calcinaio**

Zwei Bilder von Castiglion Fiorentino; unten, die Burg von Montecchio Vesponi

in die Wunderwelt Cortonas eintaucht, sollte man einen Blick auf Castiglion Fiorentino werfen (gut erhaltener mittelalterlicher Stadtkern mit interessanten Gebäuden der Renaissance) und auf Castello di Montecchio Vesponi, in alter Zeit Feudalbesitz des englischen Heerführers John Hawkwood. Es erhebt sich über der Staatsstraße 71 und der Eisenbahn zwischen Castiglion Fiorentino und Cortona. Der erfahrene Tourist wird vermuten, dass es „allzu" mittelalterlich wirkt mit all seinen Türmen und Zinnen, so als sei es aus einer Freske Lorenzettis hervorgegangen. Aber alles ist authentisch, ausnahmsweise handelt es sich nicht um eine neugotische Kreation.

# Sansepolcro

Die Überlieferung berichtet, dass in den ersten Jahrzehnten des 10. Jhs. zwei aus dem Hl. Land zurückkehrende Pilger im oberen Tiber-Tal gerastet und dort, nach göttlichen Anweisungen, eine Kapelle gebaut hätten, um darin die aus Jerusalem mitgebrachten Reliquien aufzubewahren. Der „Ort des Hl. Grabes" (Santo Sepolcro) auch „Novella Jerusalem" genannt, wuchs um diese Kapelle herum.
Etwas sicherere Dokumente sprechen in der Tat von der Existenz eines dem Hl. Grab geweihten Benediktinerklosters kurz nach dem Jahr 1000, um das herum das Städtchen gewachsen ist.
Ab 1269 wurde Sansepolcro freie Stadtrepublik, war jedoch kurz darauf gezwungen, vielleicht auch wegen seiner günstigen Position am Rande eines vom Tiber durchzogenen, fruchtbaren Tales, seine Freiheit gegen die Peruger und die Aretiner zu verteidigen. Seine bewegte Geschichte endete, als es (1441) vom Papst Eugen IV.

**Der Dom (oben) und der Palazzo delle Laudi**

**Oben links, Anonymus aus der ersten Hälfte des 16. Jh., *Wallfahrt der Kreuzgesellschaft nach Loreto*, Detail mit Sansepolcro. Museo Civico**

**Piero della Francesca, *Polyptychon der Misericordia*, und, gegenüberliegende Seite, Detail. Museo Civico**

an Florenz verkauft wurde und seitdem an den florentinischen Staat gebunden blieb.
Das Interesse der Medici, insbesondere von Cosimo I., richtete sich auf die Verstärkung des Verteidigungsringes, die man mit Schießscharten von Buontalenti und der von Giuliano da Sangallo geplanten Festung erreichte, aber es folgte auch eine rege Bautätigkeit, die die Stadt um einige große, heute noch sichtbare Palazzi bereicherte. Sansepolcro ist mit unverändertem Aussehen in die heutige Zeit übergegangen, als würdige Geburtsstadt von Piero della Francesca, Matteo di Giovanni, Santi di Tito und des Mathematikers Luca Pacioli.
Der romanisch-gotische Dom ist

**Oben, Piero della Francesca, *Der hl. Julian*; links, *Auferstehung* und, unten, Detail. Museo Civico**

das Resultat mehrmaliger verschiedener Umbauten, die von der ursprünglichen Abtei aus dem 11. Jh. nichts übrigließen. In seinem, noch im Stil des 13. Jhs. gehaltenen Innern werden wertvolle Werke von Bartolomeo della Gatta, Perugino und Santi di Tito aufbewahrt; eine besondere Anziehungskraft übt das *Antlitz Jesu* (*Volto Santo*) aus, ein antikes Holzkruzifix orientalischer Herkunft und unsicherer Datierung. Angrenzend, mit manieristischer Fassade aus dem Ende des 16. Jhs., liegt der Palazzo delle Laudi, der früher die gleichnamige Bruderschaft beherbergte und heute das Rathaus ist.

Die Kirche S. Francesco mit gedrungenem Kampanile bewahrt nur äußerlich den Anblick einer Kirche des Bettelordens aus der Entstehungszeit (Ende des 13. Jhs.), denn das Innere wurde im 18. Jh. neu gestaltet. Im anliegenden Kloster wohnte der große Luca Pacioli, ein Schüler von Piero della Francesca.

Unter den zahlreichen Kirchen innerhalb der Stadtmauer müssen auch erwähnt werden: S. Chiara, die einst Abteikirche der Augustiner war, heute restauriert ist und als Auditorium genutzt wird; S. Maria delle Grazie mit einer interessanten geschnitzten Decke aus dem Ende des 16. Jhs.; S. Rocco und das darunter liegende, mit der *Passionsgeschichte* ausgemalte Oratorium der Compagnia del Crocifisso; S. Lorenzo, wo die dramatische *Grablegung* des Rosso Fiorentino aufbewahrt ist.

Ein schönes Beispiel für die Architektur des 15. Jhs., das später umgearbeitet wurde, ist das Haus von Piero della Francesca, heute Sitz der gleichnamigen Stiftung für Studien und Forschungen über die Renaissance. Die noch in Sansepolcro befindlichen Meisterwerke des großen Künstlers (*Polyptychon der Barmherzigkeit, Auferstehung, Der hl. Julian*) sind hingegen im Stadtmuseum ausgestellt, das sich im alten Palazzo Comunale (13.-14. Jh.) befindet. Hier sind außerdem Werke von Matteo di Giovanni, Luca Signorelli, Santi di Tito, Pontormo, Raffaellino del Colle zu sehen.

**Jacopo Pontormo, *Der hl. Quintinius.* Museo Civico; unten, Rosso Fiorentino, *Kreuzabnahme.* S. Lorenzo**

**Matteo di Giovanni, *Mariä Himmelfahrt.* Chiesa dei Servi; links, Szene aus der Predella mit dem *Tanz der Salome.* Museo Civico**

# Cortona

Eine alte Überlieferung besagt, Cortona sei die älteste Stadt Italiens, zeitgenössisch sogar zu Troja. In der Tat beschert die Archäologie in Cortona seit Jahrhunderten unglaubliche Überraschungen.
Das alte Zentrum der Umbrer wurde ab dem 8. Jh. v.Chr. eine der wichtigsten Bundesstädte Etruriens, deren dauerhafte Entwicklung an den blühenden Ackerbau im darunter liegenden Chiana-Tal gebunden war. Die Hügelgräber der reichen Cortoneser Familien haben sehr wertvolle Kunstschätze hervorgebracht und sind Quellen vieler Kenntnisse. Auch nach dem Eintritt in den Machtbereich Roms (Mitte 5. Jh. v.Chr.) florierte es weiter bis zur Zeit der Völkerwanderung. Der Wiederaufstieg begann viele Jahrhunderte später, als es der Stadt gelang, sich zu Beginn des 13. Jh. als Stadtrepublik zu organisieren und autonomer Bischofssitz zu werden.

Daraufhin folgte die Herrschaft der Familie Casali bis zum Kauf durch Florenz 1411. Von diesem Augenblick an waren Geschichte und Politik der Stadt, bis auf kurze Unterbrechungen, eng an die des Großherzogtums Toskana gebunden.
Glücklicherweise wurden Cortona die Bombardierungen des Jahres 1944 erspart und das, verbunden mit seiner einzigartigen geografischen Lage auf einem steilen Ausläufer des Höhenzugs von Sant'Egidio, hat es vor einem unkontrollierten Bauboom bewahrt und zur Erhaltung seines reichen, aus imposanten Palazzi und religiösen Gebäuden bestehenden Stadtbildes beigetragen. Einige der berühmtesten Bürger der Stadt, man braucht nur an Luca Signorelli, Pietro da Cortona und in jüngerer Zeit an Gino Severini zu erinnern, haben zahlreiche künstlerische Zeugnisse hinterlassen.
Der Dom, der den gleichnamigen Platz beherrscht, wurde auf den Ruinen einer romanischen Kirche aus dem 11.-13. Jh. gebaut, von der noch Teile in der Fassade erhalten sind. Auf der rechten Seite befindet sich unter Arkaden aus dem 16. Jh. das Portal von Cristofanello, während die linke Seite auf der etruskischen Stadtmauer ruht. Es ist insgesamt das edelste und älteste Gebäude Cortonas. Das an Kunstwerken reiche Innere

**Oben, Francesco Signorelli, *Madonna und Heilige*, Detail mit Cortona. Museo dell'Accademia Etrusca**

**Der Palazzo Comunale; rechts, mittelalterliche Häuser mit Vorsprüngen in Via Jannelli**

ist durch das Tonnengewölbe des Mittelschiffes und Steinsäulen gekennzeichnet, die an Brunelleschi erinnern.
Dem Dom gegenüber liegt das Diözesanmuseum, das zum Teil in der alten Jesuskirche eingerichtet ist, von der es auch das darunter liegende, mit Fresken bemalte Oratorium einbezieht. Es bewahrt aus dem Dom und aus verschiedenen Kirchen der Diözese stammende Gemälde und Kirchengerät, von denen das bekannteste die *Verkündigung* von Fra Angelico ist. Außerdem kann man wichtige Bilder von Pietro Lorenzetti, Sassetta, Bartolomeo della Gatta, Luca Signorelli und einen kostbaren römischen Sarkophag bewundern, der den *Kampf zwischen Dionysos und den Amazonen* darstellt.
Das andere wichtige städtische Museum ist die Accademia Etrusca, die sich ab 1727 gebildet hat. Im Laufe der Zeit wurde sie durch Hinterlassenschaften und Schenkungen bereichert, sodass sie sich heute eines ansehnlichen Besitzes an etruskischen Antiquitäten, römischen Funden, antiken Münzen, Gemälden aus dem 12.-18. Jh. rühmen kann, sowie des Saales Severini mit einigen vom Künstler geschenkten Werken. Damit ist sie kultureller Mittelpunkt nicht nur für die Stadt geworden. Sie befindet sich im Palazzo Casali, dem ehemaligen Wohnsitz der Herrscher von Cortona, der mittelalterlich aussieht, aber eine manieristische Fassade aus dem Beginn des 17. Jhs. hat. Von den zahlreichen Kirchen der Stadt sind zu erwähnen: S. Domenico, S. Francesco, S. Nicolò und die Basilika S. Margherita in beherrschender Position, die wegen der dramatischen Konversion der verehrten cortonesischen Heiligen berühmt ist, die aber in Wirklichkeit Mitte des 19. Jhs. in neu-mittelalterlichem Stil am Ort eines früheren Betsaales erbaut wurde, wo die Heilige gestorben war. Doch das beeindruckendste Kirchengebäude ist sicherlich S. Maria delle Grazie oder del Calcinaio, ein wenig außerhalb des Ortes, das wegen seiner harmonischen Einfachheit bemerkenswert ist. Es wurde von Francesco di Giorgio Martini in Renaissanceform gebaut und erinnert mit seinen reinen Linien und der Schlichtheit der Verzierungen an die

**Der Hof des Palazzo Casali; unten, Blick auf die Biblioteca dell'Accademia Etrusca und Ansicht eines Saales des Palazzo**

Pietro Lorenzetti, *Kruzifix.* Museo Diocesano

Oben, Luca Signorelli, *Anbetung der Hirten.* Museo dell'Accademia Etrusca

Links, Bartolomeo della Gatta, *Mariä Himmelfahrt*; unten, römischer Sarkophag aus dem 2. Jh. n. Chr. mit dem *Kampf des Dionysos und der Amazonen.* Museo Diocesano

Gegenüberliegende Seite, Fra Angelico, *Verkündigung*, Detail. Museo Diocesano

Lektion von Leon Battista Alberti und Brunelleschi.

Aus seiner berühmten Vergangenheit bewahrt Cortona auch Teile seiner mächtigen etruskischen Stadtmauer aus dem 5.- 4. Jh. v.Chr., die sich etwa 3 km lang hinzieht, zum Teil im 13. Jh. nach den Zerstörungen durch Arezzo wiederaufgebaut wurde und in der Fortezza del Girifalco gipfelt, die Mitte des 16. Jhs. von Cosimo I. zur Verteidigung gebaut wurde.

Ein archäologischer Rundgang durch die Stadt wird nicht einen Besuch der etruskischen Gräber auslassen, die sich in der Nähe des heutigen Stadtteils Camucìa befinden, wo man die beiden großen Hügelgräber besichtigen kann, die als „Meloni del Sodo" bekannt sind, von denen eines noch den Altar mit den Bild hauerverzierungen enthält. Nicht weit entfernt, doch aus späterer Epoche, ist das als Tanella di Pitagora bekannte Grabmal.

# Das Gebiet um Volterra und die Küste

Von Cortona und der Valdichiana aus ist die Versuchung groß, hinüber in die Val d'Orcia, die Gegend des Monte Amiata, und nach Siena zu fahren. Vom historischen Gesichtspunkt aus wäre der Abstecher durchaus berechtigt. Arezzo und Siena bekämpften sich seit dem frühen Mittelalter (erst ging es um Grenzstreitigkeiten zwischen den Bistümern, dann griff man zu Lanze und Schwert ...), um die gegenseitigen Einflussgebiete festzulegen. Aber die offizielle Geschichtsschreibung und die touristischen Veröffentlichungen verbinden in ruchloser Einmütigkeit Siena mit Florenz und mit deren Zankäpfeln, Elsa-Tal und Chianti. Auch wir werden auf diese Weise verfahren. Vorher wollen wir jedoch – im engen Rahmen dieses Buches – einen Blick in die Gegend südwestlich von Florenz werfen. Ich habe schon angedeutet, dass ich, als Florentiner aus dem Stadtteil bei der Porta Romana, von dort in Richtung Siena losfahre, aber in Galluzzo nach rechts auf Volterra zu abbiege. Die Kurven und Steigungen dieser Straße sind zwar für die Radrennamateure des *Giro della Toscana* ein Alptraum, aber es handelt sich um die ideale Route nach Volterra, nicht nur in Erinnerung an die Etrusker und an D'Annunzio, sondern vor allem wegen ihrer natürlichen Schönheit. Wieder gibt es eine Abkürzung für den eiligen Reisen-

**Ansicht der „Balze" in der Nähe von Volterra**

**Gegenüberliegende Seite, oben, die romanische Pfarrkirche S. Giovanni in Campiglia Marittima; unten, der Golf von Baratti von Populonia aus gesehen**

den: Man wirft sich auf die Superstrada nach Siena, nimmt die Ausfahrt Colle di Val d'Elsa (die Oberstadt dieses mittelalterlichen Ortes verdient besondere Aufmerksamkeit) und verfolgt die Staatsstraße 68; (einige Haltepunkte und Abstecher: die Kirche S. Maria delle Grazie des 15. Jhs.; Casole d'Elsa; Mensano mit der Kirche S. Giovanni Battista; Radicondoli; San Donato bei San Gimignano mit romanischer Pfarrkirche des 11.-12. Jhs.). Wer von der Höhe Volterras in Richtung Meer weiterfährt, erblickt eine fremdartige, faszinierende Mondlandschaft mit durch Erosion verursachten Abstürzen und Einschnitten. Volterra wird von einer gewaltigen Festung beherrscht und zeichnet sich sowohl durch mittelalterliche Gebäude (Priorenpalast, Dom, Baptisterium, Kirche S. Francesco des 13. Jh., Turmhäuser) als durch römische Monumente aus (die Thermen und das Theater). Im Museum Guarnacci wird eine berühmte etruskische Sammlung aufbewahrt. Am Fuß der Anhöhe stößt man auf Saline di Volterra und von dort kann man über verschiedene Straßen das Meer erreichen. Der direkteste Weg ist zweifellos die Staatsstraße 68, die längs des Cecina-Flusses zur gleichnamigen Stadt führt. Cecina ist ein Badeort gleich südlich der Steilküste, an der sich unterhalb von Livorno die Kliffs

biegt und die vielfach gewundene Staatsstraße 439 nach Follonica entlangfährt. Follonica ist ein großer Badeort in der Mitte des nach dieser Stadt benannten Golfes, der im Norden und Süden von den Vorgebirgen von Punta Ala und Piombino eingefasst wird. Die Straße 439 ist zwar anstrengend, bietet aber wunderbare Ausblicke auf die Wälder der Colline Metallifere (wörtlich: metallhaltige Hügel) mit ihren Erzminen, die zum Teil noch in Betrieb sind. In Pomarance kann man etruskische Funde besichtigen und Larderello ist wegen seiner Soffioni (Borquellen) interessant. Wenige Kilometer von der Küste, in bewegter Hügellandschaft, stößt man auf Massa Marittima mit seinem glanzvollen romanischen Dom an einem unregelmäßig gegliederten, sehr eindrucksvollen Platz. Diese an mittelalterlichen Monumenten reiche Stadt ist das historische Zentrum des toskanischen Bergbaugebietes. Wer auf dem Weg durch die Colline Metallifere lieber schnell ans Meer möchte, kann hinter Larderello nach rechts abbiegen: Er wird auf der Höhe von Castagneto Carducci ans Meer gelangen, nachdem er Hügel und Pinienwälder genossen hat, die einst zum Herrschaftsgebiet der Pisaner Adelsfamille Della Gherardesca gehörten. Der Besucher mag sich dabei an den Dichter Giosuè

und Strände der früheren Modebäder Calafuria, Quercianella und Castiglioncello aneinanderreihen. Die sandige Küste südlich von Castiglioncello mit Vada, Cecina, Bibbona, San Vincenzo und Riva degli Etruschi ist vielleicht weniger begehrenswert, ein Teil ihrer ursprünglichen Wildheit, die sie an die Maremmalandschaft annäherte, ist durch Camping-Plätze und Häuserzellen mit Sommerwohnungen verlorengegangen. Jedoch die Landstraße, die bei Ponteginori nach links von der Staatsstraße 68 abzweigt und über Bibbona (mit Marienheiligtum) zur Aurelia führt, vermittelt noch diesen rauhen Charakter. Noch besser ist beraten, wer schon in Saline di Volterra nach Süden ab-

Oben, der malerische Kreuzgang der Abtei von Torri

Die Abtei S. Galgano und, gegenüberliegende Seite, Ansicht des Querschiffes

Carducci erinnern, der hier eine Maremma besang, die es vielleicht nicht mehr gibt – schon am Ende des vorigen Jahrhunderts beklagte der Dichter selbst den Verlust der Maremma seiner Jugendzeit.
Noch eine andere Route führt von Colle di Val d'Elsa oder Siena nach Follonica längs des Merse-Tales. Dieser Fluss entspringt in den Colline Metallifere nicht weit vom Montieri-Berg und durchfließt mit unendlichen Windungen eine Landschaft, die teilweise kahl ist und teilweise von Macchia und Getreidefeldern belebt wird; sein Lauf endet im Ombrone. Von Colle di Val d'Elsa erreicht man das Tal über die Staatsstraße 541, die zunächst den Elsa-Fluss bis nach Le Cetine begleitet. Dort hält man sich in Richtung Südwesten, bis man die Ruine der gotischen Abtei S. Galgano erreicht. In der Nähe liegt auch die Kapelle von Montesiepi, in der das Schwert aufbewahrt wird, das der hl. Galgano nach seiner Bekehrung in einen Felsen gestoßen haben soll. Von S. Galgano erreicht man über Prata wiederum Massa Marittima, wenn man es nicht vorzieht, über Roccastrada und Montepescali bis nach Grosseto vorzudringen. Diese Orte liegen einsam und abweisend in einer wenig fruchtbaren, dünn besiedelten Landschaft, die bereits einen südländischen Charakter hat, ganz anders als die „klassische" Toskana mit ihren überall verstreuten Ansiedlungen und Bauernhäusern wie z.B. im Elsa-Tal und im Chianti bei Florenz. Dies sind die Straßen, die an das tyrrhenische Meer führen und allesamt an der Aurelia enden. Südlich von Piombino atmet man endlich die Atmosphäre der Maremma, in den Naturparks in den Monti dell'Uccellina, in der Lagune von Orbetello, die die Küste mit dem Monte Argentario verbindet, und am See von Burano, einem Überrest der ehemaligen Sümpfe und Grenze zwi-

**Oben links, die Küste von Livorno in der Nähe des Turmes von Calafuria**

**Oben rechts, Luftaufnahme der Insel Giannutri; links, Castiglione della Pescaia mit dem Hafenkanal**

schen der toskanischen Maremma und der Latiums. Tourismus und Natur stehen in einem heiklen, dialektischen Verhältnis zueinander, das zwischen Kampf und Symbiose schwankt. Aber in jüngster Zeit scheinen die Touristen und die Unternehmer der Fremdenverkehrsindustrie allmählich zu begreifen, dass die „Entwicklung" dieser Küste nicht mehr ohne Naturschutz auskommt, und dass es keinen Sinn hat, die Natur zu zerstören oder sie zu einem reinen Lockmittel oder Konsumgut verkommen zu lassen. Von Livorno gehen Fähren nach den Inseln Gorgona, Capraia und Elba; von Piombino ebenfalls nach Elba und auf Elba gibt es in Porto Azzurro die Möglichkeit, auf die Insel Pianosa überzusetzen. Von Porto Santo Stefano kann man sich nach den Inseln Giglio und Giannutri einschiffen. Nach den unbewohnten Felseninselchen *Formiche di Grosseto* vor dem Naturpark Monti dell'Uccellina und zu dem Naturreservat Montecristo gibt es keinen Schiffsverkehr. Eine Kreuzfahrt durch die toskanische Inselwelt, die geologisch und in Flora und Fauna mit der Küste und dem Monte Argentario verbunden ist, erschließt ein leuchtendes, archaisches Reich, in dem das Mittelmeer noch unberührt und sauber erscheint, von „homerischer" Farbigkeit.

# Volterra

Seit Jahrhunderten dominiert Volterra die weite und kahle Landschaft der „Balze" (Steilhänge) von der mächtigen Anhöhe aus, die die Täler der Flüsse Era und Cecina voneinander trennt, weit weg von den großen Verbindungsstraßen, aber deswegen nicht weniger bedeutend.

Der Reichtum des etruskischen *Velathri* stammt im Wesentlichen eher aus den Bodenschätzen (Kupfer, Salz, Alabastergruben) als aus der Fruchtbarkeit des Landes und aus der Fähigkeit, deren Produkte über die Kontrolle der Häfen von Populonia und Vada Volaterrana (dem heutigen S. Gaetano di Vada) zu vermarkten. Wir wissen, dass Volterra im 7. Jh. v.Chr. eine bedeutende Position im Kreise der zwölf etruskischen Bundesstädte erreicht hatte und dass seine Kontrolle sich vom Arno bis nach Vetulonia und Roselle, von Arezzo und Chiusi bis zur Insel Elba erstreckte.

Das von einer mächtigen, mehr als 7 km langen Mauer umschlossene Stadtgebiet zählte bis zu 25.000 Bewohner, eine Zahl, die es nie wieder erreichen sollte.
Wie für das übrige Etrurien kam der Niedergang auch für Volterra, und die Kapitulation erfolgte, wie uns der Historiker

**Oben, die Wachttürme der Medici-Festung; links, die Turmhäuser der Buonparenti**

**Unten, Piazza dei Priori**

**Ganz oben, der Palazzo Pretorio; oben, der etruskische Bogen**

**Rechts, Ansicht der Festung mit der Porta a Selci**

Titus Livius berichtet, 298 v.Chr. nach der Niederlage, die die Römer seinen Bewohnern beibrachten. Die Stadt trat mit dem Namen *Volaterrae* dem italischen Bund bei und erhielt erst 90 v.Chr. die römische Staatsbürgerschaft.

Es folgten die dunklen Epochen der Völkerwanderung, die Plünderung und Zerstörung brachten, bis die Bischöfe mit der Niederlage der Langobarden und dem Bündnis zwischen der Kirche und dem Karolingerreich begannen, eine politische Rolle ersten Ranges zu übernehmen (9.-10. Jh.) und dadurch zunächst mit dem Adel und dann mit dem aufsteigenden Bürgertum kollidierten, das sich in freien Stadtrepubliken organisiert hatte. Aus dem Bedürfnis einer stärkeren Verteidigung auch gegen Eroberungsgelüste von außen versah man sich mit einer neuen Ringmauer, die zum Teil auf die schon bestehende etruskisch-römische aufgesetzt wurde, von der u. a. ein schönes, als „etruskischer Bogen" bekanntes Stadttor geblieben ist. Die neue Stadtmauer wurde im Laufe des 13. Jhs. gebaut und ist bis heute vollständig erhalten; die großartige Fortezza, die den von Osten kommenden Besucher empfängt, ist hingegen zum Großteil ein Vermächtnis der Medici; Lorenzo il Magnifico ließ sie zwischen 1472 und 1475 bauen und mit der schon bestehenden Festung vereinigen.

Ab der zweiten Hälfte des 14. Jhs. gelangte Volterra mehr oder weniger verschleiert unter florentinischen Einfluss, bis es 1472 ganz unterworfen wurde. Zeichen eines wirtschaftlichen und kulturellen Wiedererwachens haben wir im 19. Jh. mit

den Lothringern, doch erst in den letzten Jahrzehnten ist für Volterra, dank des verbreiteten Interesses für die kleineren Kunstzentren, eine neue Zeit angebrochen. Aus diesem Blickwinkel präsentiert sich die Stadt durchaus auf der Höhe: ein gut erhaltenes, in eine außerordentlich faszinierende Landschaft eingefügtes Stadtbild mit einigen erstrangigen Museen. Dreh- und Angelpunkt des städtischen Lebens ist auch heute noch die Piazza dei Priori, an der die bedeutendsten mittelalterlichen Gebäude stehen, angefangen von dem zwischen 1208 und 1254 gebauten Palazzo dei Priori, der als das älteste Rathaus der Toskana gilt. Gegenüber erhebt sich ein stark restaurierter Gebäudekomplex aus dem 13. Jh., der Palazzo Pretorio, der frühere Wohnsitz des Capitano del Popolo. Weitere interessante Gebäude wie der Palazzo Monte Pio, der Palazzo Incontri und der Palazzo Vescovile, deren mittelalterliches Aussehen z. T. rekonstruiert wurde, vervollständigen den Platz.
Neben dem Palazzo dei Priori hebt sich die zweifarbige Marmorwand des Domes im pisanischen Stil ab, dessen

**Außen- und Innenansicht des Doms**
**Rechts, das Baptisterium**

**Holzgruppe mit *Kreuzabnahme*. Dom**

***„Abendschatten"* genannte Votivfigur aus Bronze des 3. Jhs. v. Chr. Museo Guarnacci**

Fassade aber auf die Piazza S. Giovanni geht. Der der Himmelskönigin geweihte Dom wurde 1120 anstelle einer frühchristlichen Kirche errichtet und gegen Mitte des 13. Jhs. im Rahmen der von Vasari Nicola Pisano zugeschriebenen Erweiterungsarbeiten umgebaut. Das im 16. Jh. restaurierte Innere ist durch einige Werke bereichert, von denen wir die hölzerne *Kreuzabnahme* aus dem 13. Jh. und eine im 17. Jh. wieder zusammengesetzte Kanzel mit antiken Tafeln erwähnen.
Der Fassade gegenüber liegt das Baptisterium mit achteckigem Grundriss, das sogar aus dem Jahr 1000 stammen könnte, das aber mit Sicherheit späteren Veränderungen (Ende des 13. Jhs.) unterworfen wurde, im Laufe derer die Fassade mit weißem und grünem Marmor verkleidet wurde. Innen befindet sich ein schönes, 1502 von Andrea Sansovino hergestelltes Taufbecken.
Unter den zahlreichen kirchlichen Gebäuden erwähnen wir S. Francesco mit der anliegenden Cappella della Croce di Giorno, die (1410) von Cenni di Francesco vollständig mit Fresken über die *Legende des Hl. Kreuzes* ausgemalt wurde und die Kirche S. Girolamo, die Mitte des 15. Jhs. vielleicht nach Zeichnung von Michelozzo erbaut wurde. Die um 1030 außerhalb des Ortes gebaute Abtei Ss. Giusto e Clemente wurde zunächst von einem Erdbeben 1846 und dann durch Erdrutsche zerstört, die die Abhänge des Berges, auf dem Volterra steht, unvermeidbar erodieren und die umliegende Landschaft der sogenannten „Balze" geformt haben.
Den bedeutenden städtischen Museen ist die Aufgabe übertragen, die Stadtgeschichte zu überliefern, als erstem dem Museum Guarnacci, einem der ältesten Museen Europas, das 1761 dank dem Abbé Guarnacci, einem Gelehrten im 18. Jh., entstanden ist, der der Stadt seine in jahrelangen Studien und Forschungen gewachsene archäologische Sammlung sowie über 50.000 Bücher seiner Bibliothek geschenkt hat. Spätere Käufe und Ausgrabungskampagnen haben die Sammlungen bereichert, die heute in 38 Sälen des Museums ausgestellt sind, das sich einer unvergleichlichen Zusammenstellung von Ascheurnen aus Tuffstein, Terrakotta und Alabaster rühmen kann.
Im Palazzo Vescovile ist das Diözesanmuseum untergebracht, während die städtische Gemäldesammlung sich im schönen, traditionsgemäß

**Oben, goldene Ohrringe aus dem 4.-3. Jh. v. Chr.; rechts, Bronzespiegel mit *Dioskuren* aus dem 3. Jh. Museo Guarnacci**

**Unten, etruskische Urne aus dem 2. Jh. v. Chr., auf dem *Der von Hunden zerfleischte Atteon* zu sehen ist. Museo Guarnacci**

Antonio da Sangallo d.Ä. zugeschriebenen Palazzo Minucci-Solaini befindet. Unter den zahlreichen Werken, die einen erschöpfenden Überblick über die toskanische Malerei des 13.-17. Jhs. bieten, verdient die große Tafel von Rosso Fiorentino mit der *Kreuzabnahme* einen Ehrenplatz.
An der mittelalterlichen Stadtmauer im Osten stehen die großartigen Reste des Theaters (Ende des 1. Jhs. v.Chr.) und das spätere Thermalgebäude (4. Jh. n.Chr.), die einzig übrig gebliebenen Zeugen der großen römischen Stadt.

**Ganz oben links, Rosso Fiorentino, *Thronende Madonna zwischen zwei Heiligen.* Museo Diocesano; rechts, Domenico Ghirlandaio, *Der Erlöser mit Heiligen.* Pinacoteca Civica**

**Oben, Benvenuto di Giovanni, Predella mit der *Vermählung Mariä.* Pinacoteca Civica**

**Von links, Pieter de Witte, *Kreuzabnahme*; Rosso Fiorentino, *Kreuzabnahme*, und Detail auf der gegenüberliegenden Seite. Pinacoteca Civica**

# Massa Marittima

Im 19. Jh. lief in der Maremma ein geflügeltes Wort um: „Massa, saluta e passa" etwa: „Grüße und geh weiter". In den vergangenen Jahrhunderten hatte die Malaria den Ort immer mehr entvölkert, bis er in den letzten Jahren der Medici-Herrschaft auf einige hundert Bewohner geschrumpft war. Der Wiederaufschwung kam mit den Lothringern, die wichtige Arbeiten zur Trockenlegung im gesamten Gebiet und Initiativen zum Bergbau förderten. Doch war der Ort, an dem das Städtchen steht, der vor den häufigen, vom Meer kommenden Sarazenenüberfällen sicher war, wegen seiner wertvollen Mineralvorkommen seit der Antike begehrt. Reste einer großen, an den Bergbau gebundenen Siedlung aus etruskischer Zeit wurden in den ersten Jahrzehnten des 20. Jhs. gefunden. Wir wissen auch, dass Massa Marittima in langobardischer Zeit an Bedeutung gewann, parallel zum Verfall der alten Etruskerzentren am Meer, Vetulonia und Populonia; insbesondere die Zerstörung Populonias durch die Sarazenenpiraten förderte den Aufstieg zum Bischofssitz schon vor dem Jahr 1000. Nachdem es im Laufe des 12. Jhs. unter politischem Einfluss von Pisa gestanden hatte, gelang es ihm 1225, sich als freie Stadtrepublik zu erklären und in der Zeit der höchsten wirtschaftlichen Blüte, die u. a. durch die Abfassung

**Der Dom S. Cerbone**

**Rechts, das Taufbecken. Dom**

**Unten, Goro di Gregorio, *Arca di San Cerbone* mit Einzelheiten der Verzierung. Dom**

des ersten Bergbaustatutes in Europa besiegelt wurde, sogar eine eigene Münze zu prägen. Es gelang ihm allerdings nicht, den Sienesen zu widerstehen, die es endgültig unterwarfen. Unter der Herrschaft Sienas verdiente sich Massa die Erweiterung des Palazzo Comunale und die Vervollständigung der Stadtmauer mit dem Bollwerk, trat dann aber in eine Phase wirtschaftlichen Verfalls ein, zu der die Pest (1348), die Malaria und die Aufgabe des Bergbaus beitrugen.

Das schönste städtische Denkmal ist ... die gesamte Altstadt, die in zwei unterschiedliche Kerne aufgeteilt ist: Massa Vecchia, romanischer Prägung, das sich um die Symbole der kirchlichen und der weltlichen Macht herum entwickelt hat, und das höher gelegene Massa Nuova, das der Bestätigung als Freie Stadtrepublik und der Zeit des Bevölkerungszuwachses entspricht. Das Herz der Stadt bildet die schöne Piazza Garibaldi, an der die bedeutendsten mittelalterlichen Gebäude stehen,

**Der Palazzo Comunale und, rechts, der Palazzo Pretorio**

darunter an erster Stelle, in szenischer Position über einer hohen Treppe, der Dom S. Cerbone. Der Heilige, dem der Dom gewidmet ist – dessen Geschichte in den Architrav des Eingangsportals gehauen ist – verweist auf die Präsenz der aus Populonia stammenden Bischöfe, wo die Verehrung des hl. Cerbo eng mit der Stadtgeschichte verbunden war. Wir kennen nicht den Urheber dieser Eleganz, doch es lässt sich denken, dass die monumentale Anlage in mehreren Phasen ab der ersten Hälfte des 13. Jhs., wenn nicht gar ab dem 12. Jh., gebaut wurde. Das Innere wird von Travertinsäulen mit elegant gehauenen Kapitellen in drei Schiffe geteilt und birgt kostbare Werke. Der Kürze halber beschränken wir uns auf die Erwähnung des großen Taufbeckens von Giroldo da Como (1267), das sehr viel später mit einem Tabernakel vervollständigt wurde; die als *Arca di san Cerbone* bekannte Marmorurne des sienesischen Bildhauers Goro di Gregorio; das gemalte *Kreuz* von Segna di Bonaventura; die *Madonna delle Grazie*, eine große, nicht ganz vollständige Tafel, auf deren Rückseite *Passionsgeschichten* gemalt sind, vielleicht aus der Werkstatt von Duccio di Boninsegna um 1316.

Dem Dom gegenüber erhebt sich der Palazzo del Podestà aus den ersten Jahrzehnten des 13. Jhs. mit einer mit Wappen geschmückten Travertinfassade, die noch die alte massesische Längenmaßeinheit eingeprägt hat, den „passo" („Schritt"= 60 cm). Im Innern sind städtische archäologische Sammlungen zusammengetragen – insbesondere Material und Grabbeigaben, die in den Nekropolen von Accesa und Poggio Castiglione gefunden wurden – und Gemälde kirchlicher Herkunft, darunter die große Tafel von Ambrogio Lorenzetti mit der *Maestà*, die sich früher in S. Agostino befand.

Den Platz vervollständigen die elegante Palazzina dei Conti di Biserno mit dem hohen Zinnenturm und der Palazzo Comunale, ein großes Gebäude aus Travertin, das durch die Zusammenlegung mehrerer aus dem 13. und 14. Jh. stammender Wohnungen entstanden ist.

Vom alten Bergbau, an den die Entstehung und Entwicklung von Massa so eng gebunden war, bleibt heute eine Erinnerung im Bergbaumuseum in Via Corridoni, wo die Fördertechniken seit der Antike illustriert sind.

**Ambrogio Lorenzetti, *Maestà*. Museo Civico**

**Gegenüberliegende Seite, Goro di Gregorio, *Arca di San Cerbone*, Detail. Dom**

# Populonia

Grab der Totenbetten

Ein kleiner Ort aus dem 15. Jh. auf einem hohen Hügel steil über dem Meer, von der dichten mediterranen Macchia umgeben, die seit Jahrhunderten das Kap bedeckt: so präsentiert sich dem heutigen Besucher das etruskische *Popluna*, die Stadt, die in der hellenistischen Epoche das wichtigste Eisenzentrum Etruriens war.
Das in antiken Quellen häufig genannte Populonia scheint bis zur Kaiserzeit geblüht zu haben, dann wurde es zuerst von den Langobarden zerstört, 809 endgültig von den aus Mauretanien kommenden Korsarenflotten dem Erdboden gleichgemacht.
Die archäologischen Forschungen haben die Existenz einer großen Siedlung festgestellt, die nicht nur auf dem Areal der vom heutigen Ort dominierten Akropolis liegt – wo noch Spuren des Mauerrings zu sehen sind – sondern auch tiefer, in der Nähe des Hafens und den Golf entlang, wo sich das Industriegebiet ausbreitete.

Der außerordentliche Mineralreichtum der nahen Insel Elba vor allem an Eisen und Kupfer und die etwas zurückliegenden Hügel von Campiglia, die große Bleivorkommen haben, lieferten das Rohmaterial zur Verarbeitung, die nicht vor Ort, sondern in Populonia erfolgte. Einige Ausgrabungskampagnen haben vor kurzem in der Gegend des Poggio alla Porcareccia, in der Nähe der Bootsanlegestelle, eine Art Industrieviertel ans Licht gebracht, das eine rationelle stadtplanerische Anlage hat, die Werkstätten mit Arbeiterwohnungen abwechselte. Die spätere Zerstörung des Viertels im 3. Jh. bedeutete aber nicht die Aufgabe der Hüttenaktivität, wie der von

Rundgrab; rechts, Ädikulagrab

**Zwei Ansichten der Festung von San Silvestro**

Populonia (205 v.Chr.) gelieferte Beitrag an Eisen zur Ausrüstung der Flotte des nach Afrika ausschiffenden Publius Cornelius Scipio bezeugt.
Die von Populonia erreichte Bedeutung und seine Konnotation als einziges, am Meer liegendes, großes Etruskerzentrum förderten die Entwicklung von regen Beziehungen zu anderen Völkern des Mittelmeeres. Das beweisen die Beigaben aus den Kammergräbern, die aus Ostgriechenland stammende Schalen und Balsamgefäße, korinthisches Material und seltene phönizische Keramikstücke hervorgebracht haben, auch wenn man von Gefäßfabriken in Populonia selbst weiß, deren Buccherovasen eine weite Verbreitung im nördlichen Etrurien fanden.

Der Großteil der glücklicherweise dem Antiquitätenschwarzmarkt entzogenen Ausgrabungsstücke befindet sich in den reichen Sammlungen des Archäologischen Museums in Florenz; doch kürzlich wurde auch ein interessantes Etruskisches Museum im nahen Piombino eingerichtet. Um diese bedeutenden archäologischen Schätze zu schützen und aufzuwerten, wurden die Parks des Cornia-Tals geschaffen, die den Antiken Bergbaupark von San Silvestro und den Archäologischen Park von Baratti und Populonia umfassen. Der erste, der zwischen San Vincenzo und Campiglia liegt, wurde nach dem alten, später zerstörten Ort San Silvestro benannt, wo noch vom 10.-14. Jh. der in etruskischer Zeit begonnene

Bergbau betrieben wurde; der zweite bietet Führungen durch die etruskischen Nekropolen (S. Cerbone, Porcareccia und Grotte) mit der Möglichkeit, einige der bekanntesten Hügelgräber zu besuchen, wie die Tomba dei Flabelli (Fächergrab) und die Tomba dei Carri (Wagengrab).

# Livorno

**Bernardino Poccetti, *Ansicht des Hafens von Livorno*, Detail. Florenz, Palazzo Pitti**

Trotz der schwierigen Umweltbedingungen, die sicherlich die Entstehung und die erste Entwicklung des Ortes behinderten, war Livorno schon am Ende des 18. Jhs. die zweitgrößte Stadt der Toskana geworden, eine Stellung, die es übrigens lange gehalten hat bis zur „Abdankung" zugunsten von Prato im vergangenen Jahrzehnt. Das am südlichen Rand des großen Arno-Tales gelegene Livorno war häufigen Überfällen vom Meer her und den Unannehmlichkeiten eines zum großen Teil aus Weihern und Sumpf bestehenden Gebietes ausgesetzt, so dass es lange Zeit wenig mehr als ein kleiner Anlegehafen war. Dies bestätigen auch archäologische Forschungen, die die Existenz von unbedeutenden Niederlassungen gegenüber einer ansehnlicheren, weiter südlich gelegenen Siedlung in der Gegend des heutigen Städtchens Castiglioncello zeigten.
Zwischen dem 10. und 11. Jh. bildete sich Livorno als ein *castrum* heraus und schon im 12. Jh. stellte es, im Schutz des als „Mastio di Matilde" bekannten Verteidigungsturmes, eine Stütze für den nahen pisanischen Hafen dar. Die schwere Niederlage von Meloria (1284) setzte auch Livorno den Vergeltungsmaßnahmen der Genuesen aus, doch das schadete seiner Existenz nicht; im Gegenteil, die pisanische Republik förderte die

**Die Fortezza Nuova; unten, die Fortezza Vecchia**

**Ansicht des Stadtviertels Venezia Nuova; rechts, die große, von Pasquale Poccianti zum Wasserauffang gebaute „Cisternone"**

Besiedlung dieses Gebietes durch eine Freistellungspolitik. Die fortschreitende Versandung des Golfes an dem der Hafen von Pisa lag, bewirkte die Entwicklung des Hafens von Livorno, der am offenen Meer lag. Nach einer kurzen genuesischen Zeit (1408-1421), wurde die Stadt für hunderttausend Florin von Florenz gekauft, dem es so gelang, sein langjähriges Bestreben nach einem Zugang zum Meer zu konkretisieren. Der Wiederaufbau des städtischen Verteidigungssystems und die Schaffung der Fortezza Vecchia nach einem Plan von Antonio da Sangallo d. Ä. zu Beginn des 16. Jhs. zeigen das Ausmaß des florentinischen Interesses für Livorno, das sich mit Cosimo I. und vor allem mit seinem Sohn Francesco fortsetzte, der als Begründer der Stadt angesehen wird, da er die Erweiterung des Hafens geplant und mit Hilfe des Architekten Buontalenti sein Aussehen verändert hat.
Die von Ferdinando I. zu Beginn der neunziger Jahre ausgegebenen, besonders die als „Gesetze von Livorno" bekannten Vorschriften von 1593, kennzeichneten die unaufhaltsame Entwicklung der Stadt und gaben ihr jenen weltoffenen und toleranten Charakter, der typisch für sie bleiben sollte. Ferdinando brachte eine Politik der Privilegien und Steuerbefreiungen zur Reife und gestand den traditionell vom christlichen Abendland befeindeten Ethnien (Türken, Juden, Schwarzen) einen besonderen Status zu: sie wurden mit zahlreichen Erleichterungen empfangen und mit der Auslöschung eventueller Strafverfahren zu ihren Lasten sowie der Möglichkeit, die eigene Religion frei zu bekennen und die eigenen Sitten zu pflegen. Neben „europäischen" Bürgern, wie Engländern, Holländern, Deutschen, Spaniern und Portugiesen, ließen sich in Livorno Kolonien von Armeniern und Türken nieder, und die jüdische Gemeinschaft eroberte sich schon bald eine Rolle ersten

**Ulvi Liegi, *Synagoge von Livorno*. Museo Civico Giovanni Fattori; rechts, der Piazzale Mascagni**

**Ganz oben, Eugenio Cecconi, *Livornesische Lumpensortiererinnen*; oben, Giovanni Fattori, *Angriff auf den Ort Madonna della Scoperta.* Museo Civico Giovanni Fattori**

Ranges, noch heute ist sie die zahlenmäßig größte der Region.
An der Schwelle zum 19. Jh. war es für die ausländischen Reisenden leicht, Livorno als eine Stadt modernen Aussehens mit großen Straßen und schönen Plätzen zu beschreiben. Viele dieser Eigenheiten haben sich über die Zeit erhalten, auch wenn das Stadtbild die schweren Schäden mehrfacher Bombardierungen und einen übereilten Wiederaufbau ertragen musste.
Noch heute kann man einige Teile der alten Stadt im malerischen Viertel Venezia Nuova finden, das im 17. Jh. zwischen der Fortezza Nuova und der Fortezza Vecchia gebaut und kürzlich restauriert wurde. Die alte Festung wurde Anfang des 16. Jhs. erbaut und gliederte die alten Befestigungsstrukturen ein. Sie geht auf die zentrale Piazza Micheli, wo ein bei den Livornesen beliebtes Monument, das *Denkmal für Ferdinand I.*, steht, besser bekannt als „Quattro mori" wegen der von Pietro Tacca gebildeten vier gefesselten Berberfiguren.
Da die Gründung Livornos neueren Datums ist, hat es im Vergleich zu den meisten toskanischen Städten weniger religiöse Gebäude, die jedoch die in der Stadt genossene, jahrhundertelange Religionsfreiheit bezeugen. Noch heute finden wir einen Tempel der holländisch-deutschen Kongregation, einen griechisch-orthodoxen Friedhof, eine nach der teilweisen Zerstörung des letzen Krieges wieder aufgebaute Synagoge, eine Armenier-Kirche, S. Gregorio, von der jetzt allerdings nur noch die Fassade steht.
Der dem hl. Franziskus geweihte Dom wurde zwischen 1594 und 1606 nach Plänen von Alessandro Pieroni gebaut. In der Nachkriegszeit wurde er originalgetreu wieder aufgebaut. Innen bewahrt er Werke von Passignano, Ligozzi, Empoli und Curradi auf.
Neben dem Anfang der 90er Jahre eingeweihten Jüdischen Museum verdient sicher das städtische Museum Giovanni Fattori Erwähnung, das seit 1994 in der Villa Mimbelli untergebracht ist. Es stellt wichtige Werke der livornesischen Malerei des 19. und 20. Jhs. aus, darunter viele Gemälde von Giovanni Fattori.

**Oben, Matteo Vittorio Corcos, *Portrait von Yorick*; gegenüberliegende Seite, Giovanni Fattori, *Portrait der Ehefrau*. Museo Civico Giovanni Fattori**

**Giovanni Fattori, *Der Rundbau von Palmieri*. Florenz, Galleria d'Arte Moderna**

# Val d'Elsa und Chianti

Nördlich von Volterra und westlich vom Elsa-Tal liegt ein Teil der Toskana, der normalerweise nicht vom Touristenstrom berührt wird. Es handelt sich um die beiden Täler der Flüsse Egola und Era, beides linke Seitenflüsse des Arno; der eine mündet gegenüber von Santa Croce sull'Arno in den größeren Fluss, der andere bei Pontedera. Aber auch das Elsa-Tal nördlich von Poggibonsi ist in letzter Zeit in Vergessenheit geraten. Zwischen Ponte a Elsa – gleich südwestlich von Empoli – und Poggibonsi erstreckt sich die Staatsstraße 429, die dem Verlauf der alten Frankenstraße entspricht, aber kaum Touristen anzieht. Von den Orten, die die Straße durchquert, erfreut sich nur noch Certaldo einer gewissen Anziehungskraft, weil es als der Geburtsort von Giovanni Boccaccio gilt. Castelfiorentino hat dagegen praktisch keinen Fremdenverkehr. Südlich

von Empoli und San Miniato liegen zahlreiche interessante Orte wie das hübsche Montespertoli, Gambassi mit der in der Nähe gelegenen Pieve a Chianni, Montaione mit dem Kloster S. Vivaldo, bei dem die Franziskanermönche im 15. und 16. Jh. nach dem Vorbild Jerusalem eine Art „Heiligen Berg" errichteten mit vielen Berührungspunkten mit dem wohlbekannten Monument von Varallo Sesia. Zwischen Peccioli und Castelfalfi hat sich eine unberührte Landschaft erhalten, eine Mischung aus der unwirtlichen rauhen Schönheit der Umgebung von Volterra und dem Küstenland bei Pisa.

Das Ausufern der Vororte und die Sucht, immer nur die kürzesten Wege zu benutzen, hat den Toskanern und Fremden den Reiz vieler kleiner Orte und Jahrmärkte in Stadtnähe aus dem Sinn kommen lassen, die früher das Ziel von Landpartien waren. Heute fahren die Florentiner nicht mehr nach San Martin la Palma, nach Pieve a Giogoli oder nach San Casciano im Pesa-Tal, in dessen Nähe bei Sant'Andrea in Percussina das Haus von Nicolò Machiavelli liegt. Das gleiche gilt für Impruneta, wo das für Jahrhunderte berühmteste Marienheiligtum der Toskana steht. Mit dem Elsa-Tal kommt man nur noch bei Poggibonsi (mit großem Medicifort und dem franziskanischen Kloster S. Lucchese) in Berührung, weil hier die Superstrada nach Siena vorbeiführt und weil für die Touristen der Besuch der Türme und Kirchen von San Gimignano unerlässlich zu sein scheint. Fast niemand macht dagegen Halt an der Pieve von Cellole oder wandert zu den zahllosen Ruinen von Castelvecchio, die so etwas wie ein wunderbares, im Walde verstecktes „mittelalterliches Pompeji" bilden.

**S. 210-211, die Abtei von Passignano**

**Oben, das obere Certaldo; links, die Pfarrkirche S. Maria a Chianni**

**Gegenüberliegende Seite, Ansichten des sienesischen Chianti**

Wer nicht auf der Superstrada nach Siena fahren will, wähle die Staatsstraße 222, die durch die Hügel des Chianti-Gebietes, durch Greve und durch Castellina führt und gönne sich einen Abstecher zu dem wildesten und gebirgigsten Teil des Chianti bei Radda, Gaiole, der Abtei von Coltibuono und den Ruinen des Schlosses von Montegrossi, früher Residenz des mächtigen Ricasoli-Geschlechtes. Hier befindet sich auch die Wasserscheide zwischen Chianti und Arno-Tal, denn weiter östlich fährt man hinab nach Figline, San Giovanni und Montevarchi.

# Colle di Val d'Elsa

Die Entwicklung von Colle, einer alten Etruskersiedlung am Ufer des Wildbaches Elsa, kann in Verbindung zu seiner günstigen geografischen Lage mitten in einem alten Zivilisationsgebiet gesehen werden, wo die großen Städte Siena, Volterra und Florenz ihren Einfluss spüren ließen und wo die Nähe der Frankenstraße, einer Straße „europäischen" Ranges, den Austausch von Menschen und Ideen förderte. Die Nähe eines Wasserlaufes wie der Elsa war unabdingbare Voraussetzung, um schon im 11. und 12. Jh. einige „industrielle" Aktivitäten aufnehmen zu können, die an die Produktion von Wolle und Papier gebunden waren, wobei letztere sehr langlebig war und Colle im 18. und 19. Jh. zu einem der Hauptzentren der Papierherstellung machte. Die spätere Glasindustrie (Mitte des 14. Jhs.) ist hingegen auch heute noch der größte Stolz der Stadt, die jedes Jahr im September eine Ausstellung der hier produzierten Kunstmanufakturen organisiert und dem Glas kürzlich ein interessantes Museum gewidmet hat.
Die städtische Entwicklung der letzten Jahrzehnte hat die charakteristische Gliederung des Ortes in drei Kerne, die

**Oben, Giovanni di Cristofano und Francesco di Andrea, *Die Übergabe von Colle Val d'Elsa.* Siena, Archivio di Stato**

**Links, Palazzo Campana; rechts, der Palazzo dei Priori**

drei verschiedenen Bauphasen entsprechen, nicht ausgelöscht: Colle Bassa – das zum großen Teil das Gewicht der Erweiterung der Bebauung trug –, das sich um die alte Kirche S. Maria della Spugna (10. Jh.) entwickelte; Castello, das auf der Spitze des Hügels am Ort der Burg von Piticciano lag; der von einer zum Teil heute noch bestehenden Stadtmauer umgebene Borgo, den man durch die charakteristischen zylindrischen Wachtürme der großen Porta Nuova erreichte.
Das Leben von Colle Bassa sammelt sich um die Piazza aus dem 19. Jh., die nach Arnolfo di Cambio benannt wurde, dem großen Architekten und Bildhauer, der hier um 1245 geboren wurde und der vielfach in der Stadtgeschichte vertreten ist. Von der raschen, alles verändernden und einverleibenden Entwicklung des Ortes verborgen liegen einige wertvolle Gebäude, die auch auf eine lange industrielle Tradition verweisen, doch der am besten erhaltenste Kern von großem künstlerischen und architektonischen Wert liegt im oberen Teil der Stadt. Den Besuch eröffnet, fast wie ein Eingangstor, der schöne, von Giuliano di Baccio d'Agnolo in manieristischem Stil gezeichnete Palazzo Campana (1539), nach dem man die leicht ansteigende Via del Castello abläuft, die zum Domplatz führt. Hier liegt der Palazzo Pretorio aus dem 14. Jh., wo sich heute das dem großen Archäologen Ranuccio Bianchi Bandinelli gewidmete archäologische Museum befindet (eine mit Lehrrundgängen organisierte Auswahl von der Frühgeschichte bis zum Mittelalter).
Die Kathedrale Ss. Alberto e Marziale wurde ab 1603 am Ort der einfachen Pfarrkirche S. Salvatore erbaut, deren Reste an der linken Seite eingefasst sind. Der Neubau wurde durch den Aufstieg – mittels päpstlicher Bulle 1592 – von Colle zum Bischofssitz und darauf folgend zur Stadt veranlasst. Die heutige klassizistische Fassade ist das Werk des Sienesen Agostino Fantastici, das Innere präsentiert sich als ein Programm der Malerei des 17. Jhs.
Zahlreiche interessante Gebäude (Palazzo Vescovile, Palazzo dei Priori) liegen auch im weiteren Verlauf der Via del Castello, an der man auf das Turmhaus aus dem 13. Jh. trifft, das der Überlieferung nach für das Geburtshaus Arnolfos gehalten wird; die Straße endet in der großen Renaissancebastion „Baluardo", mit schönem Blick auf die Umgebung.

**Domplatz mit dem Palazzo Pretorio**

**Links, Taddeo di Bartolo, *Madonna mit Kind*. S. Agostino;**
**unten, *Kelebai-Vasen* aus Volterra (4. Jh. v. Chr.). Museo Archeologico Bianchi Bandinelli**

# Certaldo

Die unsichere Herkunft des Namens rührt vielleicht von der großen Verbreitung von Zerreichenwäldern (vom Lateinischen *cerrus*). Certaldo rühmt sich etruskisch-romanischen Ursprungs, wie die archäologischen Funde von Poggio del Boccaccio und Poggio delle Fate beweisen. Sein Name ist jedoch allgemein an Giovanni Boccaccio, den Autor des *Decamerone*, gebunden, der, einer alten Überlieferung nach, hier um 1313 geboren sein soll. Tatsächlich verbrachte der Schriftsteller in Certaldo seine letzten Lebensjahre (er starb 1375) und seine Person ist in der Stadtgeschichte sehr präsent, angefangen von dem Haus, in dem er lebte, das nach den Zerstörungen des letzten Krieges (1947) fast vollständig wiederaufgebaut wurde und in dem heute ein Studienzentrum mit Spezialbibliothek arbeitet.
Die heutige Stadt ist in zwei Teile geteilt: Borgo, der untere Teil, und Castello, der obere Teil. Borgo, dessen Erbauung neueren Datums ist (13.-14. Jh.) und der durch die Frankenstraße gefördert wurde, ist heute Wirtschafts- und Wohnzentrum; Castello, um den eleganten Palazzo Pretorio herum, früher ein Symbol städtischer Macht und Residenz der Grafen Alberti, die die Kleinstdt beherrschten, hat sein mittelalterliches Aussehen vollkommen bewahrt.
Der Palazzo Pretorio erinnert an die vergangenen Jahrhunderte, in denen Certaldo das wichtigste Zentrum des Elsa-Tales war, vor seinem Niedergang nach der Machtergreifung der Lothringer. Vom ursprünglichen Wohnsitz der Grafen Alberti bleibt nur der Bastionsturm, das heutige Gebäude ist ein Nachbau aus dem 15. Jh. Interessant ist der Hof mit den gemalten und gehauenen Wappen und die von Pier Francesco Fiorentino verzierten Säle des ersten Stockwerkes. An den Palazzo Pretorio angebaut und heute ein Teil von ihm ist die alte Kirche Ss. Tommaso e Prospero. Hier wurde das Tabernakel der Hingerichteten wieder aufgebaut, das einst in einer Kapelle in der Nähe des Flusses Agliena, nahe dem Hinrichtungsort der zum Tode Verurteilten aufgestellt war. Der bedeutende Freskenzyklus mit *Passionsszenen* wurde von Benozzo Gozzoli und seinen Mitarbeitern (1466-67) gemalt.
Das Stadtviertel ist in seiner ganzen Länge von der Via Boccaccio durchzogen, der wichtigsten Straße, an der die zum großen Teil in Backstein in warmen Farbtönen gebauten Gebäude liegen. An ihrem Verlauf oder in unmittelbarer Nähe befinden sich die Palazzi und Kirchen, die vorzügliche Zeugen der städtischen Geschichte und Kultur sind, angefangen beim großen Kloster Ss. Jacopo e Filippo (12.-13. Jh.) mit hübschem asymmetrischen Kreuzgang mit doppelter Säulenreihe. Das vor kurzem Museum für Kirchenkunst gewordene Gebäude enthält wichtige Werke aus der Gegend und das Kenotaph von Boccaccio, sowie Erinnerungen an die selige Julia, die hier in einer Zelle wohnte, eine der frommen Einsiedlerinnen, die sich nach dem Beispiel der bekannteren hl. Verdiana (12. Jh.) aus Castelfiorentino im Elsa-Tal verbreiteten.

**Meliore, *Madonna mit Kind.* Museo di Arte Sacra**

**Links, Giovan Francesco Rustici, *Büste des Giovanni Boccaccio.* Ss. Jacopo e Filippo**

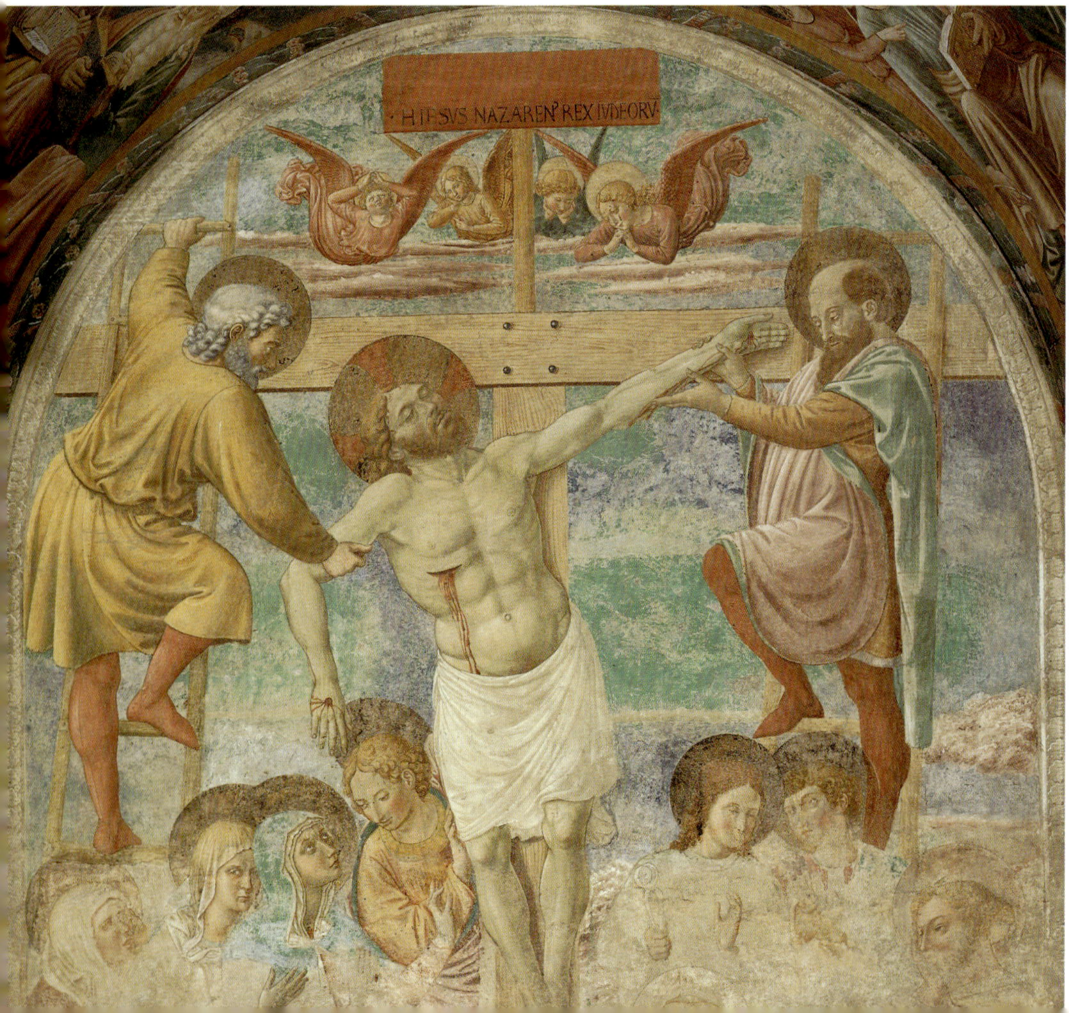

**Benozzo Gozzoli und Werkstatt, *Kreuzabnahme Christi*, Detail. Ss. Tommaso e Prospero**

**Gegenüberliegende Seite, der Palazzo Pretorio**

# San Gimignano

San Gimignano ist einzigartig und nur schwer vergleichbar, eine Art in die „typisch" toskanische Landschaft eingefasste Kamee, die seit langer Zeit Besucherscharen in Erstaunen versetzte und die ein Kommentator im 19. Jh. als Stadt bezeichnete, „die nicht ihresgleichen hat". In ihrer entfernten Vergangenheit scheint, wie oft in toskanischen Orten, eine etruskische Siedlung gelegen zu haben, was die zahlreichen, im Umland gefundenen Gräber beweisen; der Eintritt in die neuere Geschichte liegt hingegen im hohen Mittelalter und scheint an den direkten Durchgang der Frankenstraße gebunden, der wichtigen, von den Pilgern genutzten Straße nach Rom und Jerusalem. Auch Sigericus, der Erzbischof von Canterbury, machte hier gegen Ende des 10. Jhs. Rast auf dem Rückweg von Rom und hinterließ als Erster ein Erinnerungszeichen, aber diese Straße, die den Aufstieg der kleinen Stadt bestimmt hatte, förderte auch seine Erstarrung im Moment des

**Unten links, der Palazzo del Podestà; rechts, der Palazzo del Popolo und die Stiftskirche**

**Gegenüberliegende Seite, Piazza della Cisterna**

Verfalls und des anschließenden Verlassens.
Die Zeit der höchsten Blüte deckt sich mit der Erhebung zur Stadtrepublik und der Entstehung einer Aristokratie, die ihr Glück mit dem Handel der Produkte des fruchtbaren Landes machte, an erster Stelle Safran, doch die ständigen Streitereien zwischen den Stadtparteien, insbesondere zwischen den welfischen Ardinghelli und den gibellinischen Salvucci, im Verein mit den verheerenden Folgen der Pest (1348) verursachten den wirtschaftlichen Verfall und 1351 die freiwillige Unterwerfung unter Florenz.
Heute ist San Gimignano einer der Orte mit der größten Touristendichte der Toskana, das fest im Rundfahrtprogramm der Region verankert ist, mit sicherlich positiven Auswirkungen für die wirtschaftliche Entwicklung aber mit der ständigen Gefahr einer irreversiblen Veränderung des wunderbaren Gleichgewichtes von menschlichem Eingriff und natürlicher Umgebung. Hier liegt die Herausforderung für die Zukunft: Übergang in das neue Jahrtausend ohne die Verschwendung eines in Jahrhunderten geduldig aufgebauten Reichtums.
Der Zugang zur Stadt erfolgt normalerweise durch das schönste Tor, S. Giovanni, das mit der gleichnamigen, von Kirchen, Türmen und Häusern eingefassten Straße zur Piazza della Cisterna führt, einer Art umgekehrtes Dreieck dessen Name auf die alte, von der Stadtrepublik gebaute Zisterne (1287) zurückgeht. An diesem, einst als Kulisse für Veranstaltungen und Turniere benutzten

**Inneres der Stiftskirche zum rechten Seitenschiff gesehen**

**Von oben, Bartolo di Fredi, *Das Erdbeben im Hause Hiobs, Der Traum Josephs, Abraham trennt sich von Lot, Die Zerstörung des Heeres von Hiob.* Stiftskirche**

Platz stehen interessante mittelalterliche Gebäude und die beiden Zwillingstürme der mächtigen Familie Ardinghelli. Ein kurzer Gang führt auf den ebenso malerischen Domplatz, den von der Höhe der Treppe die Stiftskirche S. Maria Assunta dominiert und auf den hinaus der Palazzo del Podestà, mit dem „Rognosa" genannten, mächtigen Turm, und der Palazzo del Popolo liegen.

Die Stiftskirche mit einer einfachen Steinfassade wurde in der zweiten Hälfte des 12. Jhs. anstelle einer alten kleineren, anders ausgerichteten Pfarrkirche errichtet. Im Gegensatz zum Äußeren bietet das Innere einen überwältigenden Anblick auf die vollständig mit Fresken bedeckten Wände und Gewölbe, die sienesische und florentinische Künstler am Werk gesehen haben, wie Lippo und Federigo Memmi, Taddeo di Bartolo, Bartolo di Fredi und Domenico Ghirlandaio.

Im Palazzo del Popolo, der heute, mit dem sogenannten „großen" Turm an der Seite, Sitz der Gemeinde ist, befindet sich seit Mitte des 19. Jhs. das große Stadtmuseum, eine Sammlung von Gemälden aus der florentinischen und der sienesischen Schule, die die Rolle als Verbindungsglied zwischen den beiden verschiedenen Kulturgebieten unterstreichen, die San Gimignano in der Vergangenheit hatte. Das Gebäude hat, auch abgesehen vom Museum, künstlerischen Wert, und einige seiner Räume bezeugen die frühere politische und wirtschaftliche Bedeutung, insbesondere der Ratssaal, wo Lippo Memmi 1317 eine großartige *Maestà* malte.

Wenn man die Via S. Matteo hinuntergeht, eine schöne und belebte Straße, an der man auf den Palazzo della Cancelleria, die Kirche S. Bartolo, das Turmhaus Pesciolini und den Palazzo Tinacci stößt, erreicht man die Kirche S. Agostino am gleichnamigen Platz. Das mächtige, stilistisch einfache Gebäude aus Backstein (1280) verbirgt, ähnlich wie die Stiftskirche, ein außerordentlich reiches Inneres, wo Lippo Memmi, Bartolo di Fredi (Fresken mit den *Geschichten aus dem Leben der Hl. Jungfrau*) und Benozzo Gozzoli, der in der Hauptkapelle die berühmten *Geschichten aus dem Leben des hl. Augustinus* malte, Zeichen ihrer Kunst hinterließen. Zu erwähnen ist noch der Marmoraltar von Benedetto da Maiano in der Kapelle S. Bartolo.

**Links, Benozzo Gozzoli, *Die Schule von Tagaste.* S. Agostino**

**Gegenüberliegende Seite, Domenico Ghirlandaio, *Ankündigung des Todes der hl. Fina,* Detail. Stiftskirche**

PARATA EST O FILIA OMNIA DE
SOLEMNITATE MEA AD NOSTR
VM ES VENTVRA CONSORTIVM
CVM SPONSO TVO PHENNITER
IN GLORIA PERMANSVRA

# Das Gebiet um Siena

Den Süden der Toskana beherrscht Siena. Jedes Land hat seinen Süden, seine „südliche Frage" und natürlich auch seine Kenner des Südens und seine „Südländer". Ab Siena wird die Landschaft rauher und karger, das Erdreich wirft weniger ab, hat eine andere Farbe. Weniger Straßen überziehen das Land und die Ansiedlungen werden seltener. Bei Siena überwiegt die Weidewirtschaft über den Ackerbau und die Industrie ist vor allem mit dem Bergbau ausgelastet. Im Land um Siena sind die Sommer heißer, die Winter strenger und der Wind heftiger als in der übrigen Toskana.
*Cor tibi magis Sena pandit* („Weiter öffnet Siena dir das Herz"), steht an der Porta Camollia geschrieben. Das ist wahr, wenn du in der Lage bist, dich in Siena zurechtzufinden. Denn die Stadt ist für den, der sie zum ersten Mal betritt, ein um die Piazza del Campo angeordnetes Labyrinth, eine Spirale von konzentrischen, sich überschneidenden Straßen, in denen der Fremdling die Orientierung verliert. Kirchen und Palazzi, Turmhäuser und Tore der Warenlager ähneln einander, so dass man oft zum zweiten Mal an derselben Stelle vorübergeht, ohne es zu bemerken, es sei denn es handelt sich um den Palazzo Tolomei oder den Palazzo Salimbeni. Siena verändert sich mit den Jahreszeiten und unter dem verschiedenartigen Tageslicht wechselt auch das Farbenspiel, die roten Ziegel werden goldbraun, der Travertin eisengrau. Die Stadt wirkt anziehend und gastfreundlich, bewahrt aber eine Spur von Geheimnis, wie ein Emblem von unauflöslichen Mysterien, darin den esotherischen Symbolen der Marmorintarsien im Dom ähnlich.
Seit Jahrhunderten entspricht dies dem sienesischen Geist, denn die Einwohner der Stadt sind gleichzeitig herb und großzügig, zurückhaltend und prahlerisch. Im Mittelalter verloren sie den Wettkampf mit den florentinischen Bankiers, weil sie keine Goldmünzen besaßen und auf

**Kapelle der Madonna di Vitaleta im Orcia-Tal**

**Landschaft im Süden von Siena**

Zeitpunkt lediglich das Querschiff eines noch viel größeren, zyklopischen Gotteshauses werden. Noch heute sieht man die hohen Mauerreste rechts vom Dom. Die Sienesen galten als *gente vana*, als leeren Eitelkeiten und Gelüsten ergeben, und man sagte, dass sie deshalb das kostbare Nelkengewürz in ihre Küche einführten, und dass sich verschwenderische Jünglinge vornehmer Herkunft in Gruppen zusammenschlossen, die sich darin ergötzten, im wörtlichen Sinne Goldmünzen „wegzuwerfen". Man denke nur an die überreichen Süßigkeiten Sienas, die noch heute mit dem besten Honig, den delikatesten kandierten Früchten und dem feinsten Mandelteig hergestellt werden, und vergleiche sie mit den ärmlichen Süßigkeiten von Florenz wie die berühmte *Schiacciata*, für die etwas Mehl und ein Hauch von Vanillezucker genügt. Der jahrhundertealte Kampf zwischen Siena und Florenz kommt in diesem Beispiel voll zum Ausdruck: Auf der einen Seite die erhabene Großzügigkeit jener Männer, die die Piazza del Campo

das falsche Pferd, nämlich das Kaiserreich, gesetzt hatten. Auch die florentinischen Wollweber gewannen den Wettstreit mit den Sienesen, denn in Siena mangelte das für die Verarbeitung der Gewebe unabdingbare Wasser. Aber dafür entstanden großartige Projekte; der der Jungfrau Maria geweihte sienesische Dom sollte zu einem bestimmten

schufen, und auf der anderen Seite der misstrauische Geiz derjenigen, die den Kapitalismus begründeten.

Das isolierte, gedemütigte und unterworfene Siena ist jedoch ein wundervolles historisches Denkmal seiner selbst geblieben und innerhalb der vielerorts verunstalteten Toskana hat eigentlich Siena den Sieg davongetragen. Geht und versucht, den *Palio* (historisches Pferderennen) zu verstehen, seinen Geist zu erkennen. Wenn es euch gelingen sollte, werdet ihr einsehen, dass es sich nicht nur um ein Spiel oder Fest handelt, sondern um ein anthropologisches Unikum, um den gar nicht so geheimen Antriebsmotor, der eine ganze Stadt in Bewegung hält. Darin ähnelt der *Palio* dem afghanischen *Buskashi,* um den sich der Mut, die Wildheit, der Stolz, die Abenteuerlust und die Wettlust eines der glorreichsten Völker der Erde dreht.

Von Siena in Richtung Süden fährt man entweder auf der Staatsstraße 223, die einen Teil des Merse-Tales durchquert und an Civitella, Paganico und an den archäologischen Resten von Roselle vorbeiführt, bis man schließlich nach Grosseto kommt (von dort aus besuche man Vetulonia, das den spanischen Forts der Karibik ähnelnde Castiglion della Pescaia und die Maremma der Provinz Grosseto). Oder man nimmt die Staatsstraße 2, die sogenannte Via Cassia. Nach wenigen Kilometern kommt man in eine karge Mondlandschaft und am Horizont dräut der Amiata-Berg. Längs des Arbia-Flusses geht es weiter bis Buonconvento, am Zusammenfluss von Arbia und Ombrone. (Dante erzählt, dass sich im Jahre 1260 die Arbia „rot färbte", als die Gibellinen von Siena die florentinischen Welfen bei Montaperti besiegten; dieser Ort liegt jedoch etwas weiter nordöstlich). In Buonconvento, ein rechteckig angelegtes Städtchen mit Stadtmauern aus dem 14. Jh., starb im Jahre 1313 der Kaiser Heinrich VII. Von dort sollte man wenigstens zwei Ausflüge unternehmen. Nach links, in Richtung Nordosten, fährt man auf der Staatsstraße 451 durch die kahle Landschaft der *Crete* (Kreidelandschaft), mit ihren verschiedenen Erdfarben von Hellgrau, Ocker und Schwefelgelb bis Dunkelbraun, und gelangt zur Abtei Monteoliveto Maggiore, dem Mutterhaus des Olivetaner-Ordens, der im Grunde nichts anderes ist als ein reformierter Ableger des Benediktiner-Ordens. Einige sienesische Adlige gründeten im 14. Jh. dieses Kloster. Vom 14. bis 19. Jh. wurde die mächtige

**Gegenüberliegende Seite, die Pfarrkirche S. Giovanni Battista in Ponte allo Spino und die Villa von Cetinale in der Umgebung von Sovicille**

**Die Crete in der Nähe von Vescona**

**Der Kreuzgang der Abtei Monteoliveto Maggiore**

Abtei mehrfach umgebaut. Sie beherrscht die Landschaft mit ihren imposanten roten Backsteinmauern und im Kreuzgang befinden sich noch die kostbaren Fresken von Signorelli und Sodoma. Nach Monteoliveto mag der Tourist, der glaubt das Wesentlichste gesehen zu haben, wieder zurück zur Cassia fahren; wer mehr Geduld hat, sollte sich etwas weiter nördlich nicht Asciano entgehen lassen. Über Nebenstraßen Richtung Süden, die im Sommer den typischen Staub der *Crete* entwickeln, kann man außerdem bis Lucignano vorstoßen, ein wunderbarer, „elliptisch" angelegter Ort und ein wirkliches „Kastell" im toskanischen Sinne, weil es eine befestigte Ansiedlung ist. Man genießt den Ausblick auf die nahe Valdichiana und kann den großartigen „Baum des hl. Franziskus" bewundern, das außergewöhnlichste Reliquar (aus vergoldetem Silber) der gesamten gotischen Kunst Sienas, oder vielleicht sogar Italiens.
Wieder zurück in Buonconvento beginnt der zweite Ausflug. Über eine der sogenannten „Nebenstraßen" kommt man nach Montalcino, dem letzten gloriosen Bollwerk des sienesischen Freiheitskampfes gegen die Tyrannis der Medici. Das Städtchen besitzt ein schönes Rathaus und eine mächtige Burg; aber es ist auch wegen seines ausgezeichneten Rotweins, dem *Brunello,* berühmt und wegen seiner hausgemachten Nudeln, die sich *Pici* nennen. Etwa 10 km weiter südlich findet man die Benediktinerabtei S. Antimo, vielleicht die schönste romanische Kirche der Toskana und mit Sicherheit diejenige, deren Ausstrahlung man am stärksten verspürt. Sie ist zum Glück in sehr gutem Erhaltungszustand. Die aus dem Onyx der nahebei gelegenen Brüche von Castelnuovo geschaffenen Dekorationselemente verleihen der Kirche unwiederholbare irisierende Farbenspiele. Für den Besuch des Gebäudes braucht man soviel Zeit wie einem zumute ist, einen halben Tag oder mehrere Wochen. Vor vielen Jahren blieb ich mit einer Gruppe von jungen Freunden tagelang wie gebannt in der Nähe, mit nichts anderem beschäftigt, als die Abtei zu bewundern, und noch heute gehört der Besuch von S. Antimo zu unseren wesentlichsten Erfahrungen, ein glücklicher Zeitabschnitt und eine tröstliche Erinnerung.
Aber es wird Zeit, auf der Cassia weiter gen Süden zu ziehen in die Val d'Orcia. Der wichtigste Ort des Tales,

**Die Stiftskirche von San Quirico d'Orcia und Detail des Seitenportals aus der zweiten Hälfte des 13. Jhs.**

**Rechts, Piazza del Popolo mit dem Palazzo dei Priori in Montalcino**

San Quirico d'Orcia, verdient eine ausführliche Besichtigung, daher sollte derjenige, der den Titel des guten Reisekünstlers verdient (und nicht die Bezeichnung Tourist, mit der allzuoft törichte Leute belegt werden), sich viel Zeit lassen; nicht nur für den Ort selbst, sondern auch für zwei lange, lohnende Exkursionen, eine in die südöstliche Toskana, die andere in das Amiata-Gebiet.

San Quirico ist typisch „sienesisch", mit gewundenen Straßen und Backsteintürmen in reiner Linienführung. Hier sei außerdem die romanische Stiftskirche (die alte Pieve di Osenna, die den hll. Julitta und Quiricus geweiht ist) erwähnt, deren Portal mit Fabelwesen ein ausgesprochenes Meisterwerk ist. Der riesige Palazzo Chigi des späten 17. Jhs. ist dermaßen überdimensioniert, dass man den Eindruck hat, als sei er für eine Stadt wie Rom gebaut; seine Größe verleiht ihm in dieser Umgebung eine rätselhafte Anziehungskraft. Die *Orti Leonini* sind ein ausgedehnter Garten im Stil des 16. Jhs., der an die Blütezeit des Manierismus erinnert.

Die Staatsstraße 146 führt von San Quirico d'Orcia nach Osten und in den südöstlichen Teil des sienesischen Landes. Nach etwa 10 km kommt man nach Pienza, einer humanistischen Modellstadt, die Papst Pius II. aus Backstein und Travertin erbauen ließ. Er wurde dort in die Familie Piccolomini, den *domini loci,* geboren, als der Ort noch nicht nach dem Papst sondern Corsignano hieß. Die heutige Stadt kann man auf verschiedene Weise betrachten und interpretieren. Eine Möglichkeit ist die Vision der utopischen Renaissance-Stadt, „ideal" mit ihren geraden Straßen und perfek-

**Zwei Ansichten der Abtei S. Antimo**

ten Proportionen, die auf das neuplatonische Gedankengut verweisen. Aber sie ist andererseits so klein, dass man sie eigentlich wie ein Spielzeug erlebt oder als die Laune eines humanistischen Feudalherren, der Papst wurde. Nur vier Straßen kreuzen sich auf der wohlproportionierten, heiteren Piazza mit der Kathedrale, die Bernardo Rossellino entwarf, und dem Palazzo Piccolomini, der nach dem Vorbild des Palazzo Rucellai Albertis in Florenz ebenfalls von Rossellino errichtet wurde. Die Fassade des Palazzo Comunale wurde leider bei der Restaurierung in diesem Jahrhundert unnötig überladen. Hinter der Kirche beschließt mit theatralischer Wirkung das Amiatamassiv die Szenerie. Unterhalb vom Ort steht die einfache und heitere Pieve di Corsignano (11.-12. Jh.), die den Besucher an den mittelalterlichen Ursprung der Ansiedlung erinnert. Von Pienza in östlicher Richtung erreicht man Montepulciano mit seinen prachtigen Gebäuden des 14. und 16. Jh. – wie Michelozzos Kirche S. Agostino, der Vignola zugeschriebene Palazzo Avignonesi und der Dom des 16. und 17. Jhs. Von seltener Harmonie ist die zentral gelegene Piazza, obwohl sie von Gebäuden aus verschiedenen Epochen umgeben ist. Natürlich wäre es töricht, aus Pienza abzureisen, ohne einen Vorrat an frischem oder abgelagertem Schafskäse, sei er nun mild oder scharf im Geschmack, mitzunehmen. Und von Montepulciano darf man sich nicht ohne den berühmten Rotwein *Vino Nobile di Montepulciano* entfernen.

**Oben, der italienische Garten des Palazzo Piccolomini in Pienza**

**Das Pfarrhaus von S. Biagio in Montepulciano, das nach Zeichnungen von Antonio da Sangallo d. Ä. gebaut wurde**

**Gegenüberliegende Seite, die Burg Spedaletto**

Um diese Gaumenfreuden bereichert, nähert man sich dem fatalen Ort, in dem diejenigen landen, die sich allzuoft solchen Freuden hingeben, nämlich Chianciano Terme. Es ist für seine Wasserkuren berühmt, aber dient nicht nur als Thermalbad, sondern ist auch ein beliebter Ort für Sommerfrischler. Vor allem in den dreißiger Jahren hatte es seine Glanzzeit, wovon noch die faschistische Architektur der öffentlichen Gebäude und die kleinbürgerlichen Villen der Privatleute zeugen. Chianciano liegt auf dem Weg nach dem hübschen Chiusi mit seinem mittelalterlichen Dom (6.-12. Jh., aber im 12. Jh. stark umgebaut), dem etruskischen Nationalmuseum und der sich in der Umgebung ausbreitenden Nekropole. Man werfe auch einen Blick auf die beiden Seen von Chiusi und Montepulciano nördlich von der archäologischen Gräberzone.
Jedwede Rundfahrt hat ihr Für und Wider. Weiter oben sprachen wir von der Durchquerung des Chiana-Tales aus Richtung Arezzo. Zweifellos wäre es folgerichtig gewesen, nach dem Besuch des etruskischen Museums und der Gräber von Cortona hinunter nach Chiusi zu fahren, entweder durch das Chiana-Tal oder längs der Staatsstraße 71, die den Trasimenischen See säumt. Eine andere suggestive Route hätte uns von Siena in südöstlicher Richtung nach Chiusi geführt, wobei wir auch das sienesische Chiana-Tal besser kennengelernt hätten. Wer diese Lösung vorzieht, sollte von Siena die Staatsstraßen 326 oder 438 benutzen, die sich nach dreißig Kilometern in der Nähe von Rapolano Terme (ein weiteres Thermalbad im Gebiet von Siena, das einen Besuch verdient) vereinigen. Die Nr. 326 führt weiter nach Sinalunga, das reich an Kunstwerken und Industrie ist. In Torrita haben die Backsteine eine intensiv rote Farbe und die in Eisenreifen außen an den Fenstern hängenden Geranientöpfe blühen prächtig.

# Siena

Mehr oder weniger fantastischen Legenden nach soll Siena von den Senonen-Galliern oder von den Söhnen des Remus, den Zwillingen Aschinus und Senius, im Verlauf ihrer Wanderungen auf der Flucht vor dem Onkel Romulus, gegründet worden sein, und das hätte im Mittelalter die Übernahme der kapitolinischen Wölfin als Stadtwappen gerechtfertigt. Die archäologische Forschung stellte jedoch in Wirklichkeit das Vorhandensein etruskischer Siedlungen von geringer Bedeutung fest, die gemeinsam nicht in der Lage gewesen seien, einen wirklichen Stadtkern ins Leben zu rufen, der offensichtlich erst in römischer Zeit entstand, als die Stadt mit dem Namen *Sena Julia* Militärkolonie wurde. Seine Bedeutung muss jedoch begrenzt gewesen sein, da es nur selten in der alten Geschichtsschreibung erwähnt ist. In Schweigen hüllt sich ebenso das folgende Zeitalter bis zur langobardischen Zeit, als die Stadt, die schon im 5. Jh. Bischofssitz geworden war, begann, ihren Einflussbereich (7. Jh.) zu Lasten der Diözese von Arezzo auszuweiten. Der Grund dieser Expansionsphase für Siena war die Verlegung der wichtigen Verbindungsstraße zwischen Nordeuropa und Rom, der berühmten Frankenstraße, die auf die Geschichte vieler toskanischer Städte einen großen Einfluss haben sollte.
Gleichzeitig mit der wirtschaftlichen Entwicklung verlief die bauliche, nach einem dreigeteilten Plan, der der Geländeform des Ortes Rechnung trug. Seit dem hohen Mittelalter erschien die Stadt in die drei

**Sienesischer Künstler des 16.-17. Jh., *Der selige Ambrogio Sansedoni*, Detail mit Siena. Palazzo Pubblico**

**Der Palazzo Pubblico**

verschiedene Kerne, Castelvecchio, Castel Montone und Castello del Poggio Malavolti gegliedert, die zur Zeit der Stadtrepublik den Stadt-„Dritteln" Città, Camollia und San Martino entsprachen. Und im gleichen Schritt wie die bauliche Entwicklung lief die Erweiterung der Stadtmauer. Innerhalb der ersten Jahrzehnte des 12. Jhs. gab sich Siena eine eigene Stadtordnung und setzte nach und nach seine

Expansionspolitik fort, die es mehrmals in Auseinandersetzungen mit Florenz verwickelte. Seiner Loyalität gegenüber Kaiser Friedrich I. verdankte es auf jeden Fall die Unterstützung gegen die wachsenden Ansprüche der weltlichen Macht der Bischöfe und die Eroberung der vollständigen Regierungsautonomie (1167). Die internen Spannungen zwischen Welfen und Gibellinen legten sich erst 1287 mit der Einsetzung der Neunerregierung, die durch das Bündnis der wichtigsten welfischen Familien möglich geworden war. Die Stabilität dieser Regierungsform, die bis über die Mitte des 14. Jhs. dauerte, ging mit dem goldenen Zeitalter der Geschichte Sienas einher, in dem die Stadt durch herrliche öffentliche und private

**Oben, Sala del Mappamondo mit der *Maestà* von Simone Martini. Palazzo Pubblico**

**Ambrogio Lorenzetti, *Auswirkungen der guten Regierung*. Palazzo Pubblico**

Gebäude bereichert wurde und gotische Form annahm, die sie noch heute, trotz der Jahrhunderte bewahrt und in denen Künstler des Kalibers von Duccio, Simone Martini und der Brüder Lorenzetti gearbeitet haben. Die blühende wirtschaftliche Entwicklung hingegen bezog ihre Energie aus den Handels- und Manufakturbetrieben – in erster Linie der Wollbearbeitung – und aus der Rolle als großer Finanzplatz (zumindest das ganze 13. Jh. über), wo die Tolomei, die Piccolomini, die Buonsignori und die Chigi wirkten.

Das Auftreten der furchtbaren Pest 1348, die den Bankrott einiger Bankgesellschaften verursachte, unterbrach jäh den positiven Verlauf und brachte wieder Instabilität in das städtische Leben. Nach der kurzen Zwischenzeit von Gian Galeazzo Visconti (1399-1404) eroberte Siena seine Freiheit zurück, doch es war immer mehr von internen Aufruhren erschüttert und durch die florentinischen Territorialansprüche gedrängt; es unterlag am Ende als letzte große toskanische Stadt im April 1555 Cosimo I. de' Medici. Vier Jahre später wurde es dem Großherzogtum angeschlossen, behielt jedoch seine republikanischen Institutionen (wenn auch immer mehr ausgehöhlt) und ein eigenes kulturelles Leben, das sich in den Akademien (Rozzi, Intronati, Fisiocritici) und in der Universität

**Der Dom S. Maria Assunta und Detail der Fassade**

konzentrierte, dem alten, zu Beginn des 13. Jhs. entstandenen *Studium*.

Der städtische Stolz und das Selbstbewusstsein stellen im Grunde genommen den roten Faden durch die gesamte Stadtgeschichte dar und erlauben auch, das Stadtbild zu interpretieren, das von zwei großen Gebäuden dominiert wird: dem der Himmelskönigin geweihten Dom, imposant auf dem Hügel S. Maria, den man kurze Zeit lang zu erweitern gedachte, um aus ihm eines der größten Gotteshäuser der Christenheit zu machen, und dem eleganten Palazzo Pubblico, einem der gelungensten Beispiele und Vorbild städtischer Architektur im Schatten des hohen Torre del Mangia, dessen Silhouette gemeinsam mit der des Domturmes ein klares

**Nicola Pisano und Gehilfen, Kanzel; links, Francesco di Giorgio Martini, Kandelabertragender Engel. Dom**

**Unten, Anblick des Querschiffes des Domes**

**S. 238-239, Matteo di Giovanni, *Kindermord zu Bethlehem.* Fußboden im Dom**

architektonisches Zeichen und einen stetigen Orientierungspunkt für den in der Stadt Ankommenden darstellt.
Die Kathedrale steht am Ort einer früheren Kirche, die durch das große, 1179 geweihte Gebäude ersetzt wurde, das später mehrmals verändert und erweitert wurde, bis es die heutigen Ausmaße erreichte. Die ältesten Teile des heutigen Baus gehen auf das 13. Jh. zurück und stellen eines der wenigen Beispiele romanischer Architektur in einer im wesentlichen gotischen Stadt dar. Unmöglich, die Schätze, die der Dom birgt, aufzuzählen, wir erwähnen lediglich die zwischen 1265 und 1268 von Nicola Pisano mit Arnolfo di Cambio und seinen Mitarbeitern gebaute Kanzel; den in 56 Bilder mit großer ikonographischer Kohärenz gegliederten Fußboden mit Marmorintarsien, an dem die bedeutendsten Künstler vom 13.-19. Jh. arbeiteten; die Kapelle S. Giovanni Battista; den *Altar Piccolomini*, ein Werk von Andrea Bregno mit einigen Skulpturen des jungen Michelangelo; die Libreria Piccolomini mit dem berühmten, zu Beginn des 16. Jhs. von Pintoricchio gemalten Freskenzyklus.

Das angebaute Baptisterium S. Giovanni Battista in gotischem sienesischem Stil liegt etwas tiefer und geht auf den gleichnamigen Platz, zu dem man über eine steile, Mitte des 15. Jhs. gebaute Treppe gelangt. Innen haben wir bedeutende Fresken von Vecchietta und Benvenuto di Giovanni sowie ein kostbares Taufbecken, an dem sienesische und florentinische Künstler arbeiteten (Giovanni di Turino, Lorenzo Ghiberti, Donatello, Jacopo della Quercia).

Der Palazzo Pubblico erhebt sich am Randes des berühmten Platzes Il Campo, dem Zentrum des städtischen Lebens, heute wie früher, als er mit dem darunter liegenden Platz für den Markt genutzt wurde. Später wurde er in seine typische Muschelform gebracht und bis zur Mitte des 14. Jhs. in neun, mit Backsteinen gepflasterte Stücke eingeteilt und mit einem Brunnen versehen, der wegen der frohen Aufnahme seitens der Bevölkerung „Fonte Gaia" (fröhlicher Brunnen) genannt wurde. Der Brunnen, den wir heute sehen, ist eigentlich eine Kopie aus dem 19. Jh. von Tito Sarrocchi, die das von Jacopo della Quercia (1419) geschaffene, in S. Maria della Scala aufbewahrte Original ersetzt.

Der Palazzo Pubblico wurde während der Neunerregierung gebaut und sollte nach Absicht der Auftraggeber ein Symbol der Macht sein. Der am Ende des 13. Jhs. begonnene und einige Jahrzehnte später abgeschlossene Bau erwies sich gleich als harmonisches

**Ganz oben links, das Oratorium Madonna del Rosario; oben, Palazzo Piccolomini und Palazzo Chigi Saracini**

**Unten, Fonte Gaia**

Paolo di Giovanni Fei, *Geburt der Jungfrau Maria.* Pinacoteca Nazionale

Links, Donatello, *Madonna del Perdono.* Museo dell'Opera del Duomo

Gebäude, das dazu bestimmt war, mit seinen von eleganten Säulen getrennten Triforien-Fenstern und dem charakteristischen sienesischen Bogen orientalischen Ursprungs die späteren Bauwerke der Stadt zu beeinflussen. Der hohe Turm wurde 1325 begonnen und zwischen 1338 und 1348 von Francesco und Muccio di Rinaldo beendet.

Das z. T. Museum gewordene Innere ist ein Kompendium der großen sienesischen Malerei des 14. Jhs., wenn auch Fresken und Gemälde aus

späteren Jahrhunderten nicht fehlen. In der Sala del Mappamondo sieht man in einem eleganten Rahmen die von Simone Martini zwischen 1312 und 1315 gemalte *Maestà*; ihr gegenüber befindet sich der als *Guidoriccio da Fogliano* bekannte einsame Reiter, der bzgl. der Feststellung seines Urhebers lange die Kritik geteilt hat, für den im Allgemeinen ebenfalls Simone Martini angenommen wird. In der daneben liegenden Sala della Pace war hingegen Ambrogio Lorenzetti der Unterzeichner des Meisterwerkes der Wandmalereien, die als *Gute Regierung* und *Schlechte Regierung* bekannt sind und ein „politisches Manifest" der Neunerregierung darstellen, die auf der einen Seite das Ansehen und die Qualität des eigenen Wirkens beteuern, auf der anderen Seite vor den verheerenden Folgen der Tyrannei warnen wollte.

Es ist unmöglich, über alle interessanten Beispiele städtischer Baukunst Rechenschaft abzulegen, unter denen unbedingt die Palazzi Tolomei, Chigi Saracini, Sansedoni, Buonsignori (Sitz der Pinacoteca Nazionale) und Piccolomini zu nennen sind; man sollte aber auch bedenken, dass viele der Fassaden, die wir heute bewundern, im Laufe des 19. Jhs. stilecht wieder hergestellt wurden und im Architekten Partini einen der klügsten und sensibelsten Interpreten gefunden haben.

Eine ähnliche drastische Auswahl müssen wir für die kirchlichen Gebäude vornehmen, auch wenn sie ein wichtiges Kapitel der Stadtgeschichte darstellen; wir beschränken uns daher auf die große, aus dem 13. Jh. stammende Basilika S. Domenico, die später erweitert und verändert wurde, bis zu den großen Eingriffen Mitte des 20. Jhs.. Es ist eine Art Schatzkiste mit Kunstwerken, die an die Erinnerung der hl. Katharina gebunden sind.

Sano di Pietro, *Der hl. Georg mit dem Drachen.* Museo Diocesano

Unten, Sassetta, *Anbetung der Könige.* Sammlung Chigi Saracini

Bernardino Mei, *Ghismunda,* Pinacoteca Nazionale

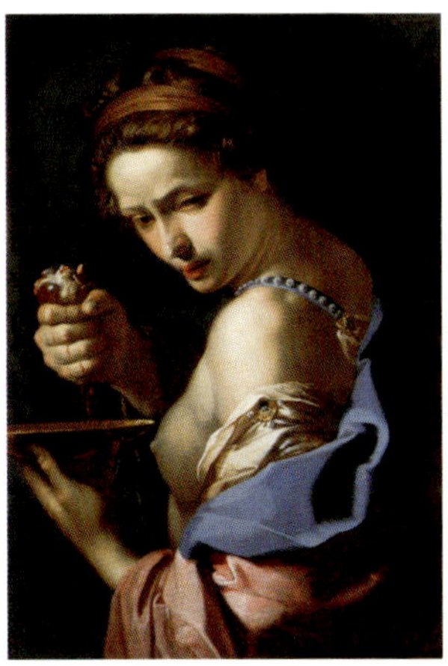

**Vincenzo Rustici, *Parade der Contrade*. Florentinische Galerien, zur Aufbewahrung in der Kunstsammlung der Bank Monte dei Paschi di Siena**

Die Basilika S. Maria dei Servi in dominierender Position über der Stadt wurde im 13. Jh. begonnen und im Laufe mehrerer Jahrhunderte fertiggestellt. Das Innere zeigt einige Fresken von Pietro Lorenzetti und bedeutende Tafeln von Matteo di Giovanni, Francesco Vanni und Rutilio Manetti. Weitere wichtige Werke von Lorenzetti befinden sich in S. Francesco und S. Agostino, wobei die letztere als Museum und Ausstellungsraum genutzt wird. Obligatorisch ist gewiss ein Abstecher zum Oratorium S. Bernardino, das an einem der Predigtorte des Heiligen (der zusammen mit der hl. Katharina Stadtpatron ist) entstand. Vor kurzem wurde es Sitz des Diözesanmuseums, das im Erdgeschoss untergebracht ist und einige aus der Diözese stammende Werke, darunter die sanfte *Madonna del latte* von Ambrogio Lorenzetti, aufbewahrt. Im oberen Stock, in der Kapelle S. Maria degli Angeli befindet sich der bedeutendste Ornamentalkomplex des sienesischen Cinquecento, an dem Sodoma, Domenico Beccafumi und Girolamo del Pacchia arbeiteten.
Unter den anderen wichtigen städtischen Museen sind die Pinacoteca Nazionale, die aus einer Sammlung höchster Qualität von Werken aus der sienesischen Schule vom 12. bis 17. Jh. gebildet ist, und das Museo dell'Opera zu erwähnen. Dieses, in dem für das rechte Seitenschiff des nie gebauten „Neuen Doms" vorgesehenen Raum untergebrachte Museum ist von außerordentlicher Bedeutung, denn dort sind Skulpturen, Tafeln und Kirchengerät zusammengetragen, die an die Geschichte der Kathedrale gebunden sind, darunter die von Giovanni Pisano für die Fassade geschaffenen zehn Statuen der *Sybille* und der *Propheten*, die *Madonna mit Kind* von Donatello von der alten Porta del Perdono und die großartige *Maestà* (1308-1311) von Duccio di Buoninsegna.
Vor kurzem ist auch die große Anlage S. Maria della Scala zu den städtischen Museen gekommen mit der Aufgabe, als „kultureller Mehrzweckraum" zu dienen. Das gegenüber der großen Domtreppe gelegene Gebäude – daher der Name – entstand sie vielleicht vor dem Jahrtausend (doch ist es ab 1090 dokumentiert) als Unterkunft für Pilger, Arme und verlassene Kinder; in kurzer Zeit veränderte es sich und diente noch bis zum größten Teil des letzten Jahrhunderts als Krankenhaus. Die heutigen Ausmaße, die es als Stadt innerhalb der Stadt ausweisen, erklären sich aus der, dank der Subventionen von Seiten der Stadtregierung sowie durch Schenkungen und Almosen erreichten wirtschaftlichen Stärke. Heute erinnert der große und faszinierende, als „Pilgerei" bekannte und von sienesischen Künstlern im 15. Jh. mit Fresken versehene Raum an seine frühere Bestimmung.
Im Innern von S. Maria della Scala haben auch die reichen Sammlungen des Archäologischen Nationalmuseums Platz gefunden.

# Der Palio

Feste und Wettkämpfe in historischen Kostümen gibt es viele und einige sind ausgesprochen reizvoll.
Man lasse ruhig den florentinischen *Calcio* (eine Art Fußballspiel) beiseite, er geht zwar auf das 16. Jh. zurück, blieb aber ohne eine echte Tradition und hat die Bevölkerung niemals sehr interessiert. Aber Wettkämpfe wie die *Giostra del Saracino* (Sarazenen-Turnier) in Arezzo, der Bärenkampf (*Giostra dell'Orso*) von Pistoia, das Brückenspiel in Pisa und die verschiedenen Wettspiele im Armbrustschießen von Massa Marittima bis San Sepolcro haben ihre wirksame Aufmachung und auch ernstzunehmende historische Ursprünge.

In keiner anderen Stadt gibt es jedoch so etwas wie den *Palio* (Pferderennen) von Siena, an dem alle Bürger teilnehmen („der Palio dauert das ganze Jahr über an") und für den die verschiedenen Stadtteile ihre gesamten Kräfte, Geldmittel und Leidenschaften verschwenden.
In moderner Zeit wird der Palio zweimal im Jahr abgehalten (am 2. Juli, dem Fest der Madonna von Provenzano, und am 16. August, dem Tag nach Mariä Himmelfahrt). In allen anderen Städten Italiens ist der 2. Juli einer der ersten Ferientage, der 16. August dagegen nichts weiter als der Tag nach *Ferragosto*, also einer der Hundstage, und die Städte sind menschenleer. Nicht so in Siena: Alle Einwohner sind anwesend und fiebern dem Ereignis entgegen. Das Fest beginnt drei Tage vor dem Palio mit der Auslosung und Zuteilung der Pferde an 10 der heute noch bestehenden 17 Contrade „Stadtviertel". Das große Ereignis, das Rennen, besteht in drei Runden um die Piazza del Campo. Die Reiter werden für diese Gelegenheit engagiert, wie es schon im alten „Palio alla lunga", dem Palio auf einer geraden Strecke, geschah, an dem Tiere aus Adelshäusern und Herrschaften aus ganz Italien teilnahmen. Die Atmosphäre kurz vor dem Start, der sogenannten *mossa*, ist derartig angespannt, dass man die Luft zerschneiden könnte, und während des kurzen Rennens explodiert auf dem Platz die Leidenschaft.
Die Nicht-Sienesen müssen sich darüber klar sein, dass der Palio eine ungeheuer ernste Angelegenheit ist, und wer etwas mehr davon verstehen will, darf nicht nur den *corteo* betrachten, den Umzug in prächtigen Renaissance-Kostümen, sondern muss wenigstens einen Tag vorher in Siena eintreffen. So kann er der Generalprobe für das Rennen beiwohnen und kann die Segnung des Pferdes in der Kirche des entsprechenden Stadtviertels erleben. Mit der notwendigen Zurückhaltung mag er feststellen, dass die ganze Nacht gewacht wird, um zu verhindern, dass die Gegner heimtückische Anschläge ausführen. Vielleicht gelingt es ihm auch, die geheimen Manöver auszukundschaften, mit denen versucht wird, sich den Sieg für die eigene Contrada zu sichern oder wenigstens zu erreichen, dass das feindliche Stadtviertel verliert; denn jede Contrada hat ihre Verbündeten, ihre Feinde und ihren direkten Gegner. Nach dem Wettrennen wird der Besucher beim Spaziergang durch die Stadt erleben, wie sich die Gewinner und ihre Verbündeten freuen und deren Gegner ärgern. Festessen, Gelage, aber auch Schlägereien beschließen den Tag.

# Pienza

Piazza Pio II mit dem Dom und dem Palazzo Piccolomini

Das alte Corsignano, das um das 9. Jh. als Burg im Besitz der Amiata-Abtei S. Salvatore entstanden ist, änderte seinen Namen in Pienza auf ausdrücklichen Wunsch seines berühmtesten Sohnes, des Humanisten Enea Silvio Piccolomini (1405-1464), der mit dem Namen Pius II. den Papstthron bestiegen hat. Es war Piccolomini, der anlässlich eines Besuches in seiner Heimatstadt (1459) die Idee hatte, daraus eine zeitweilige Residenz für den päpstlichen Hofstaat zu machen, einen perfekten Ort, der die humanistischen Ansprüche einer idealen Stadt mit dem ganz weltlichen Wunsch vereinigte, seinen Namen an ein denkwürdiges Unternehmen zu binden. Im Laufe von nur 5 Jahren (1459-1464) nahm der Traum Gestalt an und Pius II. war sogar noch in der Lage, das Städtchen mit seinem Namen zum Bischofssitz zu erheben und dort für kurze Zeit vor seinem Tode zu wohnen.
Mit dem Schwinden seines Schöpfers wurden auch die noch im Gang befindlichen Arbeiten unterbrochen und „die Reflektoren ausgeschaltet", die es für kurze Zeit erleuchtet hatten; Pienza kehrte zurück zu seinem Leben als Ort auf dem Lande, der an Siena gebunden war und mehrmals im Laufe der politischen Auseinandersetzungen zwischen Papst und Kaiser, zwischen Siena und Florenz in Brand gesteckt und zerstört wurde.
Heute erlebt Pienza eine beträchtliche Präsenz an Touristen, die im Laufe des Jahres keine Pause zu haben scheint und angezogen wird von der Perfektion einer städtischen Zier, die auch nach Jahrhunderten immer noch in Erstaunen versetzt, und von einem landschaftlichen Umfeld, das diese Perfektion widerspiegelt.
Der von Pius II. zur Verwirklichung seiner Pläne gerufene Architekt war der Florentiner Bernardo Rosselli, „Rossellino" genannt, der das große Verdienst hat, seine Schöpfung der zuvor bestehenden Struktur angepasst zu haben. Der harmonische Platz, der das Resultat des perfekten Verhältnisses ist, das die Gebäude untereinander verbindet, wurde daher in den mittelalterlichen Corso eingefügt, ohne diesen zu beeinträchtigen. Auf den Platz gehen der Dom, der Palazzo Piccolomini und der Palazzo Borgia.
Der Dom mit einer schönen Fassade in Travertin und der einfachen Form der Hallenkirche steht am Ort der alten Pfarrkirche S. Maria, deren Fundamente im Laufe der Restaurierungsarbeiten wieder-auftauchten. Die Apsisseite steht auf einem Lehmabhang, der von Anfang an zu Stabilitätsproblemen führte (mehrmalige

**Das Innere des Doms mit dem Chorgestühl aus Holz und dem von Bernardo Rossellino entworfenen Taufbecken**

**Der Hof von Palazzo Piccolomini; links, Piazza Pio II mit dem Palazzo Comunale und dem Palazzo Vescovile**

große Restaurierungen im Laufe des 20. Jhs. konnten das Problem immer noch nicht endgültig lösen), auf der anderen Seite entsprach die Anlage des Gebäudes vollkommen den szenischen Anforderungen als Hintergrund des Platzes, der sich auf einen weiten Blick über das Orcia-Tal hin öffnet. Das sehr helle Innere enthält wichtige Werke, die Pius II. selbst bei sienesischen Künstlern in Auftrag gegeben hatte, darunter Tafeln von Sano di Pietro, Vecchietta und Matteo di Giovanni.

Der Palazzo Piccolomini, der anstelle der früheren Wohnung der Adelsfamilie gebaut wurde, ist ein unmittelbar durch den Palazzo Rucellai in Florenz inspiriertes Werk von Rossellino. Er ist mit einem Innenhof bereichert, von dem aus man zu einem Hängegarten kommt, auf den hinaus die wunderschöne dreirangige Loggia geht.

Die linke Seite des Platzes schließt das Bischofspalais, früher Palazzo Borgia, in klarer Renaissanceausführung mit schönen Fenstern mit welfischem Kreuz, das kürzlich restauriert wurde, um das Dommuseum aufzunehmen.

Hier befindet sich eine der wichtigsten Sammlungen im sienesischen Raum, die um Werke aus den umliegenden Kirchen erweitert wurde, darunter Tafeln von Pietro Lorenzetti, Ugolino di Nerio, Bartolo di Fredi, dem Maestro dell'Osservanza und Fra' Bartolomeo. Das wertvollste Stück des Museums ist aber das *Pluviale von Pius II.*, eine englische, mit ausgesuchter Technik bestickte Arbeit, die von Tommaso Paleologo dem Papst Piccolomini geschenkt wurde.

Ungefähr 3 km vom Ort entfernt steht die den hll. Vito und Modesto geweihte Pfarrkirche von Corsignano aus dem 7. Jh. Im Laufe der Jahrhunderte wurde sie mehrmals umgestaltet, die ältesten Teile sind der zylindrische, zum Kirchturm umgebaute Turm und eine kleine Krypta. Das Gegenstück zur Feinheit der Verzierungen der zwei Portale bildet innen das grobe Becken, an dem Pius II. die Taufe erhielt.

**Vecchietta, *Madonna mit Kind und Heiligen*, Detail der Lünette mit der *Verkündigung*. Museo della Cattedrale**

**Gegenüberliegende Seite, englische Handarbeit, *Pluviale von Pius II.*, Detail. Museo della Cattedrale**

# Montepulciano

Auf der Berghöhe zwischen dem Chiana-Tal und dem Orcia-Tal liegt seit Jahrhunderten einer der schönsten und gefeiertsten Orte der südlichen Toskana: Montepulciano.
Das Städtchen erscheint in Dokumenten von 714 unter dem Namen „Castello Politiano", der sich später in Puliciano verwandelt wird, doch archäologische Funde haben das Vorhandensein von etruskischen und später romanischen Siedlungen in diesem Gebiet festgestellt.
Die glückliche Berglage, geschützt vor der Versumpfung des Chiana-Tals, und die strategische Position, die eine Kontrolle über die südlichen Gebiete der Region ermöglichte, haben es zu einem bevorzugten Siedlungsort werden lassen, der zwischen den größeren Städten umstritten war. Insbesondere für Siena und Florenz war es Zielobjekt im Laufe des jahrhundertelangen Streites, der abwechselnd die eine oder die andere Stadt überlegen sah. Die endgültige Übergabe an Florenz (1511) und die anschließende Erhebung zum Bischofssitz (1561) haben die bauliche Entwicklung und das architektonische Aussehen, das es bis heute erhalten hat, bestimmt.
Der Eintritt in eine größere politische Sphäre bedeutete für Montepulciano jedoch nicht gleichzeitig wirtschaftliche Vorteile, im Gegenteil, der schon seit dem 15. Jh. dauernde Verfall setzte sich weiter fort; erst mit den Sanierungsarbeiten der Talebene – die am Ende des 18. Jhs. unter den Lothringern zu Ende geführt wurden – und mit Aufnahme einer verwaltungsmäßig wichtigeren Rolle zeigte das Städtchen einen gewissen Wiederaufschwung.
Heute ist es Zentrum eines

**Detail eines Gemäldes aus dem 16. Jh. mit Ansicht von Montepulciano. Sammlung der Banca Popolare dell'Etruria**

**Unten links, der Palazzo Comunale; rechts, Palazzo Bucelli und Detail des Sockels mit etruskischer Urne**

unvergleichlichen touristischen Interesses; seine alten Straßen sind für einen Großteil des Jahres mit Menschen aus allen Teilen der Welt gefüllt, die von der Anziehungskraft seiner Architektur und dem wunderbaren Ausgleich zwischen Naturlandschaft und gebautem Ort fasziniert sind, der diesen Teil der Toskana einzigartig macht.
Das florentinische Gepräge der Architektur ist gewiss das Unterscheidungsmerkmal von Montepulciano, angefangen bei der auf Effekt abzielenden Piazza Grande, auf die der Palazzo Comunale hinausgeht, nach dem Muster des Palazzo della Signoria in Florenz mit Fassade von Michelozzo. Nicht weit entfernt erhebt sich die Kathedrale der Assunta (1594-1680), am Ort einer alten Kirche, von der heute noch der gedrungene Kirchturm steht.
Das Innere ist eine Schatzkammer, von der wir nur kurz das monumentale Triptychon mit *Mariä Himmelfahrt* von Taddeo di Bartolo, das Taufbecken von Giovanni d'Agostino und das Grabmal des Humanisten Bartolomeo Aragazzi von Michelozzo erwähnen, das in sieben, an verschiedenen Orten in der Kirche aufgestellte Teile auseinandergenommen ist. Über das Stadtgebiet verteilt sind zahlreiche religiöse Gebäude, angefangen mit S. Agnese – das die Heilige, Agnese Segni, der es später geweiht wurde, mit dem anliegenden Konvent selbst hat bauen lassen – und weiter mit S. Agostino und S. Maria dei Servi; doch das bei weitem faszinierendste Gebäude, S. Biagio, liegt etwas außerhalb des Ortes am Westhang des Grates. Es ist einer der echten Renaissanceschätze der Toskana. Der großartige Bau von Antonio da Sangallo d. Ä. erhebt sich elegant mitten im Grünen, vor dem Hintergrund der sienesischen Hügel.
Die zahlreichen Adelspaläste, die innerhalb der mittelalterlichen Stadtmauer liegen, blicken auf die drei Hauptstraßen, die dem Grat folgen, besonders Via di Gracciano bietet den Anblick einiger der schönsten Gebäude wie z. B. Palazzo degli Avignonesi, Palazzo Cocconi (Antonio da Sangallo

**Palazzo del Monte Cantucci; unten, Palazzo Tarugi**

d. Ä. zugeschrieben) und Palazzo Bucelli, der wegen der Ascheurnen und der etruskischen und lateinischen Inschriften im Fundament berühmt ist.
Sienesischen Gepräges ist hingegen der gotische Palazzo Neri Orselli, wo seit einigen Jahrzehnten das Stadtmuseum und die Pinacoteca Crociani untergebracht sind. Die Pinakothek, Frucht eines testamentarischen Vermächtnisses, birgt eine Sammlung von Gemälden aus der sienesischen und florentinischen Schule und einige wichtige Terrakottawerke der Della Robbia.
Zwei weitere bedeutende städtische Einrichtungen sind die Stadtbibliothek (Palazzo Ricci) und das Theater Poliziano, das nach dem großen Humanisten und Dichter, einem Freund von Lorenzo il Magnifico, benannt wurde, der hier geboren ist.

**Oben, S. Agostino mit der Fassade von Michelozzo**

**Links, Giovanni d'Agostino, Taufbecken; rechts, Michelozzo, *Die Jungfrau Maria segnet die Familie Aragazzi*. Dom**

**Gegenüberliegende Seite, S. Biagio**

# Chiusi

Chiusi ist sehr alten Ursprungs. Seine Entstehung ist sogar vor-etruskisch, wie Spuren aus der Villanova-Kultur zeigen, doch im 6.-5. Jh. v.Chr. erlebt es unter dem Namen *Chamars* seine höchste Blüte als eine der zwölf etruskischen Bundesstädte. Sein Ruf geht auf den mythischen König Porsenna zurück, der 510 v.Chr. sogar Rom belagerte, doch dann trat auch Chiusi der römischen Allianz bei und wurde unter dem Namen *Clusium* Militärstation. Dennoch verlor es, dank seiner glücklichen Lage am südlichen Rand des Chiana-Tals, an der Via Cassia, nie an Bedeutung. Es wurde ein Verbreitungszentrum des Christentums, wie die Katakomben der hl. Katharina und der hl. Mustiola bezeugen, wurde von den Goten und dann von den Langobarden besetzt, die es zum Zentrum eines

**Außen- und Innenansicht des Doms und Detail eines Kapitells mit spätantikem Teller**

Oben links, *Sphinx* in „pietra fetida" aus dem 6. Jh. v. Chr.; oben rechts, Wandmalerei mit Biga aus der Hügelgrabstätte (5.-4. Jh. v. C.). Museo Archeologico

großen Herzogtums machten. Die fortschreitenden Versumpfung des Chiana-Tals und die damit verbundene Malaria und Entvölkerung führten im 11. Jh. zu seinem Niedergang. Nachdem es vom König von Neapel, Ladislao Durazzo, an Siena verkauft worden war, teilte es dessen Schicksal, bis 1556 beide Städte dem

***Aschenurne Paolozzi* aus dem 7. Jh. v. Chr. Museo Archeologico**

Großherzogtum Toskana einverleibt wurden.
Die wichtigsten Zeugen dieser so reichen Geschichte bilden heute eine archäologische Anlage großen Wertes, die sich über ein weites, unter Schutz gestelltes Gebiet erstreckt, mitten in einer faszinierenden Landschaft, die noch von Wein- und Olivenanbau gekennzeichnet ist. Unter den bekanntesten Gräbern, die aus Gründen der Erhaltung nicht alle sichtbar sind, muss man das Löwengrab, das Grab Bonci Casuccini, das Affengrab und das Grab der Pilgerin erwähnen.
Das bekannteste Gebäude von Chiusi ist der Dom S. Secondiano, der im 6. Jh. auf dem Gebiet einer früheren Basilika errichtet wurde; er wurde im 12. Jh. umgebaut und Ende des 19. Jhs. vollkommen restauriert. Das Innere wird von antiken Säulen in kostbarem Marmor, die aus römischen Gebäuden der Gegend um Chiusi stammen, in drei Schiffe unterteilt. Im anliegenden Bischofspalais ist das Dommuseum untergebracht, das 21 kostbare Choralbücher mit Miniaturen aus der Abtei Monteoliveto Maggiore aufbewahrt. Vom Museum aus hat man auch Zugang zum Labyrinth des Porsenna, einem malerischen unterirdischen, mehr als 100 m langen, in den Stein gehauenen Gang, der vielleicht ein Werk des

Wasserbaus war, das seinen Namen der Verwechslung mit dem großen, von Plinius d. Ä. beschriebenen Mausoleum des etruskischen Königs verdankt. Das 1870 gegründete Archäologische Nationalmuseum, das in einem eleganten zeitgenössischen Gebäude untergebracht ist, stellt eine Sammlung von Ascheurnen, Kanopen – den typischen Urnen mit dem Deckel in Form des Kopfes des Verstorbenen – und Sarkophagen aus den Gräbern in der Nähe aus, die glücklicherweise der Gier des internationalen Antiquitätenhandels entgangen sind.

**Oben, Basrelief mit Musikern aus dem 5. Jh. v. Chr.; unten, Urnendeckel des Larth Sentinates Caesa, aus der Grabstätte der Pilgerin. Museo Archeologico**

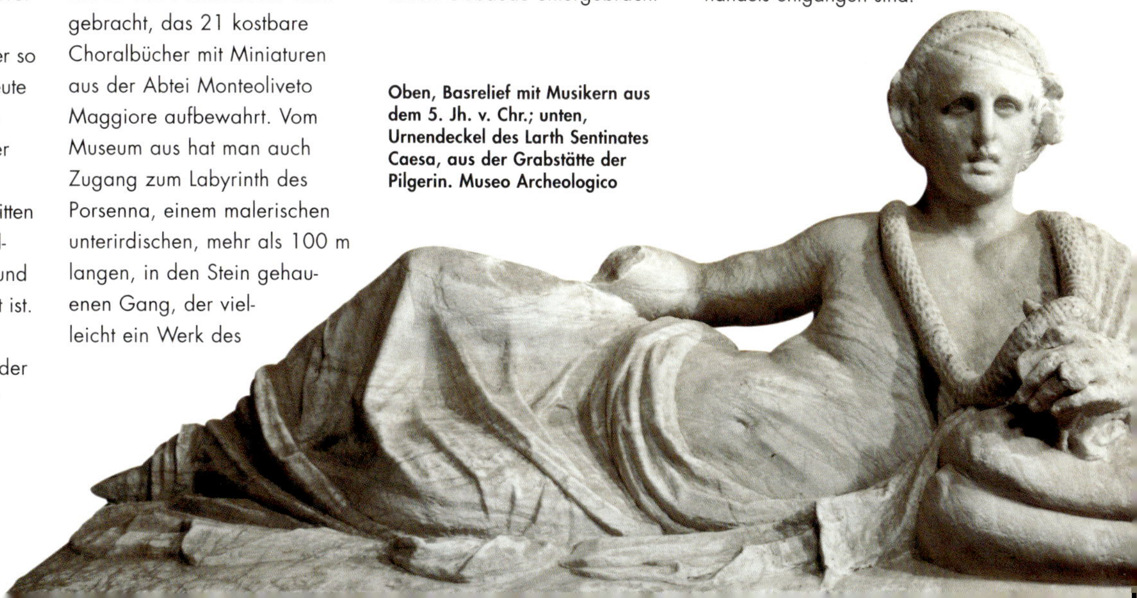

# Monte Amiata

Aber kehren wir nach San Quirico d'Orcia zurück. Der nächste Ausflug geht Richtung Süd-Südwesten über die Straße Nr. 323 und deren Abzweigungen in das Amiata-Gebiet. Von Castel del Piano erreicht man mühelos den 1738 m hohen Gipfel, von dem man einen unvergleichlichen Blick genießt; man sieht bis zum tyrrhenischen Meer, zum Trasimenischen See und dem See von Bolsena. Der Besucher sollte jedoch das gesamte Bergmassiv mit seinen schönen Kastanienwäldern und malerischen Orten wie Pian Castagnaio durchstreifen. Weitere empfehlenswerte Berggipfel sind der Monte Calvo (930 m) und der Monte Civitella (1107 m). In Abbadia San Salvatore besichtige man die Überreste der berühmten Benediktinerabtei des 8. Jhs., deren Abt im frühen Mittelalter einer der einflussreichsten Feudalherren der Gegend war. Die Kirche ist romanisch, aber die eindrucksvolle Krypta stammt noch aus der Gründungszeit. Eine weitere bemerkenswerte romanische Kirche heißt nach den hll. Fiora und Lucilla; sie liegt in Santa Fiora. Von dort erreicht man Arcidosso und betritt das

**Buchenwald an den Abhängen des Monte Amiata**

**Gegenüberliegende Seite, Arcidosso mit der Festung Aldobrandeschi; unten, die Kirche der Benediktinerabtei von Abbadia San Salvatore**

ehemalige Wirkungsfeld des sogenannten „Propheten des Amiata-Gebiets" Davide Lazzaretti, einem Fuhrmann, der 1834 in Arcidosso zur Welt kam und dort zwischen 1868 und 1878 seine missionarische Tätigkeit ausübte. Er und seine Anhänger erwarteten sehnsüchtig die Wiederkehr des „Christus Dux und Richters" und seines tausendjährigen Reiches und hatten gutgemeinte, aber konfuse Vorstellungen von sozialer Gerechtigkeit. Lazzaretti besaß eine starke Ausstrahlung und fand zahlreiche Gefolgschaft unter den Bauern und Hirten der Gegend. Sie lehnten jede Form der Gewaltanwendung ab und akzeptierten wohl noch nicht einmal protestantische Einflüsse, denn Lazzaretti war ein glühender Verehrer der Jungfrau Maria. Dennoch wurde er von der katholischen Kirche abgelehnt und die Regierung befürchtete, er könne durch seine sozialen Forderungen politische Wirren auslösen. Am 18. August 1878, nachdem sich Lazzaretti zum Christus der „zweiten Wiederkehr" erklärt hatte, schritt er an der Spitze einer wehrlosen Prozession von seinem „Heiligen Berg", dem Monte Labbro (1183 m), zu Tal. Am Eingang von Arcidosso wurden der „Prophet" und viele seiner unschuldigen Anhänger von einer Carabinieri-Einheit niedergemacht. Eine neugotische Kapelle erinnert am Ort des Gemetzels an diesen traurigen Akt der Repression, nur einer unter vielen, die der Regierung des geeinten Italiens in der Toskana und andernorts angelastet werden müssen. Auf dem Monte Labbro erhebt sich das bescheidene Heiligtum der *Chiesa giurisdavidica* (der gerechten Kirche Davids), das aus einem engen Felsenspalt besteht.

# Besuch im alten Tuszien

Auf der Staatsstraße 323 fährt man wieder nach Norden un besucht Seggiano und Castiglione d'Orcia, wo sich die mächtigen Reste eines Kastells erheben, das den größten Feudalherren der südlichen Toskana gehörte, den Aldobrandeschi, Herren von Santa Fiora. Auch Rocca d'Orcia wird von gewaltigen Ruinen überragt, nämlich der Rocca a Tintinnano der Salimbeni. Wieder stößt man auf die Cassia, die man jedoch nach etwa 15 km in Richtung Süden verlassen sollte, um bei Bisarca auf der Staatsstraße 478 zu dem Felsgipfel von Radicofani, der vulkanischen Ursprungs ist, zu fahren. Die Erhebung wirkt wegen ihrer einsamen Lage und der dräuenden Burg aus dem 13. Jh. (sie wurde mehrfach wiederaufgebaut) sehr eindrucksvoll. Unterhalb der Festung befindet sich der Palazzo della Posta (16. Jh.), früher Gasthaus und Grenzstation zwischen dem Großherzugtum und dem Kirchenstaat. Den Pass von Radicofani erwähnt auch Boccaccio wegen des Banditen Ghino di Tacco, der dort sein Unwesen trieb. Jahrhundertelang war dies die Passage der Frankenstraße von der Toskana nach Latium.

Die heutigen Verwaltungsgrenzen unterbrechen ein Gebiet, das in Wirklichkeit eine Einheit bildet, und wir schlagen deshalb vor, von Radicofani über die Via Cassia nach Acquapendente, in der Tuscia Latiums, weiterzufahren. Dort besichtige man die uralte große Kirche, die die Kapelle des Hl. Grabes enthält. Und weiter geht es durch das ehemalige Lehen der Farnese: Grotte di Castro, Westufer des Bolsenasees, Ischia di Castro, Farnese, die Ruinen der Stadt Castro und schließlich, auf der Staatsstraße 312, die etruskische Nekropole von Vulci. Weiter südlich kommt man bei Montalto di Castro an die Aurelia und nach wenigen Kilometern befindet man sich in dem herrlichen Tarquinia. Von dort geht es wieder hinauf nach Tuscania mit seinen etruskischen Funden und seinen unvergleichlichen mittelalterlichen Kirchen. Im Großen und

**Der Ort Radicofani**

**Die Piazza del Pretorio von Sovana**

Ganzen sollte man das gesamte Tuszien der Region Latium besichtigen, dessen Grenze von der Cassia, dem See von Bolsena, Montefiascone, Viterbo und Vetralla gesäumt wird. Von Vetralla führt die Staatsstraße 1 bis nach Tarquinia. Verwaltungsgrenzen hin oder her, wenn man diese Zone nicht besucht, versteht man die südliche Toskana nicht, die als Landschaft und in der Geschichte mit dem gesamten Gebiet eng verbunden

**Basrelief des Domportals und Inneres von S. Maria Maggiore in Sovana**

ist (abgesehen davon, dass eine Rundfahrt nach Cortona und Chiusi unvollendet bleibt ohne Tuscania, Tarquinia und Vulci).
Aber die Leitlinie für einen Besuch Tusziens muss nicht unbedingt die Cassia sein. Man kann auch von Orbetello aus starten, das auf der mittleren der drei „Nehrungen" liegt, die den Monte Argentario mit dem Festland verbinden. Auf der Aurelia in Richtung Ost-Südost streift man die Ruinen des etruskischen Ortes Cosa bei Ansedonia, durchquert die trockengelegte Zone beim See von Burano und fährt weiter gegen Montalto di Castro. Bald nach dem See, den man rechterhand liegenlässt, denn er befindet sich zwischen Meeresstrand und Straße, biegt man nach links ab und fährt nach Capalbio, das sich durch mittelalterliche Stadtmauern und eine ausgezeichnete Küche, die typisch für die Maremma ist, auszeichnet. Von Capalbio kann man weiter nach Norden fahren und wieder an die Welt des Monte Amiata anknüpfen, die wir weiter oben beschrieben haben: Manciano, die Thermen von Saturnia (dorthin gelangt man auch von Arcidosso und Santa Fiora) und weiter östlich Sovana, der Geburtsort von Hildebrand, jenes Mönches, der im 11. Jh. unter dem Namen Gregor VII. Papst wurde. Dort gibt es auch eine Burgruine der Aldobrandeschi und romanische Kirchen. In Pitigliano erhebt sich die gewaltige Festung der Orsini und die Tuffsteinabstürze sind durchbohrt von Höhlen und Gängen und es kommt einem in den Sinn, wie nahe wir uns hier an der Region Latium befinden. Von Sovana führt eine Straße hinab zu einer etruskischen Nekropole, die ebenfalls in die steilen Tuffwände gegraben ist, eine Felsenlandschaft von hypnotischer Wirkung.
Dies sind nur einige der zahllosen Sehenswürdig-

**Die hohle Straße in San Sebastiano in der Umgebung von Sovana**

keiten der Toskana. Es ist keineswegs sicher, dass hier die bedeutendsten aufgezählt worden sind, aber jeder Besucher kann mit Hilfe von Reiseführern, Karten und Informationen vor Ort seine eigenen Besichtigungstouren ausarbeiten und auch Ziele wählen, die ich hier aus Platzmangel übergehen musste. Dies ist „meine" Toskana, die sich aus meinen Erfahrungen, meinen Kenntnissen, meinen Erinnerungen, meinen Vorlieben und vielleicht auch meinen großen und kleinen Manien zusammensetzt; nicht so sehr das Land das ich bewundere, als vielmehr das Land das ich liebe. Andere Personen werden andere Anregungen empfangen, andere Übereinstimmungen suchen. Ich habe, soweit es irgend ging, versucht, die reine Museumswelt zu vermeiden, auch wenn es sich um eine Gegend voller Kunstwerke handelt. Die Toskaner sind ein genügsames Volk, ihnen allen ist ein alteingebürgerter Geiz gemeinsam, der sich aus den keineswegs einfachen historischen Erfahrungen erklären lässt. Dieses Volk hasst Unmäßigkeit und Völlerei jeder Art, auch in Kunst und Kultur. Der intelligente Besucher überfrisst sich nicht mit Romanik, Gotik, Hügeln und Küsten, er wählt sorgsam aus, probiert mit Anmut, spürt den Dingen nach. Er lässt sich auch darauf ein, Besichtigungen auf den nächsten Besuch zu verschieben, denn es gibt immer eine Gelegenheit, in die Toskana zurückzukehren.

**Der malerisch auf einem Tuffsteinfelsen gelegene Ort Sorano, und die Festung Orsini**

# Grosseto

Der Aufstieg Grossetos scheint mit dem fortschreitenden Niedergang des etruskischen Roselle zu beginnen und gipfelt in der Übertragung des Bischofssitzes (1138) nach Grosseto, die von Papst Innozenz II. vorgenommen wurde.
Die ersten Angaben über die Stadt verweisen auf eine um das 9. Jh. entstandene Burg in der Nähe der sumpfigen Mündung des Ombrone in einem von dichten Wäldern dominierten Umfeld, dem das Stammwort Rechnung trägt (*grossetum*= großer Wald).
Als Feudalbesitz der mächtigen Familie Aldobrandeschi, den Grafen der Maremma, musste es sich schnell vor den Absichten der Sienesen hüten, die an seiner Lage und an seinen, an die Produktion und Lagerung von Salz gebundenen wirtschaftlichen Aktivitäten interessiert waren. Es gelang ihnen 1336 endgültig, Grosseto zu annektieren, nachdem sie schon zuvor die Stadtmauer demoliert hatten. Wegen seiner aktiven Rolle als gibellinischer Angelpunkt in der Maremma war es schon Mitte des 13. Jhs. (1242-1245) vom Kaiser Friedrich II., der sich hier, von dem üblichen Prunk seines Gefolges an Intellektuellen begleitet, aufgehalten zu haben scheint, als Sitz des Landvogts der Toskana gewählt worden.
Die folgende, von Epidemien, Malaria und regelmäßig wiederkehrenden Sarazenenüberfällen gezeichnete Zeit verläuft im Schatten Sienas, mit dem es an einem langen und blutigen Krieg gegen Florenz teilnimmt, dem Siena selbst als letzter Ort unterlegen sein wird (1559).
Die Medici begannen mit der Trockenlegung des Territoriums, um die Umweltbedingungen zu

**Oben, Ilario Casolani, *Madonna mit Kind und Heiligen*, Detail mit Grosseto. Museo Archeologico e d'Arte della Maremma**

**Rechts, das Kloster von S. Francesco; unten, der Dom und der Palazzo Comunale**

Portal der rechten Seite und Inneres des Doms; unten, Antonio Ghini, Taufbecken

verbessern, doch erst mit den Lothringern (Peter Leopold und dann Leopold II.) wurden wirklich bemerkenswerte Ergebnisse erreicht, wenn auch die Trockenlegung noch die gesamte erste Hälfte des 20. Jhs. weiterging. Bedeutender waren die Resultate, die Cosimo I. zum Schutz der eben erworbenen Gebiete durch die Neuerrichtung von Stadtmauern und ein Verteidigungssystem mit noch heute bestehenden Sichtungstürmen an der Küste erreichte. Die von Baldassarre Lanci, einem berühmten Militäringenieur seiner Zeit, geplante und gebaute Stadtmauer von Grosseto (1593) hat die stadtplanerische Entwicklung beeinflusst und noch heute, nach den verheerenden Zerstörungen des letzten Weltkrieges, verkörpert sie eine der stärksten Verbindungen zur Vergangenheit.

Der dem Schutzheiligen Lorenz geweihte Dom ist das Hauptbauwerk Grossetos und, trotz wiederholter Umbauten, das interessanteste. Die neugotische Fassade in weißem und rotem Marmor stammt aus der Mitte des 19. Jhs. und nur die Symbole der Evangelisten gehören zum einfachen Bau vom Ende des 13. Jhs. Das dreischiffige Innere ist gleichermaßen Resultat übereinanderliegender Eingriffe und birgt ein Taufbecken (1470) von Antonio Ghini, den Hauptaltar aus dem 17. Jh. in mehrfarbigem Marmor mit Ziborium von Giovanni Antonio Mazzuoli und eine die *Himmelfahrt Mariä* darstellende Tafel von Matteo di

**Ganz oben, Guido da Siena, *Jüngstes Gericht*; oben, Ilario Casolani, *Madonna mit Kind und Heiligen*; links, Sassetta, *Kirschen-Madonna*.**
**Museo Archeologico e d'Arte della Maremma**

Giovanni.
Die andere wichtige städtische Kirche, S. Francesco, steht am Ort eines früheren Benediktinerklosters. Mit einfachen und nüchternen Formen, wie es sich für das Gebäude eines Bettelordens ziemt, ist es mit Fresken aus verschiedenen Epochen und einem wertvollen gemalten *Kreuz* verziert, das Duccio di Buoninsegna oder dem Maestro di Badia a Isola zugeschrieben wird. Die nahe gelegene Kirche S. Pietro ist hingegen die älteste mit einer schönen romanischen Apsis.
Die wichtigsten Erinnerungsstücke der Stadt und ihres Territoriums werden im Museo Archeologico e d'Arte della Maremma aufbewahrt, das im alten Gerichtsgebäude aus dem 19. Jh. untergebracht ist. Außer einer ständigen Ausstellung von Ausgrabungsstücken aus dem archäologischen Gebiet von Roselle stellt das Museum Gegenstände aus der Maremma aus, die von der Vorgeschichte bis zur Moderne gehen. Im letzten, kürzlich wieder eingerichteten und dem Publikum geöffneten Stock des Palazzo gibt es eine Sammlung religiöser Kunst, die aus Gemälden, Statuen, Kodizes mit Miniaturen und silbernem Kirchengerät besteht.

# Pitigliano

Pitigliano taucht vor dem ungläubigen Blick des ahnungslosen Besuchers wie eine irreale Vision auf. Der hohe Glockenturm des Domes, die großen Bögen der Aquädukts aus dem 16. Jh., die alten Häuser, die überhängend auf dem Abhang gebauten Palazzi und die Befestigungen scheinen fast spontan aus den Tuffsteinblöcken herauszuwachsen. Zu Füßen des Abhangs scheinen üppige Gärten und Weinberge sich des Felsens und seiner alten Stadt anzunehmen.
Pitigliano ist auf einem Tuffsteinkeil gewachsen, den die Wildbäche Lente und Meleta im Laufe der Jahrhunderte geformt haben, ein natürlich geschützter Ort, an dem die antiken Bewohner sich vor möglichen Überfällen sicher fühlten. Sein Ursprung verliert sich im Laufe der Zeit, es war in etruskischer und später in römischer Zeit mit Sicherheit bewohnt, doch von dieser Existenz gibt es heute nicht mehr viele Spuren. Die bedeutendsten Zeugnisse sind die zahlreichen Gräber und Reste in der Gegend.

**Links, der Palazzo Orsini; unten, die Kirche S. Maria**

Im 13. Jh. gehörte Pitigliano den Aldobrandeschi von Sovana und zu Beginn des darauffolgenden Jahrhunderts den Orsini, unter denen es die Hauptstadt der Grafschaft wurde. Von diesem Augenblick an war das Schicksal Pitiglianos eng an die Familie Orsini und dann, nach deren Aussterben, an die Familie Medici gebunden.
Die Erinnerung an die Orsini ist noch heute durch das spektakuläre Aquädukt geprägt, das Gian Francesco, nach Plänen von Antonio da Sangallo d. J., bauen ließ, um den Wohnsitz der Familie mit Wasser zu versorgen. Der im Laufe der Zeit gewachsene Palazzo Orsini ist heute ein mehrgliedriges Gebäude mit verschiedenen architektonischen Stilen, in dessen Innern das Diözesanmuseum und das Archäologische Stadtmuseum untergebracht sind.
Der den hll. Peter und Paul geweihte Dom hat eine Struktur aus dem 16. Jh. mit barocker Fassade und Hauptaltar, doch die älteste, schon in Dokumenten des 13. Jhs. erwähnte Kirche, ist S. Maria mit Renaissancefassade, deren Bau Niccolò III. Orsini zusammen mit einigen Modernisierungsarbeiten im Ort hat ausführen lassen. Die Kirche befindet sich im alten malerischen Stadtviertel Capisotto am Westrand des Tuffsteinsteilhanges, von einem dichten Netz an krummen Gassen eingespannt, die auf den Abhang gehen und manchmal mit einfachen Treppen miteinander verbunden sind.
Die Existenz einer alten, in einem Getto gesammelten jüdischen Gemeinschaft, die entstand, um den Einziehungen des Kirchenstaates zu entgehen, wird durch die Synagoge bestätigt. Nachdem sie jahrzehntelang auch infolge der Entvölkerung des Gettos vernachlässigt worden war, wurde sie vor einigen Jahren restauriert und dem Kultus wieder geöffnet.

Die Illustrationen dieses Bandes wurden vom
ARCHIVIO SCALA bereitgestellt, dem
bedeutendsten Bestand an Fotocolor und
Digitalaufnahmen der bildenden Kunst
aus aller Welt.

Die über 60.000 auf der Webseite
www.scalarchives.it
zugänglichen Abbildungen erlauben einfache
und schnelle ikonographische Recherchen
jeder Art.

E-mail: archivio@scalagroup.com

Die Veröffentlichung von Archivbildern staatlicher
Besitztümer Italiens erfolgt mit Genehmigung des
italienischen Kultusministeriums

© 2003 SCALA Group S.p.A., Antella, Florenz
Alle Rechte vorbehalten

Text von *Franco Cardini*

Einzeldarstellungen der Städte
von der Redaktion Scala

Übersetzung: *Fried Rosenstock* (Text)
*Angelika Kruse* (Darstellungen der Städte)

Fotografischer Nachweis: Fotoarchiv SCALA
Group (Bacherini, Grifoni, Lampredi, Lensini,
Savorelli), mit Ausnahme der S. 16 b, 18, 25,
51, 62 b, 188 b, 192 b, 213 a, 225, 226 a,
227 a, 233, 242, 243, 247, 252 b, 254, 255
a, 256 a (A. und F. Lensini); 49, 105 a, 193
(Pubbliaerfoto/Aerocentro Varesino); 80/81
(mit Genehmigung von Luigi Zalum, Villa
Gamberaia); 110, 111 (P. Savorelli)

Die Fotos auf den S. 22b 23, 28 a, 32 b, 35,
37, 41, 123 wurden freundlicherweise von
Bruno Giovannetti überlassen, dem unser
besonderer Dank gilt.

Druck: Rondo Druck GmbH
Ebersbach-Roßwälden, 2003